スルガ銀行かぼちゃの馬車事件

四四〇億円の借金帳消しを勝ち取った男たち

大下英治
Eiji Ohshita

さくら舎

はじめに

わたしは、一昨年の年明け、行きつけのクラブで河合弘之弁護士と飲んでいた。河合さんは、趣味で仲間とやっている能で「今度は『鉢木』の佐野源左衛門を演じるんだ」と楽しそうに話していて、ふと、眼鏡の奥の眼をいつもの鋭さにもどした。

「ベッキーの出演したコマーシャル『かぼちゃの馬車』を知っているか」

「見た記憶はある」

「じつは……」

河合さんは被害者の弁護を引き受けたという「かぼちゃの馬車」事件について詳しく語った。「かぼちゃの馬車」というシェアハウスを購入したものの、運営会社の経営難により、千人を超えるオーナーが莫大な借金を抱えることになった事件である。

「被害者は、三十年ローンということで、ほとんどが四十代の働き盛りなんだが、シェアハウス一棟一億五〇〇〇万円ほど出資している。しかし、販売会社や運営会社、スルガ銀行がグルでだましていて、ただの不動産投資の失敗では片付かないんだ」

「脱原発の仕事も忙しいのに、よくそんな困難な仕事まで引き受けたね」

「じつはおれの娘の婿も、二棟も買っていたんだ。そういう偶然も重なった上、スルガ銀行のあまりに悪どい手口も許しがたくて、引き受けた」

わたしは、物書きとしてこの事件を単なる傍観者として眺めているわけにはいかなかった。

「おれはこれまであなたの本を二冊も書いてきたが、ぜひ勝ってよ。三冊目書くよ」

わたしと河合さんは、同じ昭和十九年生まれで、昭和十九年生まれの政財界人、芸能人の懇親会「一休会」のメンバーである。

わたしは一歳のとき、広島で原爆にやられた。その日広島市の中心部に出ていた父親は即死した。が、爆心地から少し離れた場所にいたわたしは、かろうじて死は免れたが、いまも原爆手帳の世話になっている。原爆投下後、「七十年間ペンペン草も生えん」といわれた広島で育ったわたしは、脱原発については、河合さんと意気投合し、一冊目の『脱原発』（青志社）を共著で上梓したのである。

河合さんは、「反原発の旗手」として、多くの反原発関係の裁判を引き受けている。東京電力や関西電力の株主総会にも出席し激しい弁説をふるっている。河合さんは、東電だけでなく、原発を有する九電力すべての株主となり、闘っている。

さらにデモまで仕掛け、自らも参加している。

一方、河合さんには「凄腕のビジネス弁護士」としての貌（かお）もある。

バブル華やかなりし頃、「ダグラス・グラマン事件」を皮切りに、「平和相互銀行事件」、「リッカーミシン事件」、「秀和・忠実屋・いなげや仕手戦」、「つぼ八乗っ取り事件」、「国際航業仕手戦」、「イトマン事件」などを手掛けている。ダイエーの中内㓛（なかうちいさお）、秀和の小林茂（こばやししげる）、イトマン、国際航業の小谷光浩（こたにみつひろ）、ホテルニユージャパンの横井英樹（よこいひでき）などの顧問を歴任。敏腕弁護士として政財界に名を馳せた。

じつは、わたしは、河合さんの手掛けた事件のほとんどを別の角度から描いていて、河合さんのそれらの闘いをぜひ残しておこうと『逆襲弁護士河合弘之』（さくら舎）を上梓している。

そして今回、河合さんは地銀の雄スルガ銀行と闘い、みごと勝利を収めた。わたしは『スルガ銀行かぼちゃの馬車事件――四四〇億円の借金帳消しを勝ち取った男たち』を書くことになった。

河合さんの戦略の見事さは、今回の事件の首謀者である不動産会社スマートライフ（のちに社名変更をしスマートデイズとなる）の佐藤太治を追い込むより、スルガ銀行に絞って攻めたことであろう。いまや姿を消している佐藤は確かにワルであるが、彼を追い詰めたところで、被害者が損したカネはわずかしか返ってこない。さすがビジネス弁護士として鳴らした修羅場の体験が活きているといえよう。

わたしは河合さんの指揮の元、闘い続けた被害者の取材を重ねるにつれ、冨谷皐介氏（仮名）のリーダーシップに感心した。

もし冨谷さんのリーダーシップがなければ被害者の意見はバラバラで、河合さんが旗を振っても今回のようにひと塊にはなれず、スルガ銀行側に足元を見られ、失敗していたかもしれない。

また、河合さんは、「反原発弁護士」ならではの作戦に出た。原発運動と同じくスルガ銀行の本店、岡野光喜会長の自宅にまでデモをかけた。

株主総会にも被害者とともに乗り込み、チームワークよろしく経営者を糾弾し、追い詰めていった。そして株主代表訴訟も起こした。経営者にとって、デモや株主総会での攻撃はよほど効いたようだ。

今回の勝利は、河合さんの「ビジネス弁護士」と「脱原発弁護士」の二つの貌がみごとに融合し活き、さらに被害者たちのチームワークもあわさって勝ち取った、奇跡的な勝利といえよう。

大下英治

目次◉スルガ銀行　かぼちゃの馬車事件——四四〇億円の借金帳消しを勝ち取った男たち

はじめに　1

第一章　二億円の不動産融資

シェアハウス「かぼちゃの馬車」への不動産投資の誘い　14
スルガ銀行横浜東口支店に融資の手続きへ　24
明らかになった物件価値　28
サブリース賃料の支払い減額の報せ　32
スマートデイズの陰の経営者、佐藤太治という人物　34
詐欺まがい！　スマートデイズの経営実情　40
うさん臭い被害者救済支援室　47

第二章　悪徳業者たち

スルガ銀行相手に闘うことはできるか　52
どん底の大晦日　56
詐欺の二次被害のにおい　59
八百人のオーナー、一千棟のシェアハウス、賃料の振込はゼロ円　61
被害者をつなぐＱＲコード　63

佐藤太治の弁舌　66
シェアハウスの建設ラッシュ　75
スルガ銀行横浜東口支店、内部告発をすり抜ける　82
契約と異なった建築　85
設計変更の権利を奪う巧妙なスケジュール　95
スルガ銀行による預金額増額の手口　104
医者仲間からの投資の勧誘　109
被害者情報交換会「トム会」開催　114

第三章　凄腕弁護士 河合弘之

弁護士を探せ　118
河合弘之という弁護士　120
運命の出会い　128
敵はスルガ銀行、目指すは代物弁済　133
強力な弁護士を引き入れる　137
生活に蔓延する不安　143
弁護団、結成　145
金利を下げても解決にはならない　149
スルガ銀行本店へ乗り込む　155

初めての自殺者　158

第四章　決死の白兵戦

ゲリラ戦・スマートデイズを訴訟で攻めろ　164
不退転の決意で元利の支払いを止める　169
SS被害者同盟内の不和　172
明らかになるスルガ銀行の暗部　177
強者・銀行にはデモで立ち向かえ　183
スマートデイズの民事再生を阻止しろ！　187
組織悪事の証拠「原本と相違なき証明書」　192
現れ始めたデモの効果　198
明るみに出たスルガスキーム　206
完成したシェアハウスを運用にこぎつける　208

第五章　「地銀のお手本」の虚構

異なるメディアの論調　220
スマートデイズ、白旗を揚げる　222
スルガ銀行岡野会長自宅前でのデモ　225

『ガイアの夜明け』による援護射撃 230
決戦！ スルガ銀行第二〇七期株主総会 232
なかなか崩れないスルガの牙城 239
ゼノン住販、投降する 241
調査報告書、発表 243
スルガ銀行、揺らぐ 249

第六章 不倒の詐欺師たち

今回も逃げおおせた佐藤太治 254
村西とおるという男 256
サラリーマン気質の警察 265
詐話師、佐藤太治 268

第七章 勝利へ、借金帳消し

金利一％の誘惑 272
同盟への嫌がらせ、始まる 273
「スルガの役員を地獄の底まで追いかける」 276
スルガ銀行との業務提携、断固反対 280

天王山、スルガ銀行第二〇八期株主総会 283
デモの効き目あり！　撃ち方止め！ 290
夜明け 294
死線をともに越えた仲間たちと祝杯を 297
同盟外の被害者の救済 301
決着 304
スルガ銀行のその後 312
闘いを振り返って 317

スルガ銀行　かぼちゃの馬車事件

――四四〇億円の借金帳消しを勝ち取った男たち

第一章　二億円の不動産融資

シェアハウス「かぼちゃの馬車」の不動産投資への誘い

平成二十八年（二〇一六年）九月二日、四十八歳になる冨谷皐介（仮名）は、東京都渋谷区のレストランで、久しぶりに会う古くからの同僚の黒井久雄（仮名）から声をかけられた。

「冨ちゃん、最近どう？　ゴルフやってる？」

お互い同世代の、有名企業に勤務するサラリーマンである。が、少々くたびれ気味の自分と比べて、黒井は肌つやや目の輝きが違って見えた。

〈何か良いことでもあったのだろうか〉

すると、黒井は、少しもったいぶったような、いたずらっぽいような目で冨谷を見ながら、打ち明けてくれた。

「じつはおれ、不動産投資をやってるんだ」

冨谷は驚いた。

〈黒井に、そんな余分な金があったのか……〉

冨谷は、つい最近、二人の子どもたちから「私立を受験したい」と言われてしまい、学費の捻出に頭を悩ませていた。

「おれはそんな余分な金は持っていないよ」

冨谷から子どもの教育費について悩んでいると聞いて、黒井が言った。

「おれだって金はないよ。でも自己資金はほとんどいらないし、悪い話じゃないんだ。そうだ、今度、不動産投資を手伝ってくれる人を紹介するから、飲みながら詳しく教えてもらおう」

九月二十日の鬱陶しい雨の日、冨谷は、同僚の黒井、シェアハウスの建築・販売会社のルネサンスパートナーズの女川雄三社長と三人で酒を飲んだ。

〈黒井の奴、本当に人を連れてきたんだな〉

女川社長は言葉遣いも丁寧で頭も切れ、非常に要領の良いタイプに見えた。一方で若い頃にヤンチャをしていたような不良あがりの雰囲気もある。

生真面目な性格の冨谷は、普段なら女川社長のようなタイプの人間は敬遠して近づかない。が、そのときは自分と違うタイプの人間との交流も、自分を高めてくれるのではないか。そんな風にも思っていた。

十分ほど雑談をし、ほんのりビールの酔いが回ってきたところで、女川社長は切り出した。

「不動産投資の対象は、女性専用のシェアハウス『かぼちゃの馬車』です。じつは、これは社会貢献にもつながる事業なんですよ」

シェアハウスとは、入居者一人ひとりにプライベートな空間が与えられ、リビング、キッチン、トイレ、バスルーム、洗濯場などの空間や設備をシェア（共有）する住まいのことである。昔でいう寄宿舎のようなものである。

従来からある「ゲストハウス」と形態は同じなのだが、平成二十一年（二〇〇九年）から「シェアハウス」の呼び名が登場し、平成二十五年（二〇一三年）一月十六日から三月十三日まで日本テレビ系列の『水曜ドラマ』枠の水川（みずかわ）あさみと大泉洋（おおいずみよう）のコンビの『シェアハウスの恋人』というテレビドラマの影響などで若者の間で流行し、定着した。

寮とは違って、管理人の常駐や食事の提供はない。プライベートな空間を確保し、生活は自立したスタイルを保ちながらも、シェアスペースでゆるやかに入居者同士がつながることが、一人暮らしでも寂しくない、おしゃれだと若者に受けたのだ。

管理については、入居者を管理する運営事業者が存在し、入居者それぞれが運営事業者と契約を結ぶという。そして運営事業者がまとめて家賃をオーナーに支払うという。

女川社長は、冨谷に誘いかけてきた。

「そのシェアハウスのオーナーになりませんか」

女川社長が詳しい説明に入った。

「シェアハウスに入るのは、地方出身の若い女の子たちなんです。地方の女の子が東京に出てきて働くには、敷金もいるし、家賃もいる。初めての大都会で怖いでしょう？」

「かぼちゃの馬車」という名前は、地方の女の子が東京にやって来てシンデレラに変身するイメージで付けられたという。

聞くと、東京の銀座に本社を置くスマートライフという不動産会社が、上京してきた地方出身の若い女性に「仕事と住まい」を斡旋する事業を展開しており、順調に業績を伸ばしている。

シェアハウスは寄宿舎として建築基準法もクリアしており、居室部分はわずか七平方メートルだが、新築のため家賃は普通のワンルーム並み。しかし敷金・礼金ゼロなので、東京で右も左もわからず貯金もない若い女性にとってはメリットが大きいという。

女川社長が続けた。

「スマートライフでは、人材派遣業創設の構想もあるんです。シェアハウスという入居先があれば、地方の女の子たちを都会に呼んで仕事をしてもらうことができますよね。そうすれば経済も活性化しますし、雇用側の企業も非常に助かります。仕事はスマートライフが運営する人材派遣会社が紹介し、シェアハウスに住んでもらう。投資家さんは、土地とシェアハウス建築費を調達してオーナーとなれば、自動的に家賃が入ってくる仕組みです」

冨谷は乗り気になれなかった。

「建築費の調達と簡単に言うが、わたしには余分な金はありませんよ」

女川社長が答えた。

「ローンのご返済は家賃収入からの支払いになりますので、冨谷様が別途用意される必要はありません。シェアハウスにはサブリースで三十年の家賃保証がついているので安心です。われわれが運用しますし、余剰金が出るので、すぐに収益となりますよ」

サブリースは、大家自身でテナントを探すのではなく、シェアハウスを一括して不動産会社に貸す仕組みだ。

つまり、スマートライフがシェアハウスに住む女の子たちを探してきて入居させ、家賃を集めてくる。万が一入居者がなく、家賃が入らなくても、サブリース契約なのでオーナーへの家賃はスマートライフが支払うため、オーナーがローンの返済に窮することもないという。

しかし、冨谷は慎重だった。

「はたして、わたしに融資してくれる銀行はありますかね」

女川社長は自信たっぷりであった。

「借り入れについては、スルガ銀行をご紹介いたします。個人向け融資に熱心な銀行さんなので、スルガ銀行ならかならず貸してくれます」

女川社長の説明にいっそう熱が入り始めた。

「たとえば、スルガ銀行の元利が八〇万円で、サブリースの家賃は一〇〇万円だとしましょう。すると差し引き二〇万円がオーナーさんの利益になる。毎月二〇万円の差額が出て、冨谷様の手元に残るのです。絶対に安全ですし、儲かります。スルガ銀行さんなら頭金もなしで大丈夫です」

甘い話を聞いても、冨谷はなお信用しなかった。

「そんなうまい話はないでしょう。女川さんが自分でやったらどうですか？」

女川社長は大袈裟にため息をついた。

「いや、冨谷さんのような有名企業に勤務している人なら融資も下りるのでしょうが、わたしには下りないんです。でも冨谷さんなら大丈夫ですよ。物件も、銀行が審査して融資してくれるのですから、間違いありません」

冨谷の心が、ほんの少し動いた。

女川社長は、冨谷の不安を払拭するかのように、細かな説明を次々に加えていった。

「物件を購入することで、節税対策になるんです」

「万が一のときは、生命保険の代わりになります」

「人材派遣業の利益も家賃を払う原資になりますから安心です。運用開始後、すぐにおカネが残るようになりますよ」

「地方の若い女の子と、彼女たちが働く企業の助けになるので、社会貢献もできるんです」

「最終的には、女の子から家賃を一銭もとらなくても、人材派遣業で回していけるくらいいい仕事なんです」

女川社長は最後に、一冊の本を取り出して冨谷に手渡した。

「スマートライフの大地（おおち）則幸（のりゆき）社長が書いた本です。ぜひ読んでみてください」

冨谷は自宅のマンションに帰るなり、居間で寝転がり、女川社長に渡された本に眼を通した。

『「家賃0円・空室有」でも儲かる不動産投資』（ダイヤモンド社刊）というタイトルに、「脱・不動産事業の発想から生まれた新ビジネスモデル」の副題がついている。帯には「『住まい×仕事』女性専用シェアハウスだから実現した社会貢献型ビジネス」と書かれている。

冨谷は訝（いぶか）った。

〈家賃０円なんて、怪しすぎる〉

出版社は『週刊ダイヤモンド』などの経済雑誌や、ビジネス書や経済書を中心とした書籍を出版するダイヤモンド社である。ビジネス書などでよく見るソフトカバーの単行本だった。

〈自費出版じゃないんだ……〉

ダイヤモンド社といえば、有名な出版社である。

〈ダイヤモンド社がいい加減な内容の出版物を出す訳もないよな〉

冨谷が抱いていた疑念は、少しずつではあったが晴れていった。

ページを開くと、冨谷はすぐ夢中になって読みふけった。シェアハウスの不動産投資は、グーグルマップやＹｏｕＴｕｂｅなどのフリーコンテンツの発想を不動産投資に応用した、まったく新しいビジネスモデルだと書かれている。人材派遣業を兼ねた運用をするところがミソであり、将来的には家賃０円でも回るようになるという。

本には、実際に入居した若い女性の声も書かれている。

「ずっと憧れてた東京で一人暮らし。住まいも仕事もスマートライフが後押ししてくれたからこそ、実現できました！」

投資家の声は、次のようなものだった。

「収益が高く、女性の社会進出など社会貢献にも直結している。だからわたしはスマートライフでの不動産投資を決めました」

冨谷はそれでもまだ疑いを払拭できなかった。

〈そもそもこのスマートライフという会社は、信用できるのか？〉

さっそくインターネットで検索してみた。

都内を中心に女性専用のシェアハウス「かぼちゃの馬車」を運営する会社で、平成二十四年（二〇一二年）八月に設立されて以降、平成二十五年七月期には売上高四億円、平成二十八年（二〇一六年）は二〇〇億円の売上見込みと、起業してから最近の業績も右肩上がりだった。

さらに帝国データバンクの信用調査情報を検索してみた。

スマートライフの評点は五十八点。決して悪い数字ではなかった。

冨谷の心は、次第に動かされていった。

〈子どもの教育費に悩んでいたタイミングで紹介してもらったおれは、もしかしたら幸運なのかもしれない〉

本をすべて読み終わる頃には、冨谷の心にあった疑惑の氷はほとんど溶けていた。

〈もう一度、女川さんに会って確かめてみよう〉

それから二週間ほど経った十月四日、冨谷は、六本木にある小料理屋でルネサンスパートナーズの女川社長に会った。

女川社長は書類を取り出してテーブルに広げた。

「今日は、冨谷さんにご紹介したい物件情報をもって来ました」

世田谷に建設予定のシェアハウスだった。都心の会社に通う女性向けなので、場所もいい。

「こちらの物件ですと、月々のサブリース賃料から銀行への返済額を引いても、手元にも月々二〇万円ほど残る計算になります」

「えっ、本当に二〇万円も!?」

最初に会ったとき、差額分は儲けになるという話は聞いていた。が、具体的な物件を紹介され、毎月二〇万円もの不労所得になると聞くと、グッと現実味が増してくる。

「ええ。ただし、この素晴らしいシェアハウスビジネスには、融資の条件が二つあります」

女川社長は説明を続けた。

「このビジネスの融資先は、スルガ銀行となります。スルガ銀行の融資条件は、二つあります。一つは、手残りの二〇万円から約半分の一〇万八〇〇〇円を積立預金にしていただきます。銀行の実績のために必要なのですが、将来の修繕積立金と考えていただければ良いですね。それでも手元に約九万円残るのですから、すごいですよね」

「なるほど」

「もう一つは、フリースタイルローンを一〇〇〇万円借りていただきます。これも銀行の実績のために必要で、この二つが融資の条件なんです」

フリースタイルローンとは、スルガ銀行の個人向け融資で、家のリフォームや趣味の車、セカンドハウスの購入資金や親の介護施設の入居資金など、自由に使用できるローンである。

が、冨谷は「金利七・五％」と書いてあるのを見て驚いた。

「こんな高い金利、払いたくないですよ。第一、一〇〇〇万円の金なんて必要ないですし」

すると女川社長は、しばらく沈黙した後、思い切ったように口にした。

「わかりました。一年間の金利は、わたしのほうで負担いたします。自己資金をお持ちなら、一年以内に返済していただければいいですから」

積立定期のことは理解できる。が、必要もない一〇〇〇万円のローンを無理に組ませる銀行の姿勢には違和感があった。

それでも目の前にいる女川社長が、「自分で金利を負担してでも商談を成立させたい」と必死な様子を見せていることに、同情の気持ちも芽生え始めていた。

冨谷は帰宅後、スルガ銀行についてネットで検索してみた。

スルガ銀行は、静岡県沼津市に本店を置き、静岡県・神奈川県を主たる営業エリアとする地方銀行である。

明治二十年（一八八七年）に岡野喜太郎が結成した共同社を前身として、明治二十八年（一八九五年）に設立された。

八〇年代以降、金融機関はバブル崩壊で企業の不良債権に苦しむが、スルガ銀行は住宅ローン、個人ローンの積み上げで乗り切り、順調に業績を伸ばす。

九〇年代後半に金融機関が次々に破綻した金融危機では、預金残高や入出金の状況などから顧客リスクを判断、審査業務などに活かすＣＲＭ（クレジット・リスク・マネジメント）システムの導入でスピーディーな審査につなげ、個人顧客を増やして収益を上げていった。

ネットバンキングへの着目や他業態との提携など、耳目を引く個性的な営業戦略を次々と打ち出し、ネット支店を開設した平成十二年（二〇〇〇年）前後には、株価が一時二五九〇円とバブル期をはるかに超える高値で取引された。

平成十二年以降、ＣＲＭを使った個人向け融資はさらに加速、売上の九割となった。営業エリアは全国に広がり、その中心は首都圏である。

個人向けはメニューをさらに増やして単身女性や転職者向けローン、会社員への不動産向けローンなど、他行が冷遇する層へも浸透した。

「地方銀行の雄」といわれるスルガ銀行は、不動産への融資も積極的で実績も十分であることがわかった。

〈フリースタイルローンに違和感を抱いたのは、おれが初心者だからか。本来は、こういうものなのかも知れないな〉

そもそも、地方銀行の雄といわれるスルガ銀行が融資してくれるビジネスモデルなのだ。大丈夫だろう、と冨谷は自分を納得させた。

最後の決め手になったのは、スマートライフの本社を訪ねたときだった。本社は銀座の一等地に建つ、みずほ銀行の入るビルの上層階にあった。

広いオープンスペースも素晴らしかった。大きなソファが間隔を置いて数セット設置してあり、いかにも急成長している会社の勢いを感じた。

もし冨谷が四十八歳という年齢でなくもう少し若かったら、この話を一蹴していたかも知れなかった。

じつは冨谷は、日本地図を初めてつくったことで知られる伊能忠敬（いのうただたか）の子孫だった。

伊能忠敬は、江戸時代の延享（えんきょう）二年（一七四五年）一月十一日に上総国（かずさのくに）に生まれた。十八歳のとき、下総国（しもうさのくに）・佐原（さわら）の伊能家の婿養子となり、酒造、米穀取引などで家運を盛り返し、また名主として勤めた。寛政（かんせい）七年（一七九五年）に家業を退き、四十九歳で隠居。五十の手習いで江戸に出て、幕府の天文方・高橋至時（たかはしよしとき）に天文・暦学・測量を学ぶ。寛政十二年（一八〇〇年）に蝦夷（えぞ）南東海岸を測量、以後、一八年にわたって日本全国の沿岸を測量した。日本全図の作製中の文政（ぶんせい）元年（一八一八年）四月十三日、七十三歳で病死。ただし、弟子たちが業を継いで、文政四年（一八二一年）に「大日本沿海輿地（よち）全図」と「大日本沿海実測録」を完成。忠敬の測量日数は、三七三七日、測量距離は四万キロメートル近く、天体観測地点数は、一二〇三に及んでいる。

冨谷にとって、五十歳の節目には大きな意味合いがあった。

〈おれはまだ、伊能忠敬のように何事も成し得ていない。子どもに何もしてあげていない。ご先祖様と比べて、じつに不甲斐ない人生だ〉

それに五十歳に近い年齢になると、漠然とした老後に対する不安も出てくる。

冨谷は、その後さらに二回ほど女川社長と会って商談を重ね、ついに不動産投資に挑戦する決意を固めた。

スルガ銀行横浜東口支店に融資の手続きへ

平成二十八年十二月十八日、シェアハウス投資を決意した冨谷は、融資の手続きのために横浜駅に隣接する巨大ビル、スカイビル二十二階のスルガ銀行横浜東口支店へやって来た。東京にある家からは、電車を乗り継いで片道一時間半はかかる。

待ち合わせ場所には十分前に到着したが、すでに人待ち顔の男の姿があるではないか。

「冨谷さんですか？　はじめまして。社長の代わりに来ました。社長の弟の女川直人（おながわなおと）と申します」

「はじめまして。いや横浜は遠かったですよ。お兄さんは、何も教えてくれなくて」

てっきり都内にあるスルガ銀行で融資実行がおこなわれると思っていたのに、なぜか横浜まで足を運ばねばならなかった。

それに、女川社長は「最後まで自分がやらせていただきます」と言っていたのに、こうして弟を代理に寄越している。

「はい、申し訳ありませんでした」

これから二億円もの契約をするというのに、弟の返事も機械的である。

スルガ銀行の商談スペースに案内されると、冨谷の頭から女川兄弟の対応への不満が吹き飛んだ。

「うわぁ。天気も良くて綺麗な景色ですね。ベイブリッジも見えますよ」

商談スペースは大きなガラス張りになっており、そこから横浜の美しい港の風景が見えた。冨谷は、つい今日は何か良いことが起きるような、ワクワクする気分になった。

間もなく、二人の男性がやって来た。一人はスルガ銀行の荒井弓彦（仮名）、もう一人は、シェアハウス投資のビジネスモデルを考案したスマートライフ社の坂田一郎（仮名）だった。

スルガ銀行の荒井が、さっそく切り出した。

「本日は、冨谷さんのご記入や押印が必要な書類がたくさんあります。段取り良くさせていただきますので、よろしくお願いいたします」

すると、女川直人が言った。

「金消契約時には、第三者は席を外すルールになっていますので、わたしは外で待っていますね」

女川は退席したが、なぜかスマートライフの坂田は退席しようとしない。

が、そんな疑問もすぐに忘れてしまった。これから山ほどの書類にサインをしなければならないのだ。

まずは「抵当権設定金銭消費貸借契約書」にサインを求められた。

〈女川さんの言っていた金消契約とは、このことだったか〉

冨谷は、そんな知識さえもっていなかった。

サインを終えた冨谷は荒井に訊いた。

「はい、書き終わりました。印鑑はここでいいですか？」

すると、荒井が言った。

「いや、印鑑はまとめて最後に押しましょう。次は、こちらの書類になります」

冨谷は言われたとおり素直に記入を続けながら疑問を口にした。

「しかし、わたしの年収でよくスルガ銀行さんは二億円弱の金額を融資してくれますね。わたしが会社をクビにでもなったら、どうするんですか？　シェアハウスの資産価値がそれだけあって、担保に入っているから大丈夫という理解でいいんですよね」

「まあ、そうですね」

荒井は素っ気なく答えた。

冨谷は事前に、三菱ＵＦＪ銀行の通帳のコピーと、ネットバンク「ジャパンネット銀行」の通帳のＰＤＦファイルを女川社長に渡して確認を取ってもらっていた。この通帳は小遣い用のもので貯金額は二〇〇万ほどと、あまり多くない。が、冨谷には「毎月一〇〇万円入ってきて、その中から返済をすればいい」という考えがあった。だから自分の年収で二億円弱も借りられることに、さして深い疑問を抱かなかった。もともと冨谷は、さほど金融事情にも詳しくはない。専門家に任せておけば大丈夫だと思っていた。

荒井は冨谷が書類にサインする様子を見守りながら、訊いてきた。

「冨谷さんは、物件場所を見たりされましたか？」

「まだ行ったことはないのですが、グーグルマップで見てみました。事後になりますが、自分の眼でも確認しておかなければいけないと思っています」

「それは珍しいですね」

「え⁉　確認しない人のほうが多いんですか？」

「はい。不動産を購入するというより、金融商品を購入する感覚の方が多いようで、ほとんどご自分ではご覧にならない方が多いと思います」

「へえ、そうなんですか」

そんな会話をしながら、冨谷はひたすら書類に氏名、住所、電話番号、勤務先名などを書き続けた。

荒井は新しい書類を取り出すたびに簡単な内容説明をしてくれたが、途中から冨谷の耳に入ってこなくなった。ただ言われるままに書類に記入するマシーンになったような気分だった。

そして、必要のない一〇〇〇万円のフリースタイルローンの契約も、月々一〇万八〇〇〇円の積立預金とさらに定期預金二〇〇万円の契約も、促されるまま書類にサインをした。

「いや、久しぶりに長々ペンを握り続けて疲れました」

すると、荒井がさり気なく言った。

「最後にまとめて押印いただこうと思っていましたが、冨谷さんが記入されている間に、わたしが押印しておきましょうか？」

冨谷は押印の責任の重さを理解していたので、会社の職印ですら他人に押させたことはなかった。が、三十分以上も書類に記入し続けていてほとほと疲れきっていた。冨谷は、荒井の親切心からの申し出を受けることにした。

冨谷はこのとき、荒井がどの書類のどこに押印したのか、確認しなかった。確認のしようもなかった。

すべての書類を仕上げた後、荒井が次の予定について説明した。

「冨谷さんの物件は来年九月頃の完成予定ですから、三月中旬にまたこちらにお出でいただく必要があります」

シェアハウス建築の融資は、三月の契約時、六月の上棟時、九月の完成時に三分の一ずつ支払われることになり、これは他の建設工事代金支払い慣習と同様な形式だという。

冨谷は、今回東京の自宅から横浜まで来るのが大変だったので、次回の打ち合わせ場所について荒井に頼んだ。

「次回の場所は、日本橋の東京支店になりませんか？」

「すみません。やはり次もこちらでお願いします」

この時、ふと冨谷はさきほどの疑問を思い出し、荒井に尋ねた。

「金消契約時、第三者は席を外すルールとおっしゃっていましたね。わたしから見れば女川さんも坂田さんも同じ第三者の方です。女川さん一人を、どうして退席させたのですか？」

「……」

目の前にいる荒井も、その隣にいるスマートライフの坂田も、なぜか何も答えなかった。

小さな疑問や不審が冨谷の心の中に積もっていたが、疲れていたこともありそれ以上の追及はしなかった。

数日後、スルガ銀行から冨谷に電話が入った。

「融資の承認が下りました」

明らかになった物件価値

平成二十九年（二〇一七年）三月、いよいよ冨谷のシェアハウス建築着工の時期がやって来た。が、ルネサンスパートナーズの女川兄弟からいっこうに連絡が入らない。契約が決まるまではＬＩＮＥを使って、しつこいほど冨谷に連絡を取ってきたのが嘘のようである。

女川社長は「物件を建てる際は、素材や色を好きなようにお選びいただけますよ」などと言っていたのに、そんな話さえしてよこさない。

冨谷は、さすがに胸騒ぎがした。

平成二十九年五月十日、金融庁長官の森信親（もりのぶちか）は、東京・大手町の経団連会館で開かれた読売国際経済懇話会で講演し、スルガ銀行を高く評価した。

「データを分析して他行が貸さないところに貸し、継続して高い収益率を上げている。この特異なビジネスモデルを生み出した銀行を高く評価したい」

森長官のお墨付きで、スルガ銀行は地銀の衰退に警鐘を鳴らす金融庁の推奨金融機関となった。

六月になり、冨谷の抱いた嫌な予感が膨らんだ頃、九州の友人から上京するとの連絡を受けた。その友人は、建築関連の仕事をしている。冨谷は事情を説明し、頼みこんだ。

「悪いけど、おれの建設中のシェアハウスを直接見て、意見を聞かせてもらえないか？」

七月一日、冨谷はその友人と世田谷区祖師谷(そしがや)の改札前で待ち合わせをした。そこから歩いて、世田谷のシェアハウスの建設予定地へ向かった。

その道中で、友人が訊いてきた。

「シェアハウスは、スマートライフから買ったんだよな。この前調べたら、ベッキーがコマーシャルに出て話題になったらしいな」

ベッキーは日本人とイギリス人のハーフで、ハーフ特有の美貌と明るいキャラクターで人気を博した。が、平成二十八年（二〇一六年）に不倫騒動を起こして活動を自粛。そして復帰後初のCM出演が、このスマートライフの「かぼちゃの馬車」だった。

コマーシャルは、ベッキーを美しいかぼちゃの馬車に乗せ、荒野を勢いよく走らせながら、ささやかせる。

「シンデレラは、夢を叶えるために馬車に乗った」

それからナレーションが入る。

「女性のためのシェアハウス。上京するなら、かぼちゃの馬車」

友人の問いに、冨谷は答えた。

「そう。ベッキーのコマーシャルの会社だよ。彼女のギャラも安くはないだろうから、それだけ確実な事業だと思ったんだけどな」

冨谷と友人はおよそ十分後に物件の建つ場所に到着した。

まだ建設途中で、屋根と軀体、すなわち骨組みが完成しているシェアハウスの姿があった。休日であるため作業員の姿はない。

友人が訊いた。

「中に入っていいか？」

「もちろん」

「これ、いくらで買ったんだ？　何部屋ある？」

「土地と建物で二億円弱。七平方メートルの部屋が、全部で十八部屋ある」

友人は顔を曇らせた。

「そうか。一部屋が一〇〇〇万ちょっとか。世田谷とはいえ、駅から徒歩十分だろ。ちょっと高くないか？　おれの感覚だと、土地が一億弱、上物が三〇〇〇万、合計一億二、三〇〇〇万くらいかな。家賃はいくらにするの？」

「家賃というか、サブリース契約で、一部屋当たり六万七〇〇〇円の入金があることになってる」

「やっぱり高いな」

「おれもそう思ったが、人材派遣業もセットになった事業形態で、家賃だけの収入でサブリースを構成している訳ではないんだ。それにスルガ銀行が物件価値を認めて融資しているし」

「でも物件自体の価値は、絶対に二億円もないぞ。シェアハウスにわざわざ高い部材を使うとも思えない」

「そうか……。業者がマージンを取るにしても、七〇〇〇万も乖離があるのか」

友人は、冨谷の顔色が変わったのを見て心配させまいと思ったのか、あわてて付け加えた。

「いや、あまり聞いたことないが、人材派遣業とセットというなら大丈夫だろう。銀行も融資を付けてくれたんだし。堅実派の皐介が決めたことなんだから、まあ大丈夫だろうさ」

が、冨谷の不安の芽は確実に大きくなっていった。

〈本当にヤバいかもしれない。どうする……？〉


平成二十九年九月末、冨谷が購入したシェアハウスはついに完成し、スルガ銀行との三回目の金消契約も無事終了した。

〈そろそろスマートライフから、サブリースの連絡が来る頃だろう〉

そう思っていた矢先、スマートライフから封書が届いた。中を見てみるとサブリースの件ではなく、社名変更の知らせだった。

「二〇一七年七月の株式会社オーシャナイズとの資本業務提携を機に、シェアハウス事業、プラットフォーム事業といった既存事業の拡大に加え、宿泊事業、保育施設事業、グランピング事業、教育事業といった新規事業をスタートいたしました。このような大きな変化の中、よりスピード感を持って事業展開を進めるために、一日、一日を大切にする会社でありたいと考え、その思いを社名に反映させることに致しました」

社名はスマートライフからスマートデイズに変更になるという。前向きな明るい話題のはずなのに、冨谷の不安はますます広がっていった。

サブリース賃料の支払い減額の報せ

平成二十九年十月二十七日、冨谷のもとにスマートデイズからふたたび手紙が届いた。見ると「サブリース賃料支払い変更のお知らせ」とある。

〈なんだと？　おれはまだサブリースを一度も受け取っていないぞ〉

冨谷が購入した物件は建てたばかりで、入居者はまだ一人もいない。動揺を抑えながら読み進んだ。

「今月下旬に金融機関から急な方針変更とともに、今月末に予定していた新規決済分を延期するとの通達を受けました。これに伴い不動産事業における売上低下が予想されるため、当分の間、本物件ご融資に対する返済額のみのお支払いとさせていただきたい」

女川社長は言っていた。

「たとえばスルガ銀行に毎月八〇万円を返済するとします。もし一〇〇万円のサブリース賃料があれば、二〇万円がまるまる利益になります」

が、いきなり銀行への支払い分しか払わない、オーナーの儲けは一銭もない、ということである。

〈それじゃあシェアハウスを建てた意味がまったくないじゃないか！〉

書面には、スルガ銀行との金利引き下げと返済計画の変更交渉が必要であり、サブリース契約の見直しも進めると書かれていた。

するとシェアハウスは空室のまま、スルガ銀行から強要された一〇万八〇〇〇円の積立定期預金と、七・五％もの高金利が付くため一年で返済する一〇〇〇万円のフリースタイルローンの支払い約七〇万円の、計約八〇万円を自腹で毎月払い続けなければならない。

さすがに凄まじい衝撃であった。嫌な予感が的中してしまったのだ。これが、冨谷が食らった一発目のパンチであった。

冨谷は、すぐにルネサンスパートナーズの女川社長に電話した。

「今日、スマートデイズからサブリース減額の知らせが届いて驚いているんだが」

女川社長は答えた。

「いやぁ、手紙が届いたことは聞きましたが、わたしも状況を把握できていなくて……」

冨谷は、つい怒りのこもった口調になった。

「おれのこと、だましたのか？」

「いえ、そんなことはありません。状況を調べて、かならず明日ご連絡します」

冨谷は電話の後、一度会ったことのあるスマートデイズ執行役員の新川大樹（仮名）に電話して、同じことを尋ねた。

新川が説明した。

「十月二十日頃にスルガ銀行から今月末に予定していた新規決済分の融資がおりないと連絡を受けまして。それであのような手紙をお送りした次第でして」

「ちょっと、おかしいだろう！　おれはまだ一度だって、家賃収入がないんだぞ。あんな手紙で減額って、納得できる訳ないだろう」

「はい、大変申し訳ありません」

「どうするんだ」

「スルガ銀行と、金利交渉をしていただくことになろうかと」

「それは、スルガ銀行が応じることになっているのか？」

「はい。横浜東口支店の支店長と、弊社社長との間で話がついていると聞いています」

そう言われても、冨谷はそうやすやすと信用できなかった。

不安になった富谷は、ネットでいろいろ検索してみた。すると、「サクト」というシェアハウスの会社が家賃不払いで問題になっていることがわかった。

〈嫌な予感が当たってしまった……！〉

スマートライフほど大きくはないが、同業の小規模企業の悪事がネットで暴かれていた。「サクト」の他にも「ラッキー」「ゴールデンゲイン」「ガヤルド」など、次々に企業名が出て来る。いずれもサブリースの家賃未払いや、未建築のまま会社が倒産して、オーナーに被害が出て騒動になっていた。

一方、スマートデイズについては被害がまだ表面に出ておらず、大きなニュースにもなっていなかった。のちに判明することだが、スルガ銀行に闘いを挑んでも、販売会社をつかまえようとしても、個人では歯が立たず、次々に潰されていたせいだった。

富谷は、さすがに奈落に突き落とされたような気分になった。

〈スマートデイズは、きっとこれに続く会社になるのだろう……〉

スマートデイズの陰の経営者、佐藤太治という人物

スマートデイズの実情は、すでにスマートライフの時代から怪しい噂がマスコミに流れていた。

総合月刊情報誌「ＦＡＣＴＡ」の平成二十八年三月号に、以下のような内容の記事が掲載されている。

スマートライフ代表取締役社長の大地則幸は、レオパレスの創業家が平成二十年（二〇〇八年）に設立したアパート建築・賃貸経営のＭＤＩ社の出身である。

若くてやり手と評判の大地だったが、じつはスマートライフの実質的な経営者は佐藤太治（さとうたいじ）という人物だった。

佐藤太治は、昭和二十八年（一九五三年）三月に東京都北区で生まれた。富士短大卒業後、建売会社の

営業マンになる。昭和五十年（一九七五年）四月、二十二歳のとき、裏路地にある寂れたガソリンスタンドを買い取った。ガソリンの価格表記という、いまでは当たり前の行為を初めて取り入れた。そのせいで、裏路地にもかかわらず、長蛇の列のガソリンスタンドとなった。会社は、ライオンズ石油と名付けた。

佐藤は、一日一日を大切にし、毎朝六時に起き、帰宅は夜の十一時を過ぎるという。

歴史小説の好きな佐藤は、自分自身を織田信長に見立てていた。

信長は、合戦の前でも幸若舞の敦盛、「人間五十年、下天の内をくらぶれば、夢幻の如くなり」と歌い舞ったが、佐藤はよく口にしていた。

「人生五十年とすれば、残された時間はわずか六千日しかないのだ」

信長のおこなったように、現代の楽市楽座を実現するのが夢であった。

全国約五万九千のガソリンスタンドは、過当競争に喘いでいた。昭和四十八年（一九七三年）の第四次中東戦争を機に起こった第一次石油ショック以降、省燃費エンジンの開発などにより、昭和四十五年に自動車一台当たり平均千五百五十一リットルだったガソリンの消費量は、昭和五十九年（一九八四年）には千五十六リットルまで減っていた。

限られたパイの奪い合いとなった成熟市場の中で、佐藤は、国道十六号沿線に多数の店舗を展開し、安売り商法で事業を伸ばした。

石油販売業界は元売り十三社に供給を押さえられていた。彼は系列に所属しない一匹狼であった。業転物と呼ばれる出回り品を掻き集め、それを安価販売したが、仕入れの確実性がなかった。このため、ＢＴＸ（ベンゼン、トルエン、キシレン）類を主成分とする代替ガソリン「フエルガソリン」を「無税の安いガソリン」という宣伝文句で売り込んだ。

しかし昭和五十九年十二月一日からフエルガソリンにガソリン並みの揮発油税が課された。

さらに神奈川県石油商業組合が、ＪＩＳ（日本工業規格）規格外の商品をガソリンと表示するのは不当、として公正取引委員会に提訴した。

自動車整備振興会も代替燃料の追放キャンペーンに協力しており、フエルガソリンの販路を拡大するのは困難な状況となった。

「それなら、本物のガソリンを海外から安く仕入れてみせる」

佐藤は、昭和五十九年十一月二十九日に、自らシンガポールへ出向いた。

シンガポール石油（ＳＰＣ）と無鉛ハイオクガソリン三千キロリットルのスポット契約を、一バレル＝三四ドルで結んだ。これは当時の為替レートで、一リットル当たり五三円強となる。

石油の輸入は届出で足りる、と石油業法十二条は規定している。貯蔵タンクも確保し、十二月三日に石油輸入開始届出書と石油輸入計画届出書を提出した。

ガソリンを積んだタンカー、サザンクロスエイト号は、日本に向かって出港した。

佐藤の行動は、既得権益層に危機感をもたらした。国際的な競争が高まる中、石油業界は日本国内で割高なガソリンを売ることで利益を確保していたからである。

無秩序な製品輸入は需給を混乱させるとして、原油を輸入し製品を国内で生産するという消費地精製主義で業界を指導してきた通産省は、頭を抱え込んだ。役人たちの本音は、じつは業界の保護にあった。

しかし、法的には届出があったら受理を拒めない。石油業界は反発の姿勢を強めていた。

佐藤太治は、昭和五十九年十二月六日、通産省内で記者会見し、発表した。

「一六〇円前後の市価よりも大幅に安い一三八円の輸入ガソリンを販売する」

歴史好きの佐藤は、この当時、自分自身を「昭和の紀伊国屋文左衛門（きのくにやぶんざえもん）」と称していた。

紀伊国屋文左衛門の地元・紀州ではミカンが大豊作で安かった。が、江戸では高い。文左衛門はそこに眼をつけ、ぼろい大船で荒れ狂う嵐を乗り越えて、ついに江戸へたどり着き、大儲けする。このときの様子が「沖の暗いのに白帆が見やる。あれは紀ノ国ミカン船」とカッポレの唄に残った。

石油連盟の建内(たけうち)会長（日本石油社長）は、十二月十二日の定例会見で、表明した。

「通産省が断固とした措置をとるべきだ」

予算編成で忙しい十二月二十四日、通産省は石油審議会を開き、輸入中止を求める勧告は妥当であるという答申を得る。

十二月二十六日、日本鉱業は、分析結果を発表した。

「シンガポール産ガソリンは、国産製品に比べて重質であるため、始動性が悪く、排ガスやエンジントラブル等の問題を起こす恐れが大きい」

それに対し、佐藤は真向から反論した。

「われわれはＳＰＣとの間で、ＪＩＳに合わせたガソリン製造の契約を結んでいる。現物を調べてもらえばわかる」

資源エネルギー庁は、十二月二十七日ライオンズ石油に対し、村田敬次郎(むらたけいじろう)通産相名で輸入計画の変更を勧告。ただし、勧告には罰則も法的強制力もない。

佐藤は言い放った。

「行政不服訴訟を起こす」

訴訟になれば、通産省が敗訴する公算は大きかった。

十二月二十八日早朝、佐藤が契約しているサザンクロスエイト号が神戸港に到着、六甲アイランド沖の荷役場に停泊し、陸揚げ作業が始まった。

役人たちは、今度はガソリンを元売り会社に引き取らせる斡旋役を買って出た。

さらに彼らは、ライオンズ石油の唯一の融資元である城南信用金庫にも手を回した。

同金庫は「国の政策に反する事業に貸付けはできない」と言いだす。

そのうえ通産省は「次回以降の輸入は、貿易管理令を改正してでも阻止する」との最後通告を突きつけた。

年明けの昭和六十年（一九八五年）一月八日、ついに佐藤は輸入断念を表明した。

「訴訟は時間がかかるし、兵糧攻めにあって計画を断念せざるをえなかった」

到着したガソリンは、粗製ガソリンであるナフサとして通関し、ガソリンの輸入はなかったものとして日本石油に転売することになった。

役人たちは佐藤から、今後ガソリンの輸入はおこなわない旨の念書までとっていった。

佐藤が情熱を傾けた格安のガソリンは、ついに日の目を見なかった。

しかし、佐藤の挑戦の波紋は大きかった。

一月二十二日、通産省は、行政指導により事実上禁止しているガソリン輸入を解禁する方針を固め、二月に石油審議会に諮問することになった。

審議会がガソリン輸入を自由化すべきとの中間報告をまとめたのは、佐藤が断念した八カ月後の九月のことであった。

佐藤は、昭和六十一年（一九八六年）二月、『オレは通産省に殺(ばら)された！』という禍々しいタイトルの本を泰流社から出版している。

佐藤は、その後も、大人しくはしていなかった。

昭和六十一年には、カリフォルニア米の自主輸入もおこない、「お上に楯突く経営者」としてもてはやされた。

平成五年（一九九三年）には「ビデオ安売王」を経営し、ビデオソフトの販売に挑戦した。瞬く間にフランチャイズを全国一千店に広げた。が、扱うソフトのほとんどはアダルトビデオであった。そのせいで、平成六年（一九九四年）には富山県警にアダルトビデオ販売にかかわる風営法違反で逮捕されてしまった。

平成七年（一九九五年）にも「禁止区域営業」の風営法違反容疑で富山県警に逮捕された。その翌年、失速した安売王の運営会社の「日本ビデオ販売」を計画倒産させたといわれている。

平成十年（一九九八年）には、旧住専（住宅金融専門会社）から約一六億円をだまし取ったとして、神奈川地検に起訴され、ついに逮捕された。

佐藤太治は、その後は自転車広告事業と銘打ち「めだつ広告」なる会社を設立。一口二九八万円で加盟店を募った。

ところが、「カネだけ集めて自転車の手配がされない」と集団提訴された。

佐藤は、徳川家康のことも崇拝している。かつて家康は、三方ケ原の戦いで武田信玄に敗れた際に、敗北した自らの姿を戒めのために肖像画としてかかせたという伝承がある。佐藤は、その伝承にちなみ、自身がｉＰａｄ塾ビジネスに失敗し、無一文になった際にＴシャツ一枚の情けない姿を養子の佐藤哲也に写真で撮らせているという。

佐藤太治は、詐欺師まがいの商法に打って出た。平成二十四年（二〇一二年）八月二日、株式会社東京シェアハウスを設立したのである。

平成二十五年（二〇一三年）四月一日、スルガ銀行大宮支店のセンター長であった深沢明義が、スルガ銀行横浜東口支店の支店長に就任した。

深沢が就任したその月から、スルガ銀行は東京シェアハウスに融資を開始している。この年の九月四日に社名が株式会社スマートライフに変更された。

平成二十七年（二〇一五年）二月、スマートライフの不芳情報がスルガ銀行にもたらされ、表向きは一切の関係の禁止となった。

その直後、アマテラスという会社が設立された。スマートライフの案件を、表向き別会社が持ち込んだように見せかけるためにつくられたダミー会社である。

スマートライフの経営者が〝前科持ち〟では集客できない。そこで若く見栄えのする大地則幸を社長に据え、佐藤は表に出てこない社主という立ち位置を取ったのである。

大地は、昭和五十八年（一九八三年）、千葉県に生まれた。国際理工専門学校建築設計課卒業後、清水建設株式会社に入社。それから株式会社レオパレス、株式会社ＭＤＩを経て、平成二十七年四月十六日に株式会社スマートライフ代表取締役に就任していた。年収は六〇〇〇万円を超えていた。

詐欺まがい！　スマートデイズの経営実情

冨谷は、覚悟を決めた。

〈これはもう、妻に打ち明けるしかない〉

思い切って、妻の恵美（仮名）に声をかけた。

「恵美、ちょっと話があるんだ」

何も知らない妻は、不思議そうな表情になった。

「なに、どうしたの？　改まった顔をして」

冨谷は、何もかも正直に打ち明けた。

いつも冷静な妻は、冨谷の話に慌てることもなく、ひとことだけ言った。

「前にも言ったと思うけど、わたしと子どもには迷惑をかけないようにしてやってね」

感情的になって泣き喚かれなかったのは救いだった。

が、一方冨谷は慰めてもらいたい気持ちもあった。シェアハウスを購入したのは、あくまで家族の生活が少しでも良くなればという思いからだったのだ。そこはわかってほしかった。

苦しい思いを胸に、冨谷は妻の言葉に「うん、わかっているよ」と返事するのが精一杯だった。


平成二十九年十一月一日、冨谷にとって初のシェアハウス家賃収入が振り込まれた。

〈やっぱり、これだけか……〉

通帳を確認すると、スマートデイズの減額通知のとおり、シェアハウス物件の返済額と同額しか振り込まれていなかった。そこへ定期預金と積定預金、フリースタイルローンへの返済が重なり、赤字になってしまっていたのだ。

妻にすべてを打ち明けてから一週間後の十一月七日、ルネサンスパートナーズの女川雄三社長から冨谷に連絡があった。新情報だった。

「先日、スマートデイズが主催する販売会社向けの説明会があったようです。十月末に続いて二回目だったようですが、スマートデイズとスルガ銀行が金利引き下げ調整に動いているようです」

冨谷の声は、苛立たざるを得なかった。

「おれの口座は、単月収支マイナスだよ。早く金利を下げてもらわないと、もたない」

「はい、わたしのほうからも、スルガ銀行に確認しておきます」

「本当に頼みますよ。あと、オーナー向けの説明会はやらないの？」

「その開催は、予定にないようです」

冨谷はすぐにスマートデイズの新川大樹に電話を入れ、アポを取り付けた。

十一月十一日、冨谷は土曜日だが仕事に出、仕事を終えた後の午後八時、ふたたび銀座の一等地にあるスマートデイズの本社を訪れた。

冨谷は、オープンスペースに入って驚いた。以前、スマートライフという社名であったときの大きなソファはすべて撤去され、スペースは間仕切りにより小さな待合室に変貌しているではないか。受付嬢の姿もない。電話が哀しげにポツンと置いてあるだけだ。事態が悪化していることは一目瞭然だった。

〈まずいぞ……〉

冨谷が携帯で新川に到着を知らせると、間もなく新川が現れて、商談スペースに通された。

新川がオープンスペースについて弁解がましく説明した。

「あのスペースは、オーナー専用窓口にして、社員十人ほどで対応することになりました」

冨谷は、さっそく本題に入った。

「オーナーは八百人ほどと聞いていますが、何人くらいから連絡がありましたか？」

「だいたい六百件くらいでしょうか」

新川はそう答えてから、「銀行の担当者から聞いた限り」と前置きをして説明に入った。

「この事態が起きた原因は、シェアハウス業界全体の入居率の低下、二つ目は同業他社であるサクトとガヤルドが、オーナー様に対するサブリース料不払いを起こしたことが原因でございました」

冨谷がネット検索で知ったサクトとガヤルドの社名が出てきた。

〈要はその二社が破産するまでと同じ道程を、おれ自身が被害者オーナーの立場で経験しているということか……〉

新川は立て板に水のごとくしゃべり続け、まるで冨谷がじっくり考えたり質問をする隙を与えまいとするかのようだった。実際、話の内容は「自分たちには責任はない」「約束どおりの金は払えない」という言い訳に終始していた。

最後に新川は、とんでもないことを言い出した。

「オーナーさんが望むのであれば、シェアハウスを簡易宿所へ用途変更する事も可能です。アパマンショップのサブリースに変更することもできます」

いきなり簡易宿所の話が出てきて、冨谷は混乱した。

「よくわかりませんが、用途変更して簡易宿所にすることのオーナーのメリットは？」

新川が言った。

「一番は、精神的な安心です」

簡易宿所にするとアパマンショップのサブリースが使えるので精神的に安心を得られると言いたいらしい。

「精神的な安心？　よくわからないな」

「……」

冨谷は訊いた。

「女川さんからもらった大地社長の本に『家賃収入がゼロでも人材派遣業で問題ない』と書いてあったけど、あれはどうなったの？」

「事業としては継続していますが、額としてはケタ違いに少ない状況です」

冨谷は、ズバリ切り込んだ。

「つまり、嘘が書かれていたということだね」

「……」

「入居率も嘘だったし、『家賃収入ゼロでも儲かる』のも嘘だった。つまりスマートデイズは、物件を建てては売り、建てては売りを繰り返す自転車操業だったというわけですね」

冨谷は、女川社長から「現在の入居率は九〇％以上」と説明を受けていた。つまり最初から嘘をつかれていたのだ。

新川は、また淀みなく答えた。

「収益としては確かにそうです。が、オーシャナイズやアパマンの支援でプロジェクトは始動していたのですが、スルガ銀行の十月の話が想定外でしたので。弊社も人件費や事務所家賃などの固定費を削減して、オーナー様の同意が得られる程度のサブリースまで金額を戻していきたいと思っています」

新川は今後の事業再生計画について淡々と話を続けた。

〈ふざけるな！〉

冨谷は新川を怒鳴りつけたかった。が、その気持ちをグッと抑え、冷静に指摘した。

「御社の大地社長からオーナーに対する説明は、あの手紙一枚で済ませるつもりですか？　サブリースの入金が今月末から始まりますが、御社の勝手な都合で引き下げることに対して、わたしは合意していません。合意書なしで一方的に実行すると、債務不履行で訴えるオーナーも出てくるのでは？　ですから、オーナー説明会と合意書作成を急いでほしい」

新川は、「交渉に時間がかかる」「年内には再生計画の素案を出すつもりで進めている」などと言うばかりである。

冨谷はピシャリと言った。

「時間がかかるならその旨を、再生計画の素案を出すならその旨を、オーナーに連絡してください。何も言わずに怒っているオーナーもいると思います。そういう人が一番怖いんですよ！」

　すると、新川がいきなり開き直ったかのような言葉を口にした。

「悪い言葉で言えば、わたしたちがやろうとしていることは『踏み倒し』です。申し訳ないと思っています」

　冨谷は「踏み倒し」という言葉が新川の口をついて出たことに衝撃を受けた。

「しかし、遡ってオーナーに返済する努力はしていくんでしょう？」

「みんな再建に向けてがんばっています」

　なんとも空々しい言葉だった。冨谷は、新川の言葉をどこまで信用していいのかわからなくなった。ここまで受けた説明は、スマートデイズの詐欺まがいの業務内容でもあったからだ。

　冨谷は頭を抱えた。

〈それでもおれは、スマートデイズの再建に賭けるしかない……〉

　新川とこれ以上話をしても、肝心要の話はできそうもなかった。冨谷は書類を鞄に詰め込みながら、ふと時計を見た。ここに来てから、すでに二時間が経過していた。

　冨谷が夜十一時頃帰宅すると、妻の恵美が珍しく起きていた。新川との打ち合わせの内容が気になったのだろう。

「お帰りなさい、今日はどうだったの？」

「うん、いろいろ経緯を聞いてきたけど、状況は良くない。相手は事業再生を目指すと言ってたけど、おれの勘だとあの会社はもっても来年のゴールデンウィークくらいまでだな」

「どうしてそう思ったの？」

「何となくだよ。スマートデイズが潰れたら、市場にシェアハウスがあふれるだろうから、その前に物件を売ってしまうつもりだ。多少の損失は覚悟の上で、いま売ってしまわないと大変なことになる」

幸い、まだ建てたばかりで誰一人入居者はおらず、ピカピカの新築である。この状態なら損失を抑えて売り抜けることもできるのではと考えていた。

すると、恵美が言った。

「わたしの中学の同級生に、不動産会社の社長をやっている人がいるの。かれに事情を説明したら、相談に乗ってくれるって。一度、会ってみない？」

その社長は、恵美の故郷でもある新潟から上京し、東京で不動産業を営んでいるという。藁にもすがりたい気持ちだった冨谷は、恵美の申し出をありがたく受けることにした。

十一月十七日、冨谷は、ルネサンスパートナーズの女川社長と都内の喫茶店で会った。数日前にＬＩＮＥで「物件を売りたい」と連絡したものの、のらりくらりとかわされたため、直接会うことにしたのだ。

女川社長は、冨谷に言った。

「シェアハウスは、五年はもっておかないとダメですよ。いま売ったら、損失が出ますよ」

「いまだったら、いくらで売れますか？」

「まだ新築なんで、一億八〇〇〇万くらいなら売れると思います」

「七〇〇〇万の損失か。女川さん、損失の半分は、あなたも出してくださいよ」

「えぇ？　勘弁してくださいよ。わたしは、ほとんど粗利なしでやってるんですよ」

女川社長の、まるで他人事のように緊張感のない返事に、冨谷の怒りがついに頂点に達した。

「何言ってるんだ！　粗利がないわけないだろう。ふざけるなよ。おれはスマートデイズは、もってあと半年だと思ってる。いま売らないと、大変なことになるんだ。いいか。あんたがおれにシェアハウスを売ったんだ。責任の一端は、あんたにもあるんだ。あんまりおれを怒らせるなよ！」

「わかりましたよ。何とか売り先を見つけるようにやってみます」

その後も、女川社長から「売れました」との報せはまったく届かなかった。冨谷は自分で不動産屋をまわって売却交渉をしてみたが、いずれも値段が折り合わなかった。

うさん臭い被害者救済支援室

十一月三十日、冨谷は仕事を終えた後、指定された新橋のホテルのラウンジで千葉拓也（ちばたくや）と名乗る初老の男と会った。

冨谷は、じつはネットで検索して千葉が「スマートデイズ被害者救済支援室」を立ち上げた情報をすでに摑んでいた。支援室のサイトを見ると「シェアハウスの現状を認識し、実態に沿った運営を目指して、その過程でスルガ銀行との返済条件見直し交渉など、多くの課題をオーナー様と共に解決するプロ集団である」と謳っていた。

冨谷が微かな希望を胸に連絡をしたところ、すぐに支援室の担当者と会えることになった。その担当者が千葉だった。

「冨谷さん、今回は大変なことになりましたね。大丈夫ですか？」

「大丈夫ではないです。最悪な状態です」

「確かにそうだ。でも、すぐにわたしのところに連絡してきたあなたは、他のオーナーに比べると動きが速いと思います。その分、いろいろと手を打てますから有利ですよ」

千葉はそう言いながらＡ４のプレゼン資料を鞄から取り出した。

スマートデイズの事件相関図を示しながら、スルガ銀行や販売会社との交渉、スマートデイズの大地則幸社長の隠し資産のあぶり出し戦略、管理会社の策定、今後の収益改善方法などを一時間かけて説明した。

「このようにシェアハウスの新しい運営会社の選定、保有不動産の具体的出口戦略に至るまでお役に立てると思っています。われわれのコンサルフィーは、一棟二〇〇万円、二棟だと三〇〇万円になっていますが、冨谷さんは何棟お持ちですか？」

「一棟です。しかし、いまは弱り目に祟り目の状態ですから、二〇〇万円は高い。もう少し何とかなりませんか」

「金利三・五％を二・〇％に下げる交渉術がありますから、二〇〇万円なんてすぐにペイできますよ。全然高くありません。一括で払えないなら、分割でも構いませんから」

「はあ……。少し検討する時間をください」

が、千葉は畳みかけるように押してきた。

「冨谷さん。せっかく早く動いているのだから、その勢いは止めないほうがいい。すぐに判断して、スルガ銀行と交渉をしたほうがいい。オーナーはたくさんいますからね」

「銀行との交渉は、千葉さんがやってくれるのですか？」

「いえ、交渉の際は、携帯電話でアドバイスする形になります」

「自分で交渉するということですね」

冨谷は、検討する、ということでラウンジを後にし、ホテルの出口まで一緒に歩いた。

冨谷が、千葉に尋ねた。

「わたし、支援室に相談している他の被害者さんたちに会ってみたいのですが、会わせてもらえますか？」

「それはできませんね」

千葉は、即座に冨谷の依頼を断った。

「じゃあ、コンサルフィーを支払ったら会わせてもらえますか？」

「オーナー同士を引き合わせるのは、われわれの仕事ではありませんから、できませんね」

「そうですか……」

千葉は話題を変えた。

「それより冨谷さん。仮想通貨はされていますか？　わたしはあれでずいぶん儲けてますよ。シェアハウスの損失分を補てんする方法として、仮想通貨について調べてみるといいですよ。あれは儲かります。わたしは五〇〇〇万ほど儲けましたよ」

千葉は、そう言い残してタクシーに乗って去っていった。

千葉から受けたプレゼンの中には、返済計画に関する「テールヘビー」や、「ＡＤＲ（裁判外紛争解決手続き）」という初めて聞く言葉も多く、勉強にはなった。

が、冨谷は、千葉のことを「うさん臭い男」「ヤバい奴」と感じていた。それでも悩んでいた。

〈二〇〇〇万円を工面して払うべきなのだろうか……〉

冨谷は、それほど追い詰められていた。

第二章　悪徳業者たち

スルガ銀行相手に闘うことはできるか

十二月九日土曜日、冨谷皐介は、妻の恵美の中学時代の同級生で不動産事業を営む平山聡（ひらやまさとし）（仮名）と会うことになった。

恵美とともに、新宿にある平山の事務所を訪ねた。平山は休日にもかかわらず、冨谷のために出勤してくれていた。

平山がねぎらうように言った。

「冨谷さん、奥さんから聞きましたが、大変なことになりましたね」

「家族のために良かれと購入したのですが、こんな事態になるとは思ってもいませんでした」

「冨谷さん、正直に言いまして、不動産業者は九割が悪い人間ですよ。何も知らないと、本当に痛い目に遭わされます。もしわからないことがあれば、弊社の顧問弁護士に相談してみるのも良いかもしれません」

法人向け不動産を扱う平山は、スマートデイズの名前を知らなかった。

平山は、冨谷から受け取った書類に目を通して言った。

「想像していたとおり、相当中抜きされていますよ」

「そうですか……。わたしの建築関係の仕事をする友人にも、同じことを言われました。平山さんは、この物件はいくらで売れると思いますか？」

「正直申し上げて、一億くらいだと思います」

「えっ!?　新築ですよ。この間建てたばっかりですよ」

「この値段では売れませんね。もともと、高値摑みさせられていますからね」

一億円とは、いきなり半値近い価格である。冨谷は覚悟を決めた。

〈物件の売り抜けは不可能だ……〉

　恵美が平山に聞いた。

「今後、どうしたらいいと思う」

「そうですね、まずは、全空室である部屋を満室にして、早く運営することが必要だと思います。売却する場合でも、全空室よりも好条件となりますから」

　平山は、さらに銀行との交渉についてもすすめてくれた。

「スルガ銀行と早急に金利交渉をされたほうが良い。シェアハウスが満室になっても、金利が現状のままでは損失しか出てきません」

　冨谷は、平山に言った。

「じつはわたしは、スルガ銀行が一番悪いのではないかと思っています。二億円弱も融資しておいて、その価値が一億円というのはおかしい。先ほど顧問弁護士の話をしてくださいましたが、スルガ銀行と闘うお手伝いをしていただく選択肢はありますか？」

　が、平山は即座に否定した。

「確かに銀行も悪いと思います。しかし、銀行相手に闘っても絶対に勝てませんよ。特にスルガ銀行は訴訟慣れしていますし、無理だと思います。冨谷さんがすべきことは、あくまで金利交渉です」

　冨谷は、このとき初めて本心を口に出してみた。

「スルガ銀行と闘いたい」

　が、やはり銀行と闘うのは無謀なことらしい。

　冨谷は、帰宅するやただちに、ネットでスルガ銀行のことを調べてみた。

　すると、スルガ銀行は以前にも同じようなトラブルを起こしているのがわかった。

冨谷は、家族のためにと思ってやったことが、にっちもさっちもいかない状況を生み出してしまい、苦しみ続けている。

多額の負債を抱えたまま返済に行き詰まった者は、全員が一度は自殺を考えるという。自殺した場合、団体信用生命保険に加入しているのでローンの返済は免除され、物件はそのまま遺族に残される。もちろん、物件の価値が低かったとしても問題はない。

〈おれが死ねば、保険が出て家族は助かる……〉

冨谷は思い詰めると、自殺しようかと、つい引き込まれそうになった。

一方で解決策を模索していた。妻の幼なじみでもある平山聡のアドバイスどおり、まずは入居者探しに加え、スルガ銀行と金利交渉をしなければならない。

入居者は相変わらずゼロの状態が続いている。入居者探しもスマートデイズに任せきりだと、入金が何もない状態になってしまう。シェアハウスの運営管理会社も探さねばならない。

冨谷は、弁護士への相談も始めた。一人では勝てない。できることなら、スマートデイズとスルガ銀行に対し、他の被害者と連携して集団訴訟を起こしたい。

が、相談した弁護士から言われてしまった。

「銀行相手に闘うのは無理です。わたしだって忙しいし、集団訴訟なんてとてもできないですよ」

他の弁護士にも当たったが、「自己破産しかないですよ」という。

冨谷は、スルガ銀行に正面から面談を申し込んでみた。が、反応は鈍かった。相手にするつもりはないらしい。

そこで冨谷は、平山に頼み、別ルートから行員との面談を申し込んでもらった。

すると、ようやくスルガ銀行から面談の連絡が入った。

平成二十九年十二月二十二日金曜日午前十一時。冨谷は会社を休み、横浜東口支店を訪れた。平日にスルガ銀行を訪れるのは初めてのことだった。

応接室に案内されソファに座って待っていると、二人の男性行員が入室してきた。

一人は金消契約時に担当した荒井で、もう一人は荒井の上司の勝田正（かつただし）（仮名）である。

冨谷はあくまでも冷静に、ビジネスライクに話を進めていった。

「本日はわたしの物件状況と、今後の再建計画についてご説明したい。こちらをご覧ください」

冨谷は金利引き下げ交渉のため、あらかじめ作成しておいた「賃貸事業の再建計画書」を差し出した。

それをざっと見た勝田が、申し訳なさそうに言った。

「わかりやすい説明で、冨谷さんの状況はわかりました。しかし金利引き下げの決済は支店ではなく、本部でおこないます。わたしたちには権限がないんです」

「わかっています。ですから、この資料を使って稟議書を書いていただきたい。スマートデイズから、スルガ銀行と金利引き下げ交渉の話はついていると聞いています」

「そんな噂は聞きましたが、実際にスマートデイズからそのような話は聞いておりません。金利交渉の結果が出たという話もありませんね」

二人の行員は、口をそろえて知らない、聞いていないの一点張りだった。辛うじて「本部に稟議をあげる」との言質は取ったが、稟議結果の報告については「いや〜、それはわかりません」、稟議書の作成を急げという話にも「がんばりますが、お約束はできません」となんとも頼りない返事ばかりである。

冨谷は、歯を食いしばりながら、自分をだましたであろうスルガ銀行の行員に頭を下げた。

「何とか、お願いいたします」

どん底の大晦日

平成二十九年十二月三十一日の大晦日、富谷は、一人寂しく自宅にいた。いつもなら家族とともに妻の新潟の実家に帰省しているのだが、今回ばかりはさすがにそんな気にもなれないほど落ち込んでいた。

妻の恵美が用意してくれた食事もろくに喉を通らない。

テレビからは『ＮＨＫ紅白歌合戦』の賑やかな音が聞こえてくる。が、彼の耳にはまともに入ってこなかった。

ふと、大晦日なのにアルコールを口にしていないことに気づいた。

〈ビールでも飲むか〉

独り言をつぶやきながら、冷蔵庫からビール缶を取り出して、一口飲んだ。

ところが、一口目で吐き出してしまった。アルコールはおろか最近は何も喉を通らない。

シェアハウス詐欺に遭ったとわかって二カ月。体重はその間に七十六キロから七十一キロへと五キロも落ちていた。

「投資失敗ダイエットか……」

自嘲気味に呟いて、ビールをシンクに流した。

〈おれはいったい、何を間違ったんだろう……〉

自分の人生は順風満帆なわけではなかった。が、困難にぶつかるたびに乗り越えて、何とかここまでがんばってきた。

それなのに、このままいけば大切な家族と、いままでどおりの生活を守ることはできない。このマンションの家はまだ住宅ローンが残っている。自己破産となれば、家は当然手放すことになる。子どもたちの進学も諦めてもらうしかない。会社でも色眼鏡で見られる。ローンも組めなくなるし、手持ちの現金で細々暮らすしかなくなってしまう。

〈恵美と子どもたちは、そんな状況に耐えられるだろうか？　いや、絶対に無理だろう〉

冨谷は、声に出して己をののしりつづけた。

「おれは、最低の夫だ。最低の父親だ。だが、それならいま、どうすべきなんだ？」

冨谷は、シェアハウスにかけた団体信用生命保険の約款を取り出して読んだ。契約から一年が経過しているので、自殺しても死亡保険は下りるらしい。

〈ちょうど一年が経っている。いまなら、自殺も大丈夫だな……〉

冨谷は、自殺をする場所すら考え始めた。

〈ベランダから飛び降り……いや、それだとマンションの住人に迷惑が……山奥……海……〉

そのとき、電話が鳴った。受話器を取った。北海道の小樽にいる実の母親からだった。

「あんた、家に、一人でいるのかい？　何やってるの。ちゃんと食べてるの？　なんで新潟へ行かなかったの。あんたの大好きなアワビを送っておいたのに」

母親には、心配をかけまいと何も事情を話していなかった。が、暮から正月にかけて一人と聞いてさすがに心配したのだろう。

故郷では不幸もあった。つい二週間前、八つ違いの従弟が仕事中に業務機械に巻き込まれる事故で亡くなっていた。

「息子を突然亡くして、裕子おばさんは泣いて泣いて大変さ。あんたも気をつけなさいよ」

「おれは大丈夫だが、おじさんとおばさんは本当にショックだろうね。おれにも子どもがいるからよくわかるよ」

そう言ってから、冨谷は思い知らされた。

〈おれが自殺したら、おじさんとおばさんと同じ悲しみを、両親に味わわせてしまうことになる〉

むろん、妻も子どもたちも悲しむだろう。

そういえば、死んだ婆ちゃんが言っていた。

「皐介、人間は死ぬ気になってやったら、何だってできるんだから。諦めちゃダメだよ」

冨谷の心に、ふたたび小さな炎が宿った。

〈そうだ。死ぬのはいつだってできる。死ぬ気になって、闘うんだ〉

母親との電話を切った冨谷は寝室へ入り、寝室に飾ってある祖母の遺影に手を合わせた。

「婆ちゃん、おれと家族を守ってくれ。おれは諦めない。最後までもがいてやる！」

沈むだけ沈んだ冨谷は、吹っ切れたような気持ちになった。


平成三十年（二〇一八年）一月四日夜、冨谷の妻の恵美と子どもたちが新潟の実家から例年よりも早く戻ってきた。一人で過ごす夫を心配したのであろう。

子どもたちが寝室に入ったことを確認してから、冨谷はリビングで恵美に声をかけた。

「恵美、話があるんだ」

「どうしたの」

「おれたち、とりあえず離婚という形をとろう」

恵美は驚いた風でもなく、やはり冷静に答えた。

「じつは平山さんからも、形式的に離婚を考えたほうがいいんじゃないかと言われているの」

冨谷は頷いた。

「そうか。家の名義を恵美に書き換えてから離婚する。二、三年後に自己破産すれば、偽装離婚を疑われることもないだろう。おれは管理人として、シェアハウスに住むよ」

「わかった。子どもたちを守るためにも、そうするしかないわね。でも、家を出て行く必要はないんじゃないの？」

「いや、いろいろ調べられると困る。離婚の事はおまえに良い条件になるように平山さんの弁護士に相談してほしい」

「わかった。でも、嫌いになって別れるわけじゃないから」

「もちろん、おれもだ」

冨谷は恵美への愛おしさがいっそう込みあげてきた。

詐欺の二次被害のにおい

一月十三日、冨谷宛にスマートデイズから封書が届いた。

封を開けて見てみると、「オーナー様向け説明会開催のお知らせ」とある。去年からずっと説明会の開催を迫っていたものが、ようやく実現するというのだ。

〈よし。これで、他の被害者とやっとつながることができる〉

説明会は平日と土曜日の二回開催されるらしい。だが、「多くのオーナー様のご出席が予想されますので、どちらか一方でのご出席をお願いします」と記載されている。

スマートデイズからの報せと同じタイミングでもう一通、差出人に「被害者救済支援室」と書かれた封書が届いていた。

確認してみると、「スマートデイズ被害者救済支援室のご案内」とある。文面には「いわゆる泣き寝入り状態が差し迫っております」と大きな太文字で書かれている。「オーナー様のセカンドオピニオンとしてご活用頂ければ」などとも書いてある。あのうさん臭い千葉拓也の団体だった。

この二通の手紙が同時に届くのは、どう考えてもおかしい。

冨谷はすぐスマートデイズ執行役員の新川大樹に電話をかけた。

「たったいま、説明会の案内が届きました。ありがとう。それで、説明会は二回おこなわれるようだが、わたしは二回とも参加したいんだ」

「お知らせにあるとおり、多くのオーナー様にご出席いただきたいので、ご遠慮ください」

「席がないなら、立ち見でいい」

「それはルールですから、できません」

「ルール？　新川さん、ルールを守らない会社が、ふざけたこと言わないでくださいよ」

冨谷は、その言い方にカチンと来た。

新川は、不承不承に「わかりました」と言った。

「ところで、スマートデイズから郵便物が届いたのと同じタイミングで、もう一通受け取ったんだけど、どこから届いたものかわかるかい？」

「いいえ、わかりません」

「スマートデイズ被害者救済支援室からだよ。同じタイミングで届くなんて、おかしくないか。おたくの会社から顧客情報を支援室に流しただろう」

「そんなことありません」

新川が本当に知らないのか、嘘をついているのかは、わからない。が、まず顧客情報が流出していると見て間違いないだろう。

スルガ銀行とスマートデイズがつながっていることは間違いない。それどころか、インチキ臭い被害者救済支援室までつながっているとは信じられなかった。

冨谷は、さらなる疑いにとらわれた。

〈二次被害の詐欺といったところか〉

二次被害とは、詐欺に遭った被害者を救済すると称して手数料などを悪徳業者がだまし取る被害に遭うことである。

冨谷は、千葉と会った直後は藁にもすがりたい気持ちだった。が、冷静になって考えてみると、千葉の言動は怪しすぎた。苦境に陥っている詐欺被害者につけ込んで、さらに金を巻き上げようという魂胆なのだろう。

どこまでも人を食った話だった。

八百人のオーナー、一千棟のシェアハウス、賃料の振込はゼロ円

一月十七日の土曜日午後六時、いよいよオーナー説明会の日がやって来た。

冨谷の出席の狙いは、説明会そのものではなかった。説明会を開催すれば、他の被害者たちとつながることができると考えたのだ。

〈この事件の解決のためには、絶対に仲間が必要だ〉

前にも述べたが、冨谷の先祖は、あの小、中学校の教科書にも載っている日本地図を初めてつくった伊能忠敬であった。

冨谷はこれまで先祖様について考えなかったことはなかったが、今回、あらためて先祖様について考え

させられた。

伊能忠敬は、日本地図を完成させるために約二百人を束ねて全国を行脚している。今回も同じことだ。自分一人では、とうていこの危機を乗り越えることは不可能だろう。

冨谷の手には、自分のＬＩＮＥのＱＲコードを印刷した二百枚のカードの束が握られていた。説明会の前日まで、自分の連絡先を被害者に配るか否か迷った。が、やはり効率良く被害者とつながるにはこの方法が最善と思われ、朝早く起き、急いでつくったものだ。

スマートデイズによる「オーナー様向け説明会」は、都内千代田区竹橋のＴＫＰ貸会議室で開かれた。二百名が入れる会場であったが、人が入りきれず、ごった返していた。

備え付けられた壇上には、スマートデイズの社長であるはずの大地則幸の姿がなかった。代わりに平成二十九年十月に資本提携をおこなったオーシャナイズ社長の菅澤聡（すがさわそう）、スマートデイズ財務部門の担当役員である赤間健太、弁護士の中村信雄、そして今後新会社を立ち上げ、管理を引き継ぐことをもくろむ企業アパマンの社員が並んでいた。

菅澤が、大地の姿がないことについて説明した。

「大地則幸はすでに辞任しているためこの場への出席の義務はなく、わたしは再建のために力を注いでいる」

前社長の大地則幸はこの説明会の一週間前に辞任したため、スマートデイズの親会社であるオーシャナイズ代表の菅澤聡が、二社の代表取締役を兼務する体制となっていたのである。

当然オーナーたちは反発した。シェアハウス投資計画の責任者であった大地が姿を現さないなどということは、とうてい受け入れられるものではなかった。あちこちで「大地を連れてこい！」との声があがった。

だが、抗議の声を無視して、菅澤は今後の流れについて強引に話を進めていった。

スマートデイズ側の説明は、「家賃減額」ではなかった。「家賃を払えません」とはっきり説明した。

微かな希望を抱いてやって来た被害者たちは、すべてのオーナーに家賃が一円も払われないと知り、たちまち奈落の底に突き落とされ、凍りついてしまった。

被害者をつなぐＱＲコード

この日、仕事のためこの説明会に遅れて入った高校教師の江上修治（仮名）は、資料ももらえないまま会場に通された。のちにわかったことだが、資料が切れたのではなく、もともと用意されていなかったのだった。

後ろの席に腰掛けたとき、会場がシーンと静まりかえっている異様さにまず気がついた。

主催者が並ぶ前方に目をやると、泣いている男性が目に入った。泣いている男は、スマートデイズの新社長に就任したばかりの菅澤聡だった。

会場に入ったばかりの江上は状況が摑めずに戸惑った。

菅澤は、必死な様子で新しい企画について話をし始めた。

「スルガ銀行からきちんと融資を受けるために、このような企画を考えています」

それらしいことを並べ始めたが、江上は泣いている新社長を見て絶望した。

〈シェアハウス事業は、もうおしまいなんだ……〉

被害者たちの怒りの声が、あちこちから飛んだ。

「おまえ、全体でどれだけ売ったんだ！」

その質問に、スマートデイズの担当者が答えた。

「八百人くらいに、売りました」

場内がざわついた。驚くべき人数だった。そして短期間のあいだに一千棟ものシェアハウスが建てられ、一〇〇〇億円規模の金が動いたのだ。

スマートデイズの担当者が、その場を取りつくろうように言った。

「鋭意努力して、二月末からまた支払いを再開できるようにします」

江上は、さすがにその言葉を一切信用しなかった。

説明会の予定時間をオーバーしても、ほとんどのオーナーはその場に残っていた。江上もこのままでは帰れないと思った。

〈これだけ大勢のオーナーがいるのに、みんな孤軍奮闘するばかりだ。このままだとまずい。誰かとつながらなければ……〉

すると、何かのカードを配っている男性が目に留まった。男性は、「LINEでつながりましょう」「ぼくも被害者です」と言いながら、QRコードが印刷されたカードを手当たり次第に配っていた。冨谷皐介であった。

江上も一枚、受け取ることができた。

開催者側のスタッフが、大声をあげた。

「すみません、会場の都合で九時には閉めまーす！」

納得のいかないオーナーたちは、不承不承会場を後にした。

帰宅途中の電車の中で、江上はもらったカードのQRコードを読み込んで、登録手続きをした。

〈もう本当に、これしかすがるものはない〉

自宅の最寄り駅である目黒駅に到着して改札を出たとき、江上の足は動かなくなってしまった。

〈このままじゃ、家に帰れない……〉

江上の頭の中は、破産の二文字しかなかった。家に帰って、妻の麗子（仮名）に何と説明すればいいのか。今日、麗子には「スマートデイズが説明会をやると言っているから、たぶん改善策があるんだろう。行ってくるよ」と言い残して出かけてきたのだ。

結果は、予想とは真逆だった。生まれたばかりの女の子と、三歳の男の子を抱えているというのに、こんなひどい結果は伝えられなかった。

江上は、目黒駅の駅ビル・アトレの二階に設置してあるベンチに、茫然自失の状態で座り込んだ。

〈自殺したら、どうなるんだろうか……〉

住宅ローン返済中の死亡に備える団信（団体信用生命保険）には加入している。が、調べてみると、すぐに自殺した場合は生命保険が下りないことがわかった。

〈やっぱり、自己破産しかないか〉

が、連帯保証人は自分の妻である。江上自身が破産しても、債務が妻に行くなら意味がない。

〈自殺もしない。自己破産もしない〉

そう心に決めてから、ようやく帰宅の途につくことができた。

話を聞いた妻は、「えっ」と絶句した。江上は正直に打ち明けた。

「おれは、自殺も考えた。でも、自殺はしない。自己破産もしない。そんなことしても、誰のためにもならない。じゃあどうしたらいいか。まず、銀行と金利交渉をしてみるよ」

一方冨谷皐介は、カードを配りながらオーナーたちといろいろ話し込んだため、この夜自宅に戻ったのは夜十一時を過ぎていた。さっそくカードを渡した人たちから連絡が届き始めたので、順番に登録をしていく。

冨谷の配った二百枚のカードに連絡をくれた被害者は、その半分近くの約八十人。大収穫だった。

〈やはり、配ったのは正解だった〉

しかし、QRコードを配った相手がどのような立場や考え方をした人物なのか、冨谷にはわからない。本当に被害者なのか、あるいは悪徳業者が紛れているかもしれない。当然ながら配った相手の中には敵方の人間もいるだろう。

予想していたとおり、のちに冨谷は、敵方の人間たちにより個人情報の流出などの攻撃を受けることになる。

江上修治が冨谷から連絡を受けたのは、その夜の深夜遅くになってからだった。

LINE登録した約八十人から、個々の事情や意見がトークルーム上にどんどんアップされてくる。翌日、江上が職場でLINEのチェックはできないため、夕方に携帯を見てみるとコメントが百件もたまっていた。そのすべてに目を通すのは大変だったが、貴重な情報が詰まっていた。

江上自身も、自分の体験や情報を発信した。

佐藤太治の弁舌

江上修治は、昭和五十一年(一九七六年)四月三日、沖縄に生まれた。教員に憧れ東京学芸大学入学をきっかけに上京。そのまま大学院にまで進んだ。修了後は大学付属の高校に就職して希望どおり英語教員となり、都内の高校で教鞭を取った。

実家の相続について何年も悩んできた江上は、平成二十四年(二〇一二年)に相続税対策として、ワンルームマンションを購入することを思いついた。

沖縄の友人に相談すると、同じ沖縄出身で関西在住の不動産会社の社員を紹介してくれた。その社員は江上が同郷ということもあり、京都の二〇〇〇万円の新築物件を二部屋、大阪の八〇〇万円の中古物件を一部屋の計三部屋の優良物件を紹介してくれた。

投資用のマンションは本来新築を買うものではない。が、江上は税金対策として所得を減らす目的もあり、購入を決心した。購入直後の不動産売却には、譲渡益に対して三九％もの高税率がかかるものの、五年経てば通常の二〇％となるため、その段階で売却をしてもいいと思った。

京都の新築マンション二部屋は、税金を支払ってもプラスになった。大阪の部屋も年間三〇万から四〇万円の利益で収支はプラスとなり何も問題はなかった。

が、三部屋だけでは充分な収益にはならない。

〈一棟物件を購入したほうが効率的だな。購入を検討してみようか……〉

そんなときに、本屋で『相続税は不動産投資と法人化で減らす』（幻冬舎刊）という本を見つけて読んでみることにした。

著者は、東京都三鷹市に本社を置くソリッド株式会社の成田仁（なりたひとし）という社長だった。ソリッドは、収益不動産のコンサルティングと不動産売買をおもな業務としているという。また、不動産鑑定士と税理士のダブルライセンスをもつ富田隆史（とみたたかふみ）と、東京フレックス法律事務所に所属する富田烈（とみたれつ）という弁護士が執筆、監修を務めている。

内容は、もてあましている土地を収益性の良い賃貸物件に買い替える不動産投資の最新手法と、プライベート・カンパニーを設立し効果的に運用しつつ、相続税の節税を図る方法やこれからの相続対策を解説していた。

まさに、実家の相続で悩む江上にピッタリの内容である。本社が三鷹なら気軽に訪ねることもできる。

平成二十七年（二〇一五年）二月下旬、江上は試しに相談してみようと思い、ソリッドに電話をした。すると、電話に出た社員から「一棟物件であれば良いものがありますので、ご紹介します」と返事がきた。

そこで三鷹に出向いて話を聞くことにした。

紹介されたのは、女性専用シェアハウス「かぼちゃの馬車」だった。

「こちらはサブリースになっておりますので、三十年間家賃保証がついており安心です」

が、江上は理想的な数字が書かれた収支表を見ながら思った。

〈サブリースはダメだ〉

江上は、サブリースが社会問題化しつつあるのをすでに知っていた。サブリースの契約更新時に金額が下げられ、結局ローンを返済できないケースが続出しているという。

検討すると言ってこの日帰宅した江上はじっくり考えてみたが、やはりサブリースにはリスクがあると判断してソリッドに断りの電話を入れた。

「サブリースがあるので、シェアハウスの購入はやめておきます」

すると、ソリッドの田中という女性社員からすぐに折り返し電話がかかってきた。

「江上様にお会いしてきちんとご説明したいという者がおりますので、もう一度弊社までご足労いただけないでしょうか」

三月六日、江上は三鷹のソリッドに出向いた。

電話をかけてきた田中という女性社員と話をしたが、やはり気持ちは変わらなかった。

「いくら現段階で三十年定額と言われても、契約は五年更新になっていますよね。おそらく五年ごとにサブリース料は下げられるというのがぼくの予測です」

　すると、田中が立ち上がって言った。

「少々お待ちください」

　田中に替わって、六十代とおぼしき男性と、二十代前半の若い女性がやって来た。男性は白髪交じりの髪に無精髭を生やし、カジュアルな格好をしている。いかにも現役を退いた老人、という印象である。

　その男性は、江上に名刺を手渡した。見ると「スマートライフ顧問　佐藤太治」と書かれていた。

　江上は、サブリースについてもう一度確認してみた。

「サブリースは五年更新と書いてありますが、値段が引き下げられる心配はありませんか？」

　すると佐藤は少しも戸惑うことなく、明確に答えた。

「その心配はまったくありません。五年と書いてありますが、実際は顔合わせぐらいのつもりでいます」

　江上が言った。

「それなら、三十年にしてください」

　すると佐藤が、また淀みなく答えた。

「オーナー様とあまりにも長い間お会いしないのも心配ですので、五年に一度くらいは直接顔会わせして、いろいろお話やご相談をお受けできたらと思っています」

　江上は、なるほどと思った。

　佐藤は、立派なつくりのパンフレットを指し示しながら、滔々（とうとう）と話し始めた。

「サブリースを三十年間保証できるのは、家賃収入だけではないからです。弊社は職を探している女の子に対して研修スキルアップのお手伝いなど、さまざまな就職サポートを行っております。マーケティングもしっかりおこなって、東京のことを知らない子たちのためにレストランやお店の紹介もしています」

　佐藤がしゃべり始めると、最初の「引退した老人」という印象は吹き飛んだ。その話は新鮮で、魅力に満ちていた。

「女性専用のシェアハウスなので、そこで生活する女性に対して、いろいろなアンケートに協力してもらっています。たとえば資生堂さんのモニターとして、新商品のサンプルを試してアンケートに答えてもらいます。シェアハウスは一棟につき二十人ほどの若い女性がいるわけですから、資生堂さんもモニター探しに苦労せずに済みます。だから資生堂さんがスマートライフに出資してくれる、という仕組みです」

佐藤は、人材派遣会社についても言及した。

「スマートライフは、外資系人材派遣会社のアデコさんの日本法人と契約しています。人材の募集は地方にもかけているので、上京を希望する女性が順番待ちをしているような状況です。このように、家賃以外の収入が多いのでまったく問題ありません」

アデコは、スイスに本部を置く総合人材サービス企業なのだ。世界六十を超える国に五千を超える拠点がある。

スイス証券取引所上場企業であり、スイス株価指数構成銘柄の一つになっている。

話を聞くうちに、江上の心は動いていた。

〈資生堂やアデコのような大手と組んでいるのか。パンフレットもつくり込まれているし、これだけのプラットフォームなら安心かな……〉

佐藤は言った。

「それよりわが社としては、夢を見ている女の子たちが地方から上京してくるのを手助けする、そうした社会貢献という意味合いが投資家さんに評価されているんですよ」

江上は思った。

〈社会貢献か……〉

この一言が決め手となり、江上は説得された。むしろ、佐藤の外見を見ていかがわしいと感じたことを反省していた。

〈人は見た目じゃなくて中身だ。ビジネスの中身が肝心だ〉

江上は心が晴れた気分になった。

「わかりました。よろしくお願いします」

佐藤の隣に座った若い女性は、最初から最後まで一言もしゃべらなかった。すると佐藤がその女性を紹介した。

「この子は、わたしが新しくつくった会社の代表を務めています」

女性から渡された名刺には「代表者　久恒成奈」と書かれている。キラキラした装飾が施されていて、まるでキャバクラの名刺のようである。

会社名は「株式会社アマテラス」とある。佐藤を初めて見たときと同様、江上の勘が働いた。

〈なんだ、この社名は。怪しい……〉

アマテラスというのは、日本神話に主神として登場する天照大神（あまてらすおおみかみ）ではないか。高天原（たかまがはら）を統べる主宰神で、皇祖神でもある。

佐藤はアマテラスの豪華なパンフレットを取り出して、江上に手渡しながら説明を始めた。

「この子は、うちの会社にバイトで入ったんですけど、彼女のがんばりを買って社長にしたんです」

パンフレットを見ると、事業内容には「寄宿舎及びアパートの企画・設計、用地の仕入れ」「不動産物件の建築、販売」「不動産物件の入居者募集」「投資不動産向けサブリース事業」となっている。スタッフは社長を含め五人。全員が二十代の若い女性である。パンフレットには、若き女性社長を囲んで、スタッフ四人が満面の笑みを浮かべた写真が掲載されていた。

佐藤が言う。

「土地はアマテラスからご購入いただくことになります。建物の管理はスマートライフでおこないます」

江上は納得し、佐藤に「わかりました」と言った。

さっそくアマテラスから土地を購入しますという覚え書きが取り出され、江上は署名捺印をした。

佐藤太治が話をしたのはわずか三十分ほど。その間に、江上は億単位の買い物をする決心をした。

なお、シェアハウス「かぼちゃの馬車」を購入したオーナーの中で、江上のように佐藤太治に直接会った被害者は江上をはじめ、平成二十七年頃に購入した早期の人たちだけである。

江上が購入を決めたのは、都内杉並区にある、西武新宿線の鷺ノ宮（さぎのみや）駅北口を出て徒歩四分ほどの場所だった。

まずはアマテラスから約三百坪の土地を一億一九七〇万円で購入。建物は建築代金六七五〇万円を支払うことになった。いずれもスルガ銀行から融資を受けての契約である。

平成二十七年十二月、建物が完成した。鍵はスマートライフに預けて管理を任せているため、オーナーといえども男性は中に入ることができない。

スマートライフからは、「まったく問題なく、女の子たちも続々入居していますよ」という返事をもらっていた。サブリース賃料も、毎月きちんと振り込まれている。

それから一年ほど経った平成二十八年（二〇一六年）秋、江上はふと気が向いてスマートライフのホームページを覗いてみた。

そこには、入居者を募集するページが掲載されており、江上がオーナーの鷺ノ宮の物件もあった。

ところが、十六部屋のうち半分が入居者募集中となっているのを見て、江上は目を疑った。

〈ちょっと待てよ、話が違う。なんでこんなに空室が残っているんだ〉

佐藤太治は「地方の女の子たちが入居の順番待ちをしている」と話していた。

すぐにスマートライフに電話をして、確認した。

「ホームページを見たら、部屋の半分しか埋まっていなかったんですが」

「大丈夫です。すぐに埋まりますから」

まったく問題ない、と言わんばかりの明るく淀みのない返答だった。

江上は、ああ、そういうものか、とすぐに納得して電話を切った。

確かに、サブリース賃料はきちんと毎月入ってきた。スルガ銀行の元利は月約九六万円。それに家賃収入が上乗せされて約一二五万円が毎月振り込まれていた。収支はまったく問題なく、予定どおりである。

平成二十九年（二〇一七年）十月下旬、江上のもとにスマートデイズ社長の女性秘書から電話が入った。スマートライフは九月末にスマートデイズと社名を変更していた。

「スルガ銀行が『スマートデイズにはお金を出さない』と言って、融資を止められそうなんです」

江上は驚いて訊いた。

「どうしてですか？」

「じつは、スルガ銀行から融資を受けた一部のオーナーさんが、金利が高いからと他の銀行に借り換えるケースが出てきているんです。スルガ銀行としては許せないということで、スマートライフを融資対象から外すと言ってきているんです」

確かにスルガ銀行の金利は四・五％と非常に高い。もっと他の銀行に借り換えれば、二％台まで一気に金利を下げられる。だから借り換えるオーナーが出てきても、何の不思議もなかった。

江上もスルガ銀行の金利はずいぶん高いと思っていた。が、それでも収支が合うので問題はないと判断していた。

女性秘書が念を押した。

「だから、絶対に借り換えしないでくださいね」

「はあ……」

「ただ、スルガ銀行から怒られている状況なので、弊社代表の大地則幸は、いま融資先を探し回っています」

「それ、大丈夫なんですか？」

「現在、探している最中ですので」

このような電話でのやり取りがあった直後の十月二十七日、江上の元にスマートデイズから手紙が届いた。


江上修治がソリッドを通じてスマートライフを知り、アマテラスから土地を購入する契約を結んだのは平成二十七年（二〇一五年）三月六日である。この時、アマテラスは設立されてわずか一カ月の会社であった。おそらく代表を名乗った久恒成奈という若い女性も、単なるお飾り社長だったのだろう。アマテラスが間に入ることにより、スマートライフという社名も佐藤太治の名前もスルガ銀行側からは見えなくなった。

スルガ銀行の横浜東口支店の深沢明義支店長は、当初からアマテラスがスマートライフのダミー会社だと知っていたとしか思えない。

が、深沢支店長は、本来なら取引禁止処分にすべきだったアマテラスのことを見て見ぬふりをした。

「スマートライフ」という社名さえ出なければ、アマテラスへの融資は可能としたのである。

しかし、平成二十七年四月、スルガ銀行の審査部がアマテラスも取引禁止処分としたため、事実上その役割を終えた。

江上は詐欺被害に遭ったと気づいた後に、思った。

〈ソリッドという会社もまた、スマートライフとつながっていたのではないか〉

横浜東口支店が扱ったスマートライフの取扱件数は、スルガ銀行全体の九百八十一件のうち約九割の八百六十五件にのぼった。

江上が土地を購入したアマテラスもまた、佐藤太治のつくった会社であった。土地代金を上乗せしてまずアマテラスが中抜きする。さらに建物の一括管理を任されたスマートライフも中抜きをする。一人の被害者につき二回も中抜きがおこなわれていたのである。

アマテラスの代表者は、いつの間にか久恒成奈という若い女性から、佐藤哲也という男性に替わっていた。

佐藤哲也は、佐藤太治と養子縁組をした人物である。もとの名は金丸哲也という。

佐藤太治には逮捕歴があり、自分の名前がすでにブラックリストに載っているため、新しい商売をするために表向きの代表者が必要だった。金丸哲也は佐藤から見て「無能な使えない男」であり「利用しやすい男」だった。お飾り社長にはピッタリというわけである。

表向きの社長が佐藤哲也になれば、佐藤太治の名前は消えてなくなる。スマートライフもアマテラスも、佐藤太治という陰の代表者がいる会社だったのである。

シェアハウスの建設ラッシュ

平成三十年一月十七日の都内千代田区竹橋のＴＫＰ貸会議室で開催された「スマートデイズオーナー様向け説明会」に出席していた遠藤和太（仮名）、清子（仮名）夫妻も、あらためて衝撃を受けていた。遠藤和太は某有名私大の教授である。

平成二十六年（二〇一四年）八月、遠藤夫妻は東京都三鷹市にあるソリッド株式会社に向かった。

遠藤夫妻は不動産投資を希望しており、いろいろと勉強してきた。関連書籍も読み漁り、その中にあったのがソリッドの成田仁社長が書いた『相続税は不動産投資と法人化で減らす』である。

内容に興味を抱いた遠藤清子は、ソリッドに電話して直接会って話をすることになったのだ。

事務所に行くと、戸根川（とねがわ）という社員が応対してくれた。

遠藤清子は「不動産投資を考えている」と伝えて、おおよそのプランを話し、その日は具体的な物件の話には至らずにそのまま帰った。

数日後、戸根川から何軒か物件の紹介があった。木造二階建てアパートの一室など、ごく普通の物件である。

遠藤夫妻は、それらの物件には興味がわかず断ることにした。

それから約二カ月後の平成二十六年十月、ソリッドの戸根川から再び連絡が入った。

「シェアハウス物件があるのですが、いかがでしょうか」

遠藤夫妻は、シェアハウスという耳新しい物件に興味を覚えた。

「そんな物件が、あるんですか」

「はい。じつはシェアハウスの見学会がありまして、実際に女の子が入居しているシェアハウスの中を見ることができます。遠藤様にはその資格がございますので、参加いただけますが、いかがでしょうか？」

遠藤夫妻は良い機会をもらったと思い、参加することにした。

見学会では、西武池袋線と中央線沿線にある三棟を回ることになった。案内係は、建物の中に入るときに注意した。

「女の子たちがここで生活していますので、大きな声は出さないでください」

いずれの物件も駅から近く、満室だった。個室は十二部屋、共同のキッチンやシャワールームなどもすべて見せてもらった。

清子は、シェアハウスがすっかり気に入ってしまった。

〈シェアハウスって、こういうものなんだ。綺麗だし、わたしが独身だったら、ここに住んでもいいと思うくらいだわ〉

見学の後は詳しい説明を聞き、解散となった。

後日、ソリッドの戸根川から、候補地として都内大田区御嶽山(おんたけさん)の物件を紹介された。

約束の日は平日だったため、清子は一人で物件を見に行くことになった。

戸根川に案内され、東急池上線の御嶽山駅から歩いて候補地に向かった。

駅から徒歩五分の住宅地にあり、環境はとてもいい。物件は土地だけの状態で、これから建設するという。

清子はこの物件が気に入り、仕事から帰ってきた夫の和太に報告した。

すると、和太が言った。

「うん、良さそうな物件だから、そこでいいんじゃないの」

そこで清子は、戸根川に話を進めてもらうことにした。

平成二十六年十一月初旬、遠藤夫妻はスルガ銀行横浜東口支店へ足を運んだ。

すると、店に入った先のソファに、一人の中年男性がいるのが目に留まった。

銀行員が出てきて、遠藤夫妻に「こちらの部屋にどうぞ」と促した。

すると、ソリッドの戸根川とともに、ソファに座っていた中年男性も入ってきた。

戸根川が、中年男性を紹介した。

「こちらは佐藤さん。シェアハウスの運営を担当するスマートライフの社長さんです」

すると銀行員が「それでは先に遠藤様と佐藤さんでお話をされて、融資についてはのちほど話をしましょう」と言って部屋から出て行った。

スマートライフの佐藤太治社長は、遠藤夫妻にシェアハウスのコンセプトについて解りやすく説明してくれた。

「シェアハウスは、地方の女性が上京するお手伝いをする社会貢献でもあります。人材派遣のアデコとタイアップしているので、家賃だけを得るのではなく、事業というコンセプトもあるんです」

佐藤社長は、さらに熱を入れて話した。

「われわれにとって、オーナーさんたちも家族のようなものです。将来は『オーナー会』をつくって、その中から経営のほうにも入ってもらい、みなさんの意見を反映させた改革をしていきたいと考えています」

清子は思った。

〈良かった。社長さんからじっくり話を聞けば、主人も安心できるんじゃないかな〉

夫が実際の物件を見ていないことを心配していたが、その不安もなくなった。銀行員が佐藤のことを知っているようだったので、すっかり信頼していた。

〈佐藤さんって、とても元気のいいおじさんね〉

セールストークは上手く、説得力があり、悪者にはまったく見えなかった。

和太もまた、佐藤の説明を聞いて思った。

〈会社の代表がわざわざこんなところまで足を運んで説明してくださるなんて、本当にありがたい話だ〉

和太は、銀行員とソリッドの戸根川が昵懇の関係にあると感じた。清子と同様、銀行との関係を築いているのであれば、信用できると思った。

ただ、遠藤和太はソリッドとスマートライフの関係がいまひとつ理解できなかった。ソリッドを通じてシェアハウスを購入し、スマートライフが管理することはわかるのだが、何となく腑に落ちない。

が、そういうものなのだろうと、このときは納得した。

十一月二十三日、遠藤夫妻はふたたびスルガ銀行へ足を運び、無事に契約を済ませた。

その後、ソリッドの戸根川からふたたび遠藤夫妻に連絡が入った。

「遠藤様でしたら、シェアハウスを二軒ないし三軒ご購入できます。スルガ銀行からの融資を引っ張ってきますので、ぜひ三棟買いをおすすめいたします」

が、和太は断った。

「いや、さすがに三棟は厳しいですよ」

「そうですか。でも、もう一棟なら余裕ですよ」

戸根川の示すさまざまなプランと熱心さにふたたび心を動かされ、和太は考えるようになった。

〈もう一棟なら大丈夫だろう〉

遠藤夫妻は、西武池袋線大泉学園駅からほど近いシェアハウスをもう一棟購入した。こちらも立地条件が良く、閑静な住宅地の真ん中に位置している。しかも周辺にシェアハウスが一軒もないため、競争が起きる心配もない。

ところが、その直後の平成二十七年一月、遠藤夫妻はソリッドの戸根川から、スマートライフ代表者の佐藤太治が退職したことを聞かされて驚いた。

和太が訊いた。

「どうして、始めたばかりのいま、辞めてしまうんですか？」

戸根川は、言い訳めいた説明をした。

「佐藤さんはアイデアだけはつくるのですが、アイデアが出たら、すぐ人に売ってしまうんです。もともと年齢的にも第一線から引いている人ですし、かれはアイデアマンですから」

和太は不満だった。

〈会社ができたばかりの時期に、あまりにも無責任ではないか〉

遠藤夫妻はこのとき初めて、疑惑の念を抱いた。

しかし、すでに物件を二棟購入してしまっていた。建築後のサブリースも毎月きちんと振り込まれている。契約どおりに話が進んでいたため、佐藤太治の退職についてそれ以上深く考えるのをやめた。

遠藤夫妻はサブリース賃料が振り込まれる預金通帳を見て、おや、と思った。

〈会社の名前が変わっている……〉

毎月和太の口座に振り込まれるサブリースの振込会社名義が、スマートライフからアマテラスという聞いたこともない名前になっていた。

〈何だ、アマテラスって……〉

普通の感性の持ち主であれば、アマテラスという社名にいかがわしさを感じるだろう。和太は、佐藤太治の退職に次ぐ出来事に、ふたたび疑問を抱いた。

それでもサブリース賃料は、先月と変わらず契約どおりきっちり支払われている。疑いの芽は、間もなく消えてしまった。

それからしばらくして、和太はソリッドの戸根川とのやり取りで、「かぼちゃの馬車」のオーナーが急増していることに気づいた。

　和太は戸根川に言った。

「こんなにシェアハウスを増やしてしまったら、入居率が下がってしまうんじゃないですか？」

　戸根川は答えた。

「大丈夫です。入居率のことも考えて、一年間に二百軒から三百軒の建設に留めております」

　ところが、建設ラッシュは勢いを増し毎月五十軒となった。

　和太はふたたび戸根川に訴えた。

「そんなにつくってしまったら、絶対に飽和状態になる。本当にまずいですよ」

　が、それでも戸根川は「大丈夫、大丈夫」と言うばかりだった。

　遠藤夫妻が契約をした時点では、ソリッドは「東京に五、六百軒もあれば充分」と言っていた。それが、気づけば一千棟を超す勢いに膨れ上がっている。どこまで広がるかわからないほどのスピードに、和太は何度もソリッドに連絡を取った。

　が、担当者は判で押したように「どんどん増えてます、会社はどんどん大きくなってます」と繰り返すばかりだった。

　平成二十八年一月、スマートライフ主催でオーナー会のパーティが都内渋谷のセルリアンタワーで開催された。会場には、約四百人のオーナーとその家族たちでひしめき合っていた。

　遠藤夫妻は、オーナーの数の多さにいっそう不安を募らせた。

　そしてそれから約二年後の平成三十年一月十七日の「スマートデイズオーナー様向け説明会」で、不安が的中したことがわかったのだった。

スルガ銀行横浜東口支店、内部告発をすり抜ける

じつは、のちに平成三十年九月七日のスルガ銀行の第三者委員会による調査報告書で明らかになるのだが、平成二十七年二月三日には、スルガ銀行の「お客さま相談センター」にスマートライフと同社の実質オーナー佐藤太治に関して、次のような内部告発文書がFAXで送られていた。

『〈お取引先に関するご報告〉
○スルガ銀行の取引先である株式会社スマートライフの実質的経営者は下記のような略歴の者である。
・住専に関連した詐欺での前科がある。
・出所後は不動産業を始め数社の実質的オーナーとして経営したが、すべて会社を計画倒産させている。
・元妻名義で法人を設立後、スマートライフに出資し、株主となっている。会社の決定権をすべて握っており、スルガ銀行の担当者とも直接やり取りしている。
○スマートライフの30年サブリース保証は家賃相場価格より倍以上の設定で収益シミュレーションを行ない、高額のシェアハウスを販売している。サブリースの支払いは現行家賃では回収できず、到底まかなえない状態。
上記を十分調査の上、スルガ銀行のコンプライアンス規定に問題がないか判断した上で取引をした方が良いのではないか。』

調査報告書は、そのFAXについてこう記している。

「上記のように、内部告発文書は、スマートライフに不芳情報及びシェアハウスの仕組みに問題点がある旨を告発するものであった。

この報告をお客さま相談センターから受けた経営企画部は、当該情報を審査部と共有した。さらに、審査部長は、外部調査機関の信用情報等を確認し、このＦＡＸの告発内容は信憑性があると判断し、当時の岡野副社長に報告を行った。

報告を受けた岡野副社長は、同社が関与する融資を取扱中止とする旨、及び営業部門と審査部にその旨を共有するよう指示した。

ところが、当時の横浜東口支店の所属長（著者注：深沢明義支店長）は、土地を仕入れたスマートライフと投資家との間に別の不動産業者（販売会社）を噛ませ、当該不動産業者が持ち込んだ外形とすれば副社長の指示には反しないものと考え、スマートライフを前面に出して融資を実行することができない旨のみをスマートライフに伝えた。この点について、当該所属長は当委員会に対し、副社長の指示を、スマートライフがスルガ銀行の融資に直接的に関与すること（具体的には、土地を仕入れたスマートライフが、投資家となる借主に対して土地を売ること）が禁止されたものと理解したと説明し、上記のように考えたと説明している。

スマートライフ側は、これを受けて、二〇一五（著者注：平成二十七）年二月九日に、従業員の一人を代表者としてアマテラスを設立させ、設立の事実を上記所属長及び横浜東口支店の推進役（所属長の下で、営業部門の取りまとめを行う立場であった。）に平成二十七年二月十二日に通知した。

このようなダミー会社を設立することによって、スマートライフ及び横浜東口支店が、スマートライフの案件を、表向きはアマテラスが持ち込んだ案件として融資実行することが可能となった。

なお、上記所属長は、二〇一五年二月二十六日に審査部に対して、「アマテラスはチャネルＣ社（著者注：ゼノン住販）から紹介された会社」「代表はチャネルＣ社からシェアハウスのノウハウを学んで起業した」といった、アマテラスがスマートライフと無関係な会社であるとの説明を行っている。

このようなダミー会社の設立と並行して、上記所属長はスマートライフから二〇一五年二月六日に「被害届取り下げ及び告訴取消書」なる書面を告発者から受領したとして麻生氏（著者注：麻生治雄（あそうはるお）執行役員常務）に送付し、麻生氏が審査部にこれを平成二十七年二月十日に転送するなどして、内部告発が取り下げられたとする説明も行っている。」

「横浜東口支店の所属長及び推進役は、上記のようなダミー会社設立によりスマートライフとの取引を継続することに成功したものの、二〇一五年四月十二日には、上記の内部告発を行ったのと同じ人物が、同様の告発を行った。

これに対して、スルガ銀行は、経営企画部が横浜東口支店の所属長から事情を確認したが、その時点では、上記のようにアマテラスを用いた偽装工作が開始されており、スマートライフが表に出る取引は禁止することとしても融資の実行には影響が出ないようになっていたため、実質的オーナーとされる者個人については取引がないこと及びスルガ銀行にはスマートライフをチャネル先とする融資持込案件はないものの、同社を請負業者とする新規案件については取扱いを中止した旨が報告された。

なお、この動きと前後して、平成二十七年四月十六日にはスマートライフの新社長（著者注：大地則幸）が就任している。」

「ところが、平成二十七年五月八日に、スマートライフがアマテラスというダミー会社を設立して、同社を通じて取引を行っている旨の再度の情報提供が行われた。

スルガ銀行は、前回と同様に経営企画部が横浜東口支店の所属長から事情を確認したが、その内容は、スマートライフの運営は四月十六日に就任した新社長が行なっており、アマテラスはスマートライフと協力関係にはあるが独立した会社であるというもの（アマテラスの代表者がスマートライフの従業員であることも伏せられていた。）であり、「スマートライフ等の事業に対するモニタリングを継続しつつ、融資希望者への対応については、個別案件毎に慎重に対応したい」という融資の継続を希望するものであった。しかし、この提供情報を重く見た審査部がアマテラスを二〇一五年五月十三日に取扱中止としたため、横浜東口支店によるアマテラスを用いたスマートライフ案件の融資継続への目論見は外れることになった。」

「以上のような一連の告発により、横浜東口支店では、これ以降のスマートライフ案件について、アマテラスではない不動産会社から持ち込む外形を作出しなければならないこととなった。

そこで、横浜東口支店の所属長らは、様々な販売会社を表向きの持込業者とすることで対応することとし、スマートライフ案件の販売会社であったチャネルC社（著者注：ゼノン住販）に、スマートライフの案件を様々な販売会社に振り分ける総代理店のような立場を担わせることとした。

このようにしてスキームが安定化したこともあり、これ以降、横浜東口支店におけるスマートライフ案件の融資は急増することとなった。」

契約と異なった建築

熊井誠（仮名）も、平成三十年一月十七日土曜日、都内千代田区竹橋のＴＫＰ貸会議室で開催された「スマートデイズオーナー様向け説明会」に出席して初めて、自分がとんでもない危機に直面していることに気づかされた。

熊井も、この夜、冨谷からＱＲコードが印刷されたカードを受け取った一人だった。

〈この人は、なんでこんなものを用意しているんだろう？〉

不思議に思いながらも、被害者同士でつながっていたほうがいいと判断してＬＩＮＥ登録し、メンバーに加わった。

熊井誠は、昭和五十五年（一九八〇年）、茨城に生まれた。研究員をしていた父親は、息子の誠が慶應義塾大学商学部に入学した後に一冊の本をすすめた。ロバート・キヨサキの大ベストセラー『金持ち父さん・貧乏父さん』（筑摩書房刊）である。

読んでみると、「負債でなく資産を買え」といった内容だった。たとえば、維持費でお金が出ていく持ち家は負債、人に貸し出して収入を得られる投資用不動産は資産だと説いている。このとき、まだ学生の熊井は「なるほど」と思う程度だった。

大学を卒業した熊井は、外資系IT企業のN社にSEとして入社した。

N社は外資系の厳しさはなく、むしろその辺の日本企業よりも日本企業らしいイメージだった。そのせいだろう、約六十人いた同期は、三年間一人も退職しなかった。熊井にとっても居心地の良い会社であったが、仕事はそれなりにきつかった。が、若い頃は徹夜してもあまり気にならないものである。

熊井が転換期を迎えたのは、リーマンショックが起きた平成二十年（二〇〇八年）のことだった。N社では、約一〇％もの大リストラが決行されたのである。

熊井も、上司にすすめられた。

「いまだと退職金がかなり上乗せされるけど新しいキャリアを考えてみないか」

が、熊井は断った。

「いまは退職する意思はありません」

すると、「わかった」とあっさり引っ込められた。

熊井は当時まだ二十八歳。会社も若い社員を無理矢理クビにすることはなく、熊井も正直なところ〈残っても、出て行ってもいい〉くらいに思っていた。

た。

　当時、熊井が担当していたのは金融機関のシステム開発で、要求される仕事量は多く、身体はきつかった。

　平成二十一年（二〇〇九年）、熊井の上司が過労で亡くなった。身体よりも精神的なプレッシャーに押し潰されてしまったらしい。

　熊井は思った。

〈ぼくも、いつ死ぬかわからんな。しかし、同じ業界に転職したところでそんなに変わりはしないだろう。それなら、ここでずっと働いていたほうがいい〉

　平成二十三年（二〇一一年）、熊井は比較的時間に余裕のある部署へ転属となった。会社から携帯電話が支給されると、そこに不動産屋から投資の勧誘電話がどんどんかかってくるようになった。

　父親からすすめられた本『金持ち父さん・貧乏父さん』をきっかけに、自分でも不動産投資に関する本を読んでいた熊井は、気が向くと誘われるまま不動産屋と直接会って話を聞いた。すべてマンション区分投資の話であったが、十人ほど会って話を聞いてみると、見えてくるものがある。

　平成二十七年（二〇一五年）、熊井は初めて不動産投資に挑戦した。神奈川県横浜市にある中古区分マンションで、価格は約七〇〇万円。頭金を二五〇万円ほど入れると、月々の返済額も低く抑えられ、賃料から返済額を引いた月二万円ほどが収益となった。

〈うん。やっぱり不動産投資は悪くないな〉

　そこで熊井は、もう二部屋購入した。こちらは頭金をあまり入れていなかったため、二部屋合わせて収益は一万円。三部屋合計の家賃収入は一五万円、ローンは一二万円である。

〈借金している割には、あまり収入が増えなかったな〉

　それでも家賃収入でローンの支払いができ、収益も出ている。まずまずの結果であった。

三十六歳の頃、熊井は昇進した。公私ともに順調で、熊井はあえて難しい仕事にチャレンジすることにした。

が、それは失敗だった。自分には手に負えず、身体を壊して入院する結果となった。

〈やはりダメだったか。会社にいられなくなったら困ったことになる……〉

この頃から、焦りも手伝って副業や投資といった情報により敏感になった。インターネット上で見つけたメルマガなどにいくつか登録した。

その中に、不動産コンサルタント会社のフューチャーイノベーション代表の新倉健太郎（にいくらけんたろう）・自称不動産投資家の木村拓也（きむらたくや）・自称実業家の金川顕教（かながわあきのり）という三人の男がポッドキャストを使い、不動産投資の素晴らしさを訴える「6ヶ月でサラリーマンを辞める為の『不動産投資法』」というコンテンツがあった。

「区分マンションなんて全然ダメです。投資には、都内の新築一棟を購入するのがベスト。ほとんどが土地値だから、まず不動産価格が下落することはなく、損をしません。リスクを最小限に抑えることができます」

熊井は、ポッドキャストを聞きながらなるほどと思った。「相談したい人はぜひ来てください」の誘い文句に釣られて、試しにメールを出してみた。

最初に連絡が取れたのが木村拓也で、ＬＩＮＥ電話で仕事や生活の現状を話して不動産投資をやりたいと伝えると、次は新倉健太郎を紹介すると、連絡先を伝えられた。

すぐに新倉に連絡すると、年収について尋ねられたので「七〇〇万ほど」と返事をすると、「その年収ですとおそらく一棟購入はできません。奥様は仕事をされていますか？」と質問されたので「妻は看護師です」と答えた。

熊井は二十七歳のときに結婚していた。妻の美枝（みえ）（仮名）は結婚前から看護師として働いていた。二人の子どもが生まれてからも仕事を続け、熊井が新倉とメールのやり取りをしていた頃は、三人目を妊娠中だった。

　新倉からのメールにはこう書かれていた。

「奥様が働いているなら、世帯収入が一〇〇〇万を超えますので、多分大丈夫でしょう」

　平成二十八年（二〇一六年）十二月、夫婦でフューチャーイノベーションまで出向いた。

　すぐに担当者をつけられて、言われた。

「良い物件があったらご紹介します」

　間もなく紹介されたのは、田園調布にあるシェアハウス「かぼちゃの馬車」であった。

　熊井は、シェアハウスと聞いて新鮮な驚きを感じた。

〈え、普通のアパートじゃないんだ〉

　担当者は言った。

「いま、シェアハウスはとても人気なんですよ」

　たしかに、平成二十五年（二〇一三年）に『シェアハウスの恋人』というテレビドラマをやっていたのを記憶していた。若い人に人気なのだろう。

　熊井が図面を見せてもらうと、リビングがない。

「リビングは、ないんですか？」

「ええ。リビングはトラブルの元ですから、ないんです」

「へえ。そんなものなんですかね」

　担当者には、どこかうさん臭い雰囲気があった。

「熊井さんには、特別に紹介します」

「これ人気なんですぐなくなっちゃいます」

そういった言い回しが、いかにも詐欺師らしいと感じたが、熊井は自分の勘を無視してしまった。代表の新倉の話を完全に信用していた。

〈詐欺師っぽいけど、営業の口上にありがちだな〉

それに、田園調布という立地も良かった。若い女性であれば絶対に住みたいと思うに違いない。

熊井は、担当者から提示された不動産価格と相場を自分で見比べてみた。フューチャーイノベーションの提示額はやや高かった。

〈女性の就労とセットで売り出していることに、プラスアルファの価値があるということだろう〉

熊井は、妻の美枝と話をして二人でシェアハウスの購入を決心した。

後で気づいたことであったが、フューチャーイノベーションはスマートライフの代理店のようなものだった。最初からシェアハウスを販売する目的で、ポッドキャストで「都内の新築一棟がベストだ」とピーアールしていたのだろう。

が、このときの熊井はそんなことには気づかない。それどころか、二棟目の建築の誘いにまで乗ってしまった。

田園調布の物件が決まった直後、新倉健太郎から連絡が入った。

「たぶん熊井さんなら、もう一棟いけますよ。いま、北池袋か赤羽で選べますが、いかがでしょうか」

新倉がゴリ押しする。

「奥様が休職される前に、融資を通してしまいましょう」

熊井は新倉に、妻が三人目を妊娠中だと話していた。そのため、数カ月後には産休を取る予定になっている。新倉は、熊井の妻が産休に入ってしまうと融資が通りにくくなるため、急いでもう一棟押し込もうとしたのである。

　すでに億単位の物件購入を決意している熊井は考えた。

〈もし失敗するとしたら、一棟も二棟も変わらない。どうせなら攻めていこう〉

「ぼくはどっちが良いのかわからないけど、新倉さんならどっちにしますか？」

「ぼくなら、北池袋にしますね」

「じゃあ、そっちでお願いします」

　熊井は、すすめられるままに北池袋のシェアハウスも購入することにした。

　二棟目は、スマートライフではなくラッキーという会社であった。

　じつは後でわかるのだが、ラッキーは、半グレの代名詞的存在である関東連合と関係のある会社だった。ある意味、スマートライフよりもずっとたちが悪い。

　平成二十九年（二〇一七年）二月、熊井は、田園調布と北池袋の物件の契約を結んだ。熊井もまた、すすめられたとおり先に不動産を購入し、それから建物の融資契約を三回に分けておこなうことになった。

　本来であれば、契約書は隅から隅まで熟読してからサインすべきものであり、熊井自身も契約書すべてに目を通し、気になる点は質問もしていた。が、大量の書類を差し出され、「早く、早く」と急かされながらでは、表面的なことしか頭にはいらないし、過去に契約した区分マンションの契約書と比べても、金額の桁以外に大して違いがあるとも思わなかった。

　熊井もまた、簡単にだまされてしまったのである。

　この契約後、ポッドキャストを配信していた木村拓也が、「レバリッチ」という不動産投資コミュニティを立ち上げた。

　木村からの勧誘もあり、仲間がほしいと思った熊井はこのコミュニティにも加入した。

平成二十九年十月三十日、熊井は、区分マンションを買った別の不動産屋から妙な噂話を聞いた。

「どうも、スマートデイズのシェアハウスがヤバいらしいですよ」

一カ月前にスマートライフは、スマートデイズに社名変更していた。それも経営が行き詰まっているせいかもしれない。

すでにシェアハウスの運営が始まっている人や、冨谷皐介のように建物を建て終えた人のところには、スマートデイズから「サブリース賃料支払い変更のお知らせ」が届いていて大騒ぎになっていた。

が、スマートデイズは、建設途中のオーナーのところへは通知を送らなかった。だから熊井はまったく知らず、寝耳に水だった。

熊井はその不動産屋から詳しい情報を聞こうとしたが、「何か変なことになりますよ」といった漠然とした情報しかもっていなかった。

そこでフューチャーイノベーションに連絡を取って、聞いてみた。

「別の不動産屋からスマートデイズがヤバいと聞いたんですけど、どうなっているんですか？」

「じつは、サブリース値下げの通知が、すでに運用しているオーナーさんには届いています。しかしスルガ銀行が金利を下げるから問題ないですし、まだ建っていないオーナーさんについては、建設後は予定どおりサブリースが支払われますから、熊井さんには全然関係ない話ですよ」

熊井はとにかく情報を集めるため、木村にも事情を聞いたが、「新倉さんに任せておけば大丈夫」としか言わない。

「せめて他にフューチャーイノベーションからシェアハウスを買った人を紹介してほしい」と訴え、レバリッチコミュニティの講師になっていたT氏を紹介された。

二人で情報共有をしたものの、何か手立てを思いつくものでもない。

　このタイミングで、さすがに不安が増し、初めて建築中の物件を見に田園調布まで赴いた。外観は完成しており、外から見た限りではきれいな新築の建物だ。

　いろいろ調べても不安材料しか出てこない。噂どおり「ヤバい」状態であったとしても、どうしていいのかもわからない。とりあえず来年の二月からサブリースが開始する。それを待つしかなかった。

　平成三十年一月八日、熊井は完成したという田園調布のシェアハウスを見に行った。中を覗いてみた。冷蔵庫や洗濯機など共用の家具は入っていたが、個室のベッドや机がない。

　熊井は、立ち会っている建築会社の担当者に訊いた。

「ベッドや机は、ないんですか？」

「最近はいらないという人がけっこう多くて、人によって違うから入れてしまうと後が大変なんです。必要だったら、有料で貸し出す形にしてます」

「え!?　そうなんですか」

　契約では、ベッドや机など個室の家具も入れることになっている。そういうものかと思う一方で、不満もあった。

〈オーナーからだけでなく、入居者からも家具で金を取るのかよ……〉

　のちにわかることだが、建築会社が言っていることは家具を納入しないことに対するただの言い訳だった。すでに、他のオーナーたちはスマートデイズのサブリースが滞っていることで大騒ぎをしている。が、熊井はこれまで融資も建設もスムーズに運んでいたので、まだ事の深刻さに気づいていなかった。

　末の子は、生まれたときから障がいをもっており、

「今後も食べたりしゃべったりは、多分できないだろう」

　と医師から診断されていた。

美枝はその子のことで頭がいっぱいで、ほとんどシェアハウスに関わってはいなかった。それでもこのときは、「シェアハウスが運営されれば、不労所得が入ってくる」という希望があり、障がいのある我が子の生活のための将来的な蓄えになると思っていた。

田園調布のシェアハウスを内見した九日後の一月十七日午前中、熊井は妻と生まれたばかりの娘を連れて北池袋の物件の内見に行った。

中を見ると完成とはほど遠い上、説明を受けていた間取りとまったく違っていた。一階・二階とも廊下を挟んで両側に三部屋ずつの六部屋と聞いていたのに、一階には廊下を挟んで二部屋しかない。これから壁を仕切るのかとも思ったが、それぞれドアが一つしかついておらず、六部屋にするにはあらためて壁を破るしかない。

熊井は思わず、内見に立ち会った担当者に話が違うことをぶつけた。

担当者は口ごもった。

「手違いがあったようですが、最終的には提示した間取りになるはずです」

熊井は納得するはずもなく、ラッキーの契約担当者に電話で説明を求めた。

やはり、最終的には提示した間取りになるという趣旨の回答しかない。

さらに担当者は開き直った。

「完成しなくても、サブリース料を払えばそれでいいだろう」

熊井は、内見に立ち会った担当者に強く言った。

「いいな、定期的に状況報告をしてくれ。おれは、不定期にここにチェックに来るからね」

そして熊井は、その後午後六時から都内千代田区竹橋のＴＫＰ貸会議室で開かれたスマートデイズによる「オーナー様向け説明会」に出席したのである。

設計変更の権利を奪う巧妙なスケジュール

奥山勇（仮名）も、シェアハウス購入の契約を結んだ一人である。奥山は、深刻な悩みを抱えたまま平成三十年を迎えた。ほどなくスマートデイズから一月十七日と一月二十日にオーナー説明会を開くとの通知が届いた。

通知を受け取った翌日、奥山は妻の加代（仮名）に正直に打ち明けた。

「もうダメかもしれない。すべて失って自己破産するか、自殺するしかないかも……」

加代は言った。

「まずは、周りの話に惑わされないようあちこちから話を聞くのをやめて、スルガ銀行と建築会社だけにフォーカスしましょう」

妻は、結婚前から自活してネットショップを運営していた。トラブルも多く、取引先から入金がない、どこかに逃亡してしまった、といった経験を何度も味わわされている。だから夫が詐欺に遭ったことでパニックになるどころか、むしろ夫よりも冷静だった。

「落ち着いて、何とか建物を完成させて、貸し出す方法を考えて。たとえば、まだ建設途中なんだから、リビングをつくってもらうとか。それをきちんといつまでに、といったことを全部確認するところから始めましょう。それと、お願いだからスルガ銀行と直接話をしてちょうだい」

奥山は、とりあえず一月十七日に都内千代田区竹橋のＴＫＰ貸会議室で開催されたスマートデイズの「オーナー様向け説明会」に参加してみた。

が、「サブリース料は一切払えない」という最悪の話だった。

他のオーナーたちは、「サブリースが止まったら銀行に支払いができない。どうしてくれるんだ」という話でもちきりだった。

一方、奥山のシェアハウスはまだ柱しか建っていない状況である。

昭和四十三年（一九六八年）に東京で生まれた奥山勇は、柔道のスポーツ推薦で拓殖大学に入学した生粋のスポーツマンである。

残念なことに、他の武道部の不祥事で同じ武道系の部活動は停止となってしまったが、時はバブル時代。未来は明るかった。

ところが就職活動の時期が、平成二年（一九九〇年）のバブル崩壊に当たってしまった。当初は豪華なパンフレットが次々と送られてくる売り手市場に見えたが、十月頃から急転し学生たちの内定取り消しが相次いだ。就職活動をしようにも、募集をかけている会社自体が見つからない状況となった。

バブル崩壊の激震の中、採用されるのはSランクAランクの大学生からとなる。

奥山は思った。

〈そもそも、みんなと同じ就職先を探そうとするからダメなんだ〉

奥山が注目したのは、当時の日本にはほとんど皆無だった外資系IT企業だった。採用されたのは、米国のY社である。Y社は自社のデータベース管理システムをいち早く商標化したことで知られていた。当時、オープンソースのシステムが商標化されるのは異例のことである。わずか十六人の会社であったが、奥山は将来を読んだ。

〈このビジネスは、絶対に伸びる〉

ただし、古くから豆腐屋を営む両親は大反対した。

「そんなよくわからない会社、しかも外国の会社なんて。みんな不採用になっているこのご時世に、おまえ本当に大丈夫なのか？」

が、奥山はもともとコンピュータ好きだったので確信をもてた。

〈これは新しい、絶対伸びるぞ……〉

業界に同世代が皆無であったことから、おそらく奥山が外資系ＩＴ企業就職の第一世代である。外資系企業に入社した以上、普通のサラリーマンのように一つの会社で定年まで勤め上げる働き方はできない。Ｙ社は奥山が入社三年目に、他の外国企業に吸収されてしまった。その企業には日本法人がなかったため、あっさり失職した。

その後、奥山は企業にまつわる情報システムを取り扱うＦ社に再就職した。Ｆ社はその後ＩＢＭに買収されたが、当時はサン・マイクロシステムズやアドビシステムズなどＩＴ大手の吸収合併が盛んな時期で、奥山もあちこちを転々とした。

外資系なので、日本の労働基準法を完全に無視した方法で「今日この場で退職オファーを出すので、明日からもう来なくていいから」と言われたこともある。

バブルは経験しなかったが、外資系の小さな会社は経費に関してはザルだった。領収書を貼り付けてシンガポール本社にＦＡＸを送るのだが、経理担当者は日本語が読めないため、ノーチェックで通ってしまう。

が、やはり仕事はハードであった。完全に昼夜が逆転し、徹夜で仕事をした後にサウナで数時間寝て、午前十時にまた出勤することなどザラだった。それでも仕事はやりがいがあって楽しかった。

大企業とのＯＥＭ（相手先ブランド製造）、設計書や提案書、マニュアルなどのドキュメント類、英語文書の日本語化など、技術から営業までありとあらゆる仕事を引き受けた。

結婚や子どもに興味はなかった。時代の先端を走って〈外資系企業に勤め、どんな仕事もこなすおれはカッコいい〉という思いがあった。百万円でも高く自分を買ってくれる会社に転職することも厭わず、よく仕事をし、よく遊ぶことに夢中だった。

が、四十代になると、少しずつ意識が変わり始めた。自分自身の生きた証がほしくなった。老後のことも気になり始める。平穏に暮らす心地良さに目が向くようになり、結婚して子どもをもちたい、という気持ちが強くなった。

平成十八年、奥山は、一人でネットショップの運営をしているしっかり者で年上の加代と結婚した。

そんな折り、取引先の一社であった外資系のM社から引き抜きの話があり、応じることにした。

合気道の先生を始めたのも、この頃である。奥山は学生時代に柔道をやっていたこともあって合気道を十数年間学んできたが、「この支部を、きみに任せたい」と言われて子どもたちの指導を引き受けたのは、やはり老後のことが気になったせいである。

奥山のように、生き馬の目を抜く外資系にいれば、なおさら将来のことが気になる。M社の日本法人である日本M社が設立されたのは昭和六十一年（一九八六年）二月だったが、現在に至るまで六十歳の定年退職を迎えた人はごくまれであった。つまり、退職理由は転職か、クビになるかである。人の出入りが激しく、二千五百人ほどいる社員の平均年齢は三十代前半である。五十代の社員は役員、マネージャー以外は数えるほどしかいない。周囲の最高年齢者は五十五歳であるが、それ以上の年齢の者が会社に残った前例を奥山は聞いたことがなかった。

退職した者は、IT系に転職するか個人で独立して事業を始める。日本M社の創業初期に入社した人は、会社の株式を大量に持っていて食うに困らないという。が、奥山が入社した頃はすでにM社の株は上がりきっていて、買う意味はなくなっていた。

こうした状況の中で、平成十九年に長男が誕生した。四十代後半となった奥山は、子どものために少なくともあと十数年は働かなくてはならない。が、退職時期は刻々と迫り、四、五年働くのがせいぜいといったところである。

　奥山は、先々のことをいろいろ考えた。

〈おれは、年を取ってから子どもを授かった。加代は自分よりも年上だから、長男がまだ独立する前に両親とも死ぬ可能性もある。そうなれば、息子は頼れる身内がいなくなってしまう。兄弟が絶対に必要だ〉

　加代はもう一人授かるのは年齢的に難しかった。奥山夫婦は話し合い、養子をもらうことを考えついた。親のいない子どもが世の中にはたくさんいるし、仮に血がつながっていなくてもいっしょにいれば家族になれると思ったのだ。

　奥山夫妻は、東京都に養子申請した。が、その場合は時間がかかることがわかり、養護施設（孤児院）を見学することにした。

　児童養護施設だけでなく、乳児院にも足を運んだ。聞くと、捨てられたり、ネグレクト（育児放棄）された子どもたちは、三歳になると乳児院から児童養護施設へ移されるという。が、乳児院を出た子どもはすでに物心がついているため、まず引き取り手が見つからないらしい。つまり、三歳になった子は、親を知らずに生きていくしかなくなるのだ。そして、十八歳になると児童養護施設も出て自活しなければならない。多くの子どもたちは、その後、大変な苦労を強いられることになる現実があった。

　奥山夫妻は可能な限り土日に施設に通い、一年間ボランティアを勤めた。そして、施設にいる子どもたちの実情を目の当たりにした。

　奥山は、加代と「子どもを選ぶことをやめよう」と話し合った。実子の場合は、男女も、見た目も、性格も選ぶことはできない。それと同じことである。

　そして、担当者に伝えた。

「乳児院から児童養護施設へ移る子がいたら、うちで預かります」

三歳になり親を知るチャンスを失った子どもを、その寸前で引き取ろう、引き取りたいという気持ちからだった。

児童相談所から「この子、どうですか？」と言われた子を、そのまま里子として引き取った。が、その子は知的障がいをもっていた。多動が見られ、一カ所でじっとしていられない。気になったものに触りまくり、一つのことに集中できない。食事の最中でも、何か音がするとそちらが気になって、音のするほうへ行ってしまう。

初めはまったくわからなかった。ちょっとおかしいな、と思うことはあったが、試しにと検査を受けた結果、知能指数が低いことがわかった。

結局、当初考えていた「長男の支えになる兄弟」という目的は果たせなかった。

奥山は、引き取った下の子に知的障がいがあったことで、より大黒柱としての責任を感じるようになった。

幸いだったのは、結婚直後に自分の家を購入していたことである。住宅ローンの負担を軽くするため、一階はアパートにして二部屋を貸し出し、自分たちは二階に住むようにした。

すると、一部屋八万円の家賃収入をローン返済に充てることができた。将来は、子どもたちが一階の部屋に住んでもいい。奥山の不動産購入は、自宅に関しては成功していた。

が、子どもはまだ十歳と五歳である。もし自分に何かあって働けなくなったら、その後が心配になる。

奥山の父親は、六十歳で他界していた。もし自分も六十歳で死ぬとしたら、あと数年しか残っていなかった。

そんな折りの平成二十八年十二月、勤務中の奥山のもとに、会社の固定電話に営業の電話がかかってきた。東京不動産投資（現在の社名はＷＩＮＸ）という会社の男性社員からだった。

「わたくしども、シェアハウスのオーナー様を募集しております。非常に順調な新ビジネスですので、ぜひ一度、詳しいお話をさせていただきたく、お電話差し上げました」

M社の固定電話には、しょっちゅう営業の電話がかかってきた。企業は電話番号を取得する際、代表番号の枝番を希望するのが一般的だ。そのため、代表番号に一を足したり、二を足したりした番号にかけてみて、営業部や経理部などの直通電話を探り当てていく。

奥山も、「ワンルームマンションを投資用に」「月々わずか一万円です」「あなたが亡くなった後の保険代わりですよ」といった営業電話を何度も取っていた。その手の話だったら断っていた。が、シェアハウスというのは初めて聞いた。だから自然と興味を抱いた。

この頃、会社の同僚や仲間たちの多くが不動産投資熱に浮かされていた。冷静な奥山は不動産系の売り込みなど一切聞く耳をもたなかった。が、魔が差してしまうこともある。つい口を滑らせてしまった。

「まあ、話を聞く程度だったら……」

電話をかけてきた男性社員とは、会社近くの喫茶店で会うことになった。

事前にシェアハウスについてネット検索してみると、「シェアハウスはコミュニティと学びの場」「海外にシェアハウスは多いが日本にはほとんどない」といった情報がいろいろと出てきた。

それだけでもおもしろそうだなと思っていたが、東京不動産投資の社員から直接話を聞いてみると、日本人の地方出身の若い女性だけを対象にしたシェアハウスで、社会貢献にもなるという。奥山は、ますます興味を抱いた。

差し出された綺麗なパンフレットには、「地方に住む、志ある日本人女性のための住まいです」「敷金礼金が不要なので、女の子たちは鞄一つで入居できます」などと書かれている。

何より奥山の心に響いたのは、社会貢献的な役割だった。自分たちは老後の安心を得られ、上京してきた女の子たちの手伝いもできる。まさにウィンウィンである。

「こんな物件はいかがでしょう」

具体的に提示されたのは、世田谷にある好条件の物件だった。

が、営業の電話に誘われて話を聞いた当日に契約、という訳にはいかない。「検討します」と伝えると、男性社員は一冊の本を取り出して奥山に手渡した。スマートライフの大地則幸社長が書いた『「家賃0円・空室有」でも儲かる不動産投資』である。

「ご参考までに、この本をお貸しいたします。ぜひ読んでみてください」

奥山は、大地の本を読んでみて心を動かされた。妻にも相談し、一度物件を見てみようかと東京不動産投資に電話した。

すると先日会った社員から「あの物件は売れてしまいました」と言われた。

「しかし、代わりの物件がございます。すぐに申し込まないと、また売り切れてしまいますよ」

世田谷の次に提示されたのは、板橋にある一億五〇〇〇万円の物件だった。角地になっていて容積率が非常に高く、立地条件が良い。

「ここを逃したら、もう次はないですよ」

奥山は、その言葉に乗ってしまった。

購入を決心したことを伝えると、社員が言った。

「それでは、三十年ローンの審査を通しますね」

奥山は、世田谷の物件を紹介されたときから疑問に思っていたことを訊いた。

「ベンチャー勤務のわたしに、融資なんか下りないんじゃないですか?」

このとき、奥山は五十歳に手が届くところだった。年齢的にも三十年ローンなど通るはずもない。ましてや、いまの持ち家の住宅ローンも残っている。が、男性社員は力強く言った。

「奥山様の年収は約一二〇〇万円ですから、だいたいその三十倍くらいの金額は借りられるはずです。スルガ銀行と提携しているので安心です。スルガ銀行に聞いてみて通れば大丈夫ですよ」

「しかし、わたしはもう五十ですよ」

「大丈夫です。もし審査が通るとしたら、ご購入いただく物件を銀行も評価したことになります。ダメもとで書類を提出してみますよ。書類さえ提出していただければ、とりあえずこの物件はキープできますから」

奥山は、どうせ通らないだろう、という気持ち半分で依頼することにした。

すると、数日後に思いもかけず「通りました」と連絡が入った。

「つきましては契約に進みたいので、来週は空いているでしょうか？　それまでにハンコをご用意ください。場所はスルガ銀行横浜東口支店になります」

通るかわからないから、とりあえず出してみようという気持ちでいた奥山は、いきなり契約と言われて戸惑ってしまった。

すると、男性社員が言った。

「銀行の審査が通って、家賃保証もある。リスクなんかないじゃないですか！」

とんとん拍子で話が進み、奥山はシェアハウス「かぼちゃの馬車」のオーナーになることが決まった。

平成二十九年四月、奥山はスルガ銀行横浜東口支店に行ってシェアハウス購入の契約を結んだ。

奥山はこのとき、いくつも勘違いをしていた。スマートライフから購入したはずが、契約書をよくよく見てみると、販売会社は東京不動産投資になっている。しかも、今日の契約で土地から建物からすべての購入契約を結んだと思っていたら、そうではなかった。

奥山が、東京不動産投資の社員に「あとはシェアハウスが建つのを待つだけですね」と話すと、思い切り否定された。

「いやいや、建物の契約は別にありますから」

聞くと、建物はアレグレホームという建築会社が建てるという。会社が別なので、建物は建物で融資の契約を結ばなければならないらしい。

平成二十九年七月、奥山はアレグレホームと建築契約を交わした。

のちにわかったことだが、土地購入から建物購入まで三カ月も時間がかかったのには、理由があった。シェアハウス「かぼちゃの馬車」は、土地と建物とパッケージで販売している。法的には建築条件付きといい、特定の建築会社に依頼することが条件に含まれているが、建物の設計に関しては、土地の購入から三カ月以内にオーナーが申し出れば変更が可能であった。土地の販売会社である東京不動産投資は、その猶予期間を潰すためにわざと三カ月後に建物の契約を結ばせたのである。スマートライフも、建築会社のアレグレホームも裏でつながっていたのだろうが、奥山は結局、アレグレホームの社員と一度も顔を合わせることなく契約を結び、建築を依頼する形となった。

スマートライフはブラックリストに載っているため、間に不動産販売会社をかませ、建設会社との契約を遅らせて設計変更というオーナーの権利を奪う。スマートライフとのサブリース契約に関しては、必要もないフリースタイルローンや定期預金を強要してスルガ銀行にさらなる利益をもたらす。

さらに高値摑みさせて、不動産販売会社、建築会社が中抜きもしている。これがスマートライフとその周辺業者の詐欺スキームであった。

スルガ銀行による預金額増額の手口

奥山が乳児院から引き取った末の子は、小学校にあがっても授業についていけなかった。

奥山夫妻は、あちこちの施設や専門家のところへ相談に行った。

「発達が遅れているだけだから、時間が経てば追いつきますよ」

そう言われたこともあったが、残念ながら知能テストの結果はいつも四歳児程度に留まっていた。

奥山夫妻は、やむなく特別支援教室「さくら学級」のある小学校を探すことにした。自分たちの学区に教室はなかったため、隣の学区まで親が付き添って毎朝三十分の道のりを歩いて通わねばならない。

子どもはしっかりしているように見えるが、少し目を離すと通行人のあとをついていってしまったりする。

奥山夫妻は、様々なサービスを受けられる知的障害者手帳「愛の手帳」を取得しようか迷ったが、本人のためを思って取得する決心がつかない。いつかは取らなければならないのだが、万が一テストの結果が良くなるかも知れないという希望も残っている。専門施設からは「難しい」と言われてしまったが、ここで迷うのも親心である。

契約の際、奥山は次々と書類に住所氏名などを記入させられた。大量の書類の中に、「自己資産確認書」があった。

この書類にサインする際、スルガ銀行の行員は上から白い紙を載せて、書類内容を隠しながら説明した。

「ここには、奥山様のご口座にある預金額をご記入いただきます。わたくしが読み上げますので、金額をご記入ください」

奥山は、六通ある通帳の正確な金額は把握していなかった。そのため、行員から言われたとおりの金額を書いていった。

じつは行員の言った金額は、スルガ銀行内の稟議を通すためにかなり盛られていた。つまり、嘘の金額を書かされたのである。が、大量の書類を前に、書類の内容も聞かされぬまま「書け書け」と急かされると、一種の催眠状態に陥ってしまう。冷静なときなら「自分にはそんなに預金はない」と気づいただろうが、このときはまったく気づくことができなかった。もちろん、行員の言うことだから間違いないだろう、という思い込みもあった。

のちに判明することだが、奥山の預金額の合計は、すべて行員の手で書かれていた。合計金額まで本人に書かせると、嘘が発覚してしまうからである。スルガ銀行の行員によっておこなわれた詐欺行為により、奥山の一千数百万円の預金額は、なんと三倍もの三千数百万円に変わったのである。

建物の融資審査が通った報せを受けた奥山は、七月に一六〇〇万円の融資を受けた。

建物の建設は、八月からスタートした。

融資は三回に分けておこなわれると言われ、十一月の上棟時、翌年一月の受け渡し時に一六〇〇万円ずつ融資を受け、建築会社に支払うことになった。

なお九月にはスマートライフは社名をスマートデイズに変更していた。

十月二十日、東京不動産投資から奥山のもとに、突然電話がかかってきた。

「どうもスマートデイズの、サブリースがうまくいってないという話を聞きました。まだ正確な情報はわからないのですが、ちょっとマズい感じなので、とりあえずご連絡しました」

それだけ聞かされても、訳がわからない。が、それ以上の情報はもっていないというのだから仕方がない。

「そうしたら、追加の情報がわかり次第連絡ください」

そう言って電話を切ったが、その後、待てど暮らせど連絡はなかった。

奥山のほうから東京不動産投資に電話したところ、事態は思った以上に深刻だった。

「すでにシェアハウスを建てたオーナーさんたちは、スルガ銀行と金利交渉をすることになっているようです。金利が下がるから、プラスマイナスゼロで、ご迷惑はかからないと言われました」

つまり、サブリースが停止して再開する見込みがないので、銀行と金利交渉をしているということだ。プラスマイナスゼロなどという話は、とうてい信用できない。

奥山は、すぐにスルガ銀行の担当者に問い合わせてみた。

「不動産販売会社から、サブリースが停止したけれど、スルガ銀行の金利が下がるのでプラスマイナスゼロだと言っていました。その話は、本当ですか？」

すると、スルガ銀行の担当者は「いや、そんな話はないです」と完全否定した。

奥山はここで確信した。

〈これは詐欺だ……！〉

奥山は、担当者に迫った。

「いや、ちょっと待ってください。わたしのシェアハウスはまだ建設中で、来月の十一月に上棟で二回目の融資が発生するんです。しかしこうなった以上、建築会社も信用できません。金をそのまま持ち逃げする可能性もありますし、そもそもその建築会社はスマートデイズからの紹介です。だからもう、融資を止めてください」

「わかりました。ご融資を止められるかどうかを含めて、確認してみます」

「様子がわかるまでは、止めてください。お願いします」

それからしばらく待ってみたが、スルガ銀行からもいっこうに連絡がない。奥山から電話してみても担当者不在で「連絡してください」と頼んでも電話が来ない。

奥山は、スルガ銀行にその後、三回も電話をしたが、通じなかった。そのうち、郵送で「二回目のお振り込みをしました」との書面が送られてきた。

〈なんだ、これは！〉

奥山は、怒りで血が沸騰した。が、何がなんでも融資を止めてくれと強く言えなかったのも事実だった。建設している最中でまだ基礎しかできていないが、すでに一六〇〇万円を払ってしまっている。融資を止めて建設をストップさせても、どうしようもない。

奥山は、もう一度スルガ銀行に電話をして、担当者を怒鳴りつけた。

「融資を止めてくれと頼んだのに、電話にも出ず、振り込まれたと郵送で報せてくるとは、どういうことだ？」

「しかしそうは言っても、裏でプロセスが回っていまして、融資がされてしまったんです」

融資された金は、スルガ銀行から直接建築会社へ振り込まれてしまった。

〈どうしたらいいんだ……。しかし、まずは建たないと運営もできないし、銀行にも返せないぞ〉

奥山は必死になってシェアハウスのポータルサイトを運営している斡旋会社を探し、電話をかけた。

「シェアハウスを建設中なのですが、完成したらすぐに掲載してほしいんです」

が、あちこちに電話しても、取り扱ってくれなかった。まだ完成もしていないし、すでに業界にはスマートデイズはダメだという話が出回っていた。

あるシェアハウス専門斡旋会社は、奥山に条件をつけてきた。

「リビングがないとシェアハウスとして認めませんので、掲載できません」

「かぼちゃの馬車」は、収益率を上げるためにリビングをなくし、そのぶん部屋数を増やしている。つまり、斡旋業者は「かぼちゃの馬車」物件を取り扱うつもりはないのだ。

〈掲載できないと募集がかけられないから、人が入らない。銀行にもお金を返せない。どうする、困った……！」

医者仲間からの投資の勧誘

冨谷皐介は、平成三十年一月十七日の「スマートデイズオーナー様向け説明会」でカードを配りまくり、反響があまりにも大きかったため処理しきれず、二回目の説明会の一月二十日にはカードを配らなかった。だから二十日に出席した外科医の尾山文雄（仮名）は、カードを受け取ることができなかった。

二回目の説明会では、高齢の男性が泣きながら訴えていた。

「わたしのところには、支払いが止まったという手紙が来なかった。だから何も知らないまま、シェアハウスを建ててしまったんですよ！」

周囲にいる人たちが、気の毒そうな表情で老人を見守った。自分たちも被害者であったが、高齢であるだけに、見ていられないほど悲壮な様子であった。老人と同様、悔しさと不安で泣き出す人が数多くいた。

尾山文雄は、昭和六十一年（一九八六年）五月、栃木県宇都宮市に生まれた。小中高とバスケットボールを続け東京大学文科一類を目指したが不合格。慶應義塾大学経済学部へ進学後、心機一転し中退。現役より二年遅れで信州大学医学部に入学した。

大学入学後に偶然立ち寄った美容院で、担当の美容師が尾山に言った。

「きみ、手足が長いからボクシングに向いているよ」

その美容師は、B級ライセンスをもつ元プロボクサーだった。

「一度ジムを覗いてみないか」と誘われて行ったのが、長野県に一つだけある日本ボクシング協会認定施設のボクシングジムだった。日本ライト級チャンピオンの西澤誠が所属していた名門ジムで、尾山はボクシングを始めてみる気になった。

大学在学中の六年間ボクシングを続け、国体予選からアマチュアへと一歩一歩階段を登っていった。ところが試合中に顔面にパンチを食らい、目の奥の骨が折れる大けがを負った。「ものが二重に見える」と伝えるとただちにドクターストップがかかった。そのまま病院に直行して手術を受けることになった。

眼の下側の骨が骨折し、眼球が落ち込んでしまう眼窩底(がんかてい)骨折、ブローアウト骨折だった。自分の腰の骨の一部を移植して眼球を元の位置に戻す大手術である。

大学からは、手術で実習を休んだため大目玉を食らった。それでも尾山はボクシングを辞める気にはなれなかった。

プロテストは、医師国家試験がおこなわれる二カ月前に挑戦することにした。場所は後楽園ホールである。

〈もし合格したら、一年くらいプロのボクサーになるのもいい〉

尾山は、試合の前日は緊張して眠れなかった。ボクシングと、喧嘩をして人を殴ることがまったく違うことを、つくづく実感していたからだ。カッとなって殴り合うことに恐怖感はなく、喧嘩を始めるのも簡単である。が、ボクサーは試合の日時を指定し、「試合中に何が起きてもわたしが全責任を負います」との念書にサインしたうえでリングに上がる。殺される可能性があり、殺されても文句も言えないのである。覚悟を決めて臨んだプロテストの相手は、世界王者を多数輩出した東京の帝拳ジム所属のボクサーだった。テストでは実力の差を見せつけられ、結果も不合格であった。

尾山はプロボクサーとして一流になるのは厳しいと諦めて、改めて医師の道を目指した。

平成二十五年（二〇一三年）、信州大学を卒業した尾山は、長野県小諸(こもろ)市の小諸厚生総合病院で研修医となった。

この年に研修医になったのは、尾山と柿内高之（仮名）の二人だけだった。尾山と柿内は自然と親しくなり、気さくに話せる間柄になった。

研修二年目の平成二十六年（二〇一四年）冬、尾山は、柿内から意外な誘いを受けた。

「不動産投資をやらないか？　女性専用のシェアハウスなんだ」

が、尾山はすぐに断った。

「おれは近いうちにアメリカへ行くから、日本で金が入ってきてもしょうがない。不動産なんか買いたくないよ」

尾山は、移植外科の本場アメリカで働きたいと考えていた。そのためアメリカの医師免許を取得して、研修後はとりあえず米軍基地内にある完全英語圏の病院に勤務する予定だった。

ところが柿内は、執拗に食い下がった。

「大丈夫だよ。いい話なんだ。万が一何かあったら、おれが買い取る。責任をすべてもつから、だまされたと思って買ってみないか」

「でも、日本にいないから管理もできないよ」

「管理もおれがやる。とにかく、すべて任せてくれ」

柿内は二年間同じ釜の飯を食った医師仲間である。その仲間に、ここまで言われると弱い。尾山はとうとう折れてしまった。

「おまえが全部ケツを持つと、そこまで言うのならしょうがない、やってもいいよ」

さっそく柿内が動き、尾山はブレンディという不動産会社から東京都葛飾区と板橋区のシェアハウスを各一億円で二棟購入することになった。

シェアハウス「かぼちゃの馬車」

板橋の物件は、東武東上線の成増（なります）駅から七、八分の便利な立地で、東京地下鉄有楽町線・副都心線の地下鉄成増駅も隣接している。

一方、葛飾の物件は、駅から徒歩十五分と遠く、優良物件とは言い難いものだった。

が、尾山は柿内にすべて丸投げしており、土地も建物も一回も見に行かなかった。

二億円の借金を負うことになったが、仲間が「すべて任せろ」と太鼓判を押したのだ。任せておけばいいと気楽に考えていた。

実際、スルガ銀行の通帳には毎月きちんとサブリース料が振り込まれ、スルガ銀行への支払いもおこなわれている。何も問題がないように思えた。

もし、不動産業者から直接営業をかけられていたら、尾山はにべもなく断り、いくらしつこく誘われても一顧だにしなかったろう。

のちに判明することだが、柿内は「かぼちゃの馬車」への投資話を友人知人にもちかけ、売りまくっていた。この事件の被害者に医者が多いのは、医師免許をもつ柿内が知り合いの医者に働きかけたからである。

柿内の働きによって契約が成立すると、五％から六％のキックバックが柿内の懐に入ったらしい。

尾山が調べた限りでは、柿内が売ったのは四十～五十棟。一棟当たり五〇〇万から六〇〇万円のキックバック料と考えると、三億円ほどを荒稼ぎしたことになる。

尾山がシェアハウス詐欺の被害に遭ったのは、ごく初期の段階だった。もともと興味がなかったので放置したまま気づくことなく、約三年が過ぎた。

そしてほかの被害者と同様、平成三十年一月十七日と二十日にオーナー説明会がおこなわれるという通知が届き、ようやく事態の深刻さを理解したのである。

尾山はさすがに気づかされた。

〈これはまずい。信じがたいことだが、おれは柿内にだまされたんだな……〉

尾山は、頭にきて、柿内に電話を入れた。

電話口に出た柿内は、「おれも被害者なんだ」と訴えてきた。

とても信用できなかったが、尾山は他の被害者ほど精神的ダメージは負っていなかった。このときすでに尾山はアメリカのインディアナ州にある病院に外科医として勤務することが決まっていた。ビザも取得済みで、あとは渡米するだけという状況である。

念入りに調べてみた結果、日本でいくら負債を抱えていてもアメリカまで信用情報は渡らないらしい。

〈アメリカに移住して、日本に戻らなければいい。海外にずっといれば、負債など関係ない〉

シェアハウスの融資契約をする際も、連帯保証人は必要なかった。独身で家族もおらず、両親もこの融資には無関係で実家の住所なども知られていなかった。とりあえず、親が連帯保証人になっている奨学金が五〇〇〇万円ほど残っていたので、親に迷惑をかけないよう全額一括で返納しておいた。

尾山の先輩で、北海道釧路市の病院に勤務する谷崎信一（仮名）もまた、柿内にだまされた一人だった。

谷崎はかつて、尾山の母校である信州大学で勤務していた。谷崎が同じ被害者である尾山に打ち明けた。

「おれは自己破産するよ」

尾山は反対した。

「柿内はもちろんですが、どう考えてもスルガ銀行がおかしいですよ。こんなことで破産なんてあり得ないでしょう」

「いや、おれは破産する」

結局、聞き入れてもらえず、物件は競売にかけられることになった。「かぼちゃの馬車」事件で、谷崎が自己破産した最初の一人となった。

尾山は谷崎の社会的信用が落ちることを心配していた。ただし、医師免許だけは自己破産しても資格を剥奪されない。一方、弁護士や司法書士、公認会計士のような国家資格は、自己破産すると一定期間資格制限を受ける。

医師ゆえに仕事に困らない。谷崎は自己破産後、普通に働き始めた。

被害者情報交換会「トム会」開催

平成三十年一月二十日のオーナー説明会のあとの二十八日、冨谷は貸し会議室を借りて被害者情報交換会「トム会」を開催した。

トムとは、苗字の冨谷からつけたニックネームで、以来、冨谷は被害者たちから「トムさん」と呼ばれるようになった。

LINEでつながった約百人のうち、この日は二十七人が参加した。

冨谷は、かれらに次々と質問した。

「あなたの物件の状況は、どうなっていますか？」

「あなたは、どのような状況で物件を購入したんですか？　いつ、どこでと、5W1Hで紹介してください」

まずは、お互いの共通項を見つけるところからのスタートである。フェイス・トゥ・フェイスで被害者たちと情報交換できたことは大きな収穫だった。

トム会を開催後は、被害者同士ＬＩＮＥで頻繁にやり取りをした。メンバーが百人近くいるため、冨谷は朝会社に行ってＬＩＮＥを確認し、昼休みに見てみると未読が二百件という調子だった。

このＬＩＮＥでのやり取りの中で「被害者救済支援室というものがある」と話題になった。その二カ月ほど前に冨谷が会った千葉拓也が所属する支援室である。

「救済支援室に申し込むべきだ」という声が多くなったため、冨谷はＬＩＮＥで忠告した。

「あれは間違いなく詐欺です。二次被害に遭うから頼まないほうがいい」

が、すでに依頼していた人が冨谷に反発した。

「ぼくは信じて頼んだのに、それを否定するのか。あんたは、とんでもない奴だ」

良かれと思って警告したことで、不協和音が生じてしまった。

「トム会」をまとめて一致団結するのは、容易なことではなかった。

この頃から、ＬＩＮＥの会話画面のスクリーンショットを、ツイッターなどのＳＮＳで勝手に公開する者が現れ始めた。この行為は、プライベートな手紙を第三者が勝手に公衆の面前に晒すようなものである。その中には顔写真で参加している者も含まれており、素性がすっかり明かされる者まで出てしまった。

ＬＩＮＥは匿名で参加できるため、参加者全員の素性は把握できない。画像を晒したＳＮＳも同様なので、犯人は特定できなかった。

冨谷は推理した。

〈被害者が犯人とは思えない。おそらく、不動産仲介業者の仕業だろう〉

オーナー説明会の会場には、いかにも怪しげな不動産仲介業者がうろついていた。おそらく、ああした連中がＬＩＮＥグループの中に紛れ込んでいるのだ。

ＬＩＮＥでは、冨谷が怪しいと睨んでいる「被害者救済支援室」について、まだ意見が分かれていた。「アドバイスを聞かないなら、二次被害に遭う人は自己責任だろう」と言い出す者も現れた。この言葉は、果たして被害者同士で冷たく突き放した結果だろうか、それとも巧妙な詐欺師の誘い水だろうか。

〈このままでは、まずい。ＬＩＮＥグループの洗濯をしなければダメだ〉

冨谷は考えた末、次のような文面をＬＩＮＥに流した。

「わたしの考えを理解できる人だけ、被害者だと証明するためのサブリース契約書、運転免許証、勤務先の社員証などを提出してください。わたしは、それほど不安に思っています。お互いがお互いを信用できるようになって初めて運営が可能となります。ただし、代表であるわたしは提示しません。代表は常に危険な立場に置かれているからです。それでも良ければ仲間として残ってほしいと思っています」

冨谷の考えに同意してくれた人から、次々と本人確認のための書類が送られてきた。書類を確認し、ＬＩＮＥ登録者と紐づけする。これには非常に時間も労力もかかった。

一方、「そこまでして参加したくない」「ぼくは業者だから遠慮します」と言う者が現れて、ＬＩＮＥグループの洗濯は終了した。

中には不動産業者だと身分を明かした上で、「あなたたちの情報を知りたいので、残していただくことはできませんか？」などと聞いてくる者もいた。もちろん冨谷はその申し出を断った。

第三章　凄腕弁護士 河合弘之

弁護士を探せ

「トム会」リーダーの冨谷は、被害者同士チームを組んで闘うためには、弁護士を立てるべきだと仲間に相談した。

すると、被害者の一人である熊井誠から連絡が入った。

「トムさん、銀行員から弁護士になった人がいます。会ってください」

スルガ銀行を相手に闘うとしたら、ピッタリの経歴の持ち主である。

冨谷は紹介してくれた熊井に尋ねた。

「その弁護士さんと、どういう話をしたの？」

「金利交渉が得意な弁護士なので、金利を下げる作戦です」

スルガ銀行と闘いたいと思っていた冨谷にとって、金利交渉だけでは満足できなかった。

「もう少し幅広い闘いをしたいので、最終的にどうしても見つからないようなら、その先生にも会います」

他にも、注意力の乏しい多動症の子どもを抱えた女性被害者も弁護士を紹介してくれた。

冨谷は、少しでも良い弁護士の先生を見つけようと、必死だった。

平成三十年一月下旬、冨谷は、ネット検索で日本住宅性能検査協会（日住検）が主催する「被害者の会」の集会があることを知った。

日住検はＮＰＯ法人で、弁護士をたてて自己破産を避けた問題解決に当たるらしい。

弁護士を探していた冨谷は、すぐにＬＩＮＥ仲間に発信して「一緒に参加しないか」と呼びかけた。

二月二日、冨谷は被害者仲間約八十人とともに日住検主催の「被害者の会」に参加した。

集会場に行くと、ＬＩＮＥではなくサイトを見て直接参加した被害者仲間もいた。

ところが、冨谷が想像していたような集会とはまるっきり違っていた。仕切っていたのは不動産業者、不動産業者の顧問を務める大川友一（おおかわゆういち）（仮名）弁護士、日住検の中谷昭三（なかたにしょうぞう）（仮名）理事長、任売屋の富岡順二らであった。

任売屋とは、売却後も住宅ローンが残る不動産を売却する「任意売却」をおこなう者のことである。ローン返済が滞り、強制的に不動産を没収され競売にかけられる心配はなくなる。が、結局は任売屋がオーナーから物件を買い叩いてそれを販売するので、希望する売却価格より格段に安値になってしまう。

冨谷は、主催者側の顔ぶれを見て思った。

〈これは違う。おれが解決したい方法ではない〉

大川弁護士が、被害者たちに「とにかく支払いを止めてください」と説明している。

冨谷は、マイクを借りて質問した。

「支払いを止めた後、どのような対策を取るのか、具体的に教えてください」

が、大川弁護士は「集団訴訟をやります」と声高に言うだけだった。そう聞いても具体的イメージがわいてこない。どこか頼りない印象である。

〈この弁護士では、勝てそうにない〉

外科医の尾山文雄も、この日、「被害者の会」の集会に参加していた。

尾山が冨谷皐介と会ったのは、じつはこのときが初めてだった。すでに冨谷が音頭を取って被害者グループができあがっていた。

冨谷が尾山を誘った。

「みんなでまとまって闘うつもりです。尾山さんも参加しませんか？」

尾山は思った。

〈そういうことなら、日本に残ってみようかな……〉

もし、このとき冨谷と出会わなかったら、尾山は確実にアメリカへ渡っていただろう。

尾山はインディアナ州での仕事はやむを得ずキャンセルすることにし、病院側のディレクターと連絡を取った。

「じつは詐欺に遭って、対処しなければなりません。今回の話は辞退させてください」

ディレクターも「それなら仕方ない」と理解を示してくれた。残念ではあったが、どこへ行っても外科医が不足している状況だから、少なくとも食いっぱぐれることはない。

尾山は急きょ日本で仕事を探すことにし、先輩に相談した。

「若手の消化器外科医がほしくて手術が多い病院、どこかありませんか？」

アメリカは日本に比べ、移植の手術数が桁違いに多い。尾山は移植医になるためアメリカ行きを望んでいたのである。そして将来、発展途上国に行き、移植手術を引き受けることまで計画を立てていた。もし、債務を放置してアメリカに渡っていたら、将来どのような損害として返ってくるかわからなかった。すんでのところを冨谷に救ってもらったのだ。

河合弘之という弁護士

冨谷に、ＬＩＮＥグループの中の吉山秀樹（よしやまひでき）（仮名）という男性から連絡が入った。

吉山は、スマートライフの下請けの不動産業者イートン株式会社にだまされていた。

吉山は以前、この下請け会社の波山信夫社長に「おまえ何とかしろ、どうするんだ」と詰め寄っていた。

すると、波山が困って「いい弁護士いますから紹介します。彼なら力になってくれるでしょう」と言ったという。

「凄い弁護士とコンタクトがとれました。自分一人で動いても潰れると思うので、ぜひトムさんにも会ってほしいんです。波山から紹介された弁護士の名前は、河合弘之さんです」

河合弘之の名前がＬＩＮＥに出ると、見ていた人たちが「これはすごいぞ」とざわつき始めた。

冨谷は、河合弘之という弁護士のことをまったく知らなかった。ネットで検索すると、冨谷が子どもの頃にニュースで見た汚職事件「ダグラス・グラマン事件」、「平和相互銀行事件」や反原発訴訟などで活躍している弁護士だとわかった。

冨谷は、ようやく一筋の光を見いだした思いがした。

〈そんな先生に、会えるのか……〉

河合弘之は、二つの貌をもっている。「凄腕のビジネス弁護士」の貌と「脱原発の旗手」の貌である。

河合は、昭和十九年四月十八日、旧満州国新京市に生まれた。昭和四十三年東京大学法学部卒業。さくら共同法律事務所所長。バブル時代に企業弁護士として名を馳せる。

なんと「ダグラス・グラマン事件」を皮切りに、「平和相互銀行事件」、「リッカーミシン事件」、「秀和・忠実屋・いなげや仕手戦」、「つぼ八乗っ取り事件」、「国際航業仕手戦」、「イトマン事件」などを手掛け、連戦連勝の敏腕ぶりを見せる。乗っ取り屋といわれた小谷光浩、横井英樹、ダイエーの創業者中内切などの顧問を務める。

一方、東京電力福島原発事故以前から脱原発の議論をリードし、社民党党首福島瑞穂の夫である海渡雄一弁護士らと反原発運動に力を注いでいる。最近では、小泉純一郎元首相とコンビを組み、反原発運動を繰り広げている。

反原発のドキュメンタリー映画も、旺盛に製作している。これまで『日本と原発』『日本と再生　光と風のギガワット作戦』『東電刑事裁判不当判決』などを発表している。

さらに最近では、脱原発に関連した映画だけでなく、フィリピンと中国の残留邦人について描いたドキュメンタリー映画『日本人の忘れもの』も製作している。

河合弘之弁護士

じつは、人生の不思議さと言おうか、その河合弁護士も、冨谷らシェアハウス被害者と無縁ではなかったのである。

河合弁護士は平成二十八年六月、三女の小林由子（仮名）から電話で相談を受けた。

「お父さん、宏さんが『マンション投資する』といって聞かないのよ。わたし心配で……」

「マンション投資？　何でまた宏ちゃんが」

「児童福祉施設をつくる資金が、どうしても必要らしいの」

由子の夫である小林宏（仮名）は、保険会社のＩＴ部門に勤める四十代のエリートサラリーマンである。

宏は大の子ども好きで、たとえ他人の子であっても我が子のように分け隔てなく愛せる奇特な男だった。恵まれない家庭の子どもを預かる里子支援もおこなっている。その愛情は身体や知能に障がいをもつ子にもおよび、将来は児童福祉施設を設立・運営する夢を抱いていた。が、児童福祉施設はビジネスとしてなかなか成立しない、半ばボランティアのようなものである。サラリーマンとしての年収は一〇〇〇万円弱あったが、それでは足りないと判断したらしい。そこで運営費用を賄うために、収益用マンションを購入すると言い出したのだ。

河合は、さっそく娘婿の小林宏を呼び出して事情を訊いた。

宏は説明した。

「シェアハウスというのがあって、ぼくがオーナーになるんです」

アパート・マンション経営の新しい形態だというシェアハウスについて、宏は河合に熱く語った。

が、海千山千の弁護士である河合は、直感的に危なっかしさを嗅ぎ取って制止した。

「そんなの危ないから、止めておきなさい」

「大丈夫。サブリースですから」

「でも、その会社が潰れたらどうするんだ？」

「ちゃんと儲かる仕組みが、あるんですよ」

「よく調べてからにしたほうがいい」

宏は「わかりました」と生返事をしたが、河合は感じた。

〈これは止まらないな……〉

その日の夜、宏は、妻の由子に言った。

「お父さんは大弁護士かもしれないが、最近の経済界のことをわかっていないんだよ」

河合は、念のため娘婿が話していた不動産会社を見に行った。河合の「現場確認主義」である。

大手町の外れにあるその不動産会社は、新しい事務所で店内は綺麗だった。いわゆる「レンタルオフィス」である。見栄えは良いが、資金力がなくても借りられる。若い社員が客に説明している姿が一組あるだけで、閑散としている。

明らかに、入社したての無知な若者が、これまた投資など何も知らない素人相手に説明している風である。

河合は思った。

〈危ないなあ……〉

宏は会社員としてもきちんとしており、子どもに対する愛情も深い。そういう点で評価はしているが、金のことになるとまったく無知だった。が、宏本人が聞く耳をもたないのだから、どうしようもない。放っておくしかなかった。

それからかなりたってから、河合は偶然に、シェアハウス事件を扱うテレビ報道を見た。平成二十九年（二〇一七年）十二月のことである。

シェアハウスと言えば聞こえは良いが、実際の建物は狭い廊下を隔てた左右に、二畳ほどの部屋を並べた、まるで刑務所のような造りである。鍵はかかるが、壁は薄い。

不動産業者の狙いは、きちんとした会社に勤めるサラリーマンたちにこの物件を購入させ、オーナーに仕立て上げることだった。が、不動産投資にそうそううまい話はない。かれらはシェアハウスを購入したことで多額の借金を背負い、経済的に殺されたのだ。

河合は胸騒ぎがした。

さっそく娘婿の宏を自宅に呼び出して、尋ねた。

「テレビでやっていたシェアハウス事件、きみはあれに引っかかったのか？」

宏は河合の顔から目を逸らしながら、小さく頷いた。

「……引っかかりました」

「ええっ⁉」

まさかとは思ったが、嫌な予感が的中してしまったのだ。

「いくら借りたんだ」

「二棟購入したんで、二億五〇〇〇万円くらいです」

「二億五〇〇〇万円……」

河合の三女で宏の妻である由子は、会社勤務をしている。夫婦そろってまずまずの年収ではあるが、河合は二億五〇〇〇万円と聞いてあらためて驚いた。

一方で、河合は思った。

〈そら、見たことか〉

が、ここで怒ってしまったら、宏はどれほど困窮しても河合に近寄ろうとしないだろう。河合に相談せず、自分で解決しようとして、ますます泥沼にはまることは容易に想像できた。

そもそもシェアハウスをいざ購入する前に、ひとこと相談してくれれば良かったのだ。が、たとえそのとき河合が止めても、児童福祉施設を設立・運営する夢を追っている宏は聞かなかっただろう。

河合は怒りの言葉を呑み込んで、努めて静かに言った。

「わかった。どうしたらいいか、考える」

まずは融資先のスルガ銀行と話をして様子を探ってみなければならない。河合は部下の金裕介(きんゆうすけ)弁護士に宏の代理人としてスルガ銀行横浜東口支店を訪ねさせた。

とりあえず、妥当な線である金利引き下げについて話をした。

金利の引き下げと聞いて、スルガ銀行の担当者が言った。

「金利を下げてもいいが、その場合は奥さまの保証を入れてください」

スルガ銀行は、前もって宏について調べていたらしく、宏の妻がかなりの給料をとっている会社員だということを知っていた。由子が保証人になれば、多少金利を下げても取りっぱぐれることはないと踏んだのだろう。

金弁護士から報告を聞いて、河合は思った。

〈まったく、スルガ銀行というのは油断も隙もない銀行だ〉

河合はすぐに娘に連絡して、釘を刺した。

「あいつら、おまえが高給とりの会社員だと知っていて保証人にしようとした。とんでもないことだ。おまえが保証人になることは、こちらですぐに断っておく。いくら旦那に頼まれても、絶対に保証人になったらダメだぞ」

娘は「わかった」と言っていたが、夫に泣きつかれたら保証人になってしまうかも知れない。

河合は大きくため息をついた。


平成三十年一月三十日、河合は、ＪＢＣ（日本ビジネス協会）の新年会兼新人歓迎会に出席した。

ＪＢＣは平成十一年（一九九九年）に創設された、企業経営者のためのビジネスクラブである。旅行代理店大手のエイチ・アイ・エス（ＨＩＳ）の澤田(さわだ)秀雄(ひでお)、Ｍ＆Ａ仲介で実績ナンバーワンの日本Ｍ＆Ａセンターの分林保弘(わけばやしやすひろ)など、錚々たる若手オーナー経営者ばかり約三百人が集っている。河合はＪＢＣの理事長を務めたこともあり、いまは幹部として毎月理事会に出席していた。

この日は百人ほどが会場に集まった。河合は、偶然隣の席に座った男性に声をかけてみた。

「あなたは、どんな仕事をしているの？」

すると、男が答えた。

「シェアハウスの販売をしています」

河合は内心で驚いた。

〈え、シェアハウスの販売？〉

娘婿がひっかかったばかりのシェアハウスを、この男は販売しているという。河合は娘婿の話は内緒にしたまま、さり気なく訊いた。

「シェアハウスの販売ですか。それはどういう商売なの？」

男は、河合が娘婿から聞いたのと同じ内容の話をした。河合はふんふんと調子よく相づちを打ちながら考えていた。

〈よし、これはいいチャンスだ。この男から情報を取ってやろう〉

男の名は波山信夫。スマートライフの下請けである東京都千代田区竹橋一丁目に本社を置くイートン株式会社という不動産会社の社長だった。

波山は、商売が行き詰まって大変だという話まで打ち明けた。販売側から聞く話なので、ああシェアハウス事件とはそういうことなのか、と合点がいくことがいくつもあった。

河合は自分の名刺を渡し、努めて愛想良く言った。

「わたしは弁護士ですから。何かあったら力になるから、相談にいらっしゃい」

河合も波山から名刺を受け取り、その日は別れた。

河合は、その後、何度か波山にさぐりを入れる意味を込めて連絡を取った。

「きみ、被害者から毎日追及されて大変だろう。少し心配になってね。あれからどうなった？」

すると、波山が答える。

「一生懸命、誠意をもって良いテナントをつけてペイできるよう努力するなど、善処しています」

河合は「本当にそうかな」と疑いつつ、「ああそう」と相づちを打った。

すると、今度は波山から河合のもとに連絡が入った。

「じつは、先生にご紹介したい人がいるんです。うちからシェアハウスを購入したお客様で、吉山秀樹さんという方なんですが、もう、わたしでは対応しきれなくて困っているんです……」

河合は答えた。

「わかりました。話を聞くだけ聞きましょう」

やはり娘婿のことが気になるので、引き受けることにした。

波山が、重ねて頼んできた。

「先生、わたしの顧問弁護士になっていただけないでしょうか？」

毎日被害者から責められているため、河合に盾になってもらおうと思ったのだろう。娘婿がシェアハウス事件に引っかかっていなかったら、あるいは引き受けたかも知れなかった。

が、事情が事情だけに、さすがに顧問弁護士は引き受けなかった。

「わたしはダメですが、他の若い弁護士を紹介しますよ。とりあえず、吉山さんという方に事務所まで来てもらってください」

運命の出会い

平成三十年二月十四日、会社を休んだ富谷皐介は、誘ってくれた被害者仲間の吉山秀樹とともに、都内千代田区内幸町のＮＢＦ日比谷ビル十六階にある「さくら共同法律事務所」を訪ねた。ＮＢＦ日比谷ビルは明治時代には国賓や外国の外交官を接待するための社交場として使用された鹿鳴館の跡地に建てられたビルで、隣は帝国ホテルである。

富谷は、「敏腕」「凄腕」「大物」などと称賛される河合弁護士は、いったいどんな人物なのかといろいろ想像していた。

河合弁護士は、小柄で白髪頭に眼鏡をかけたおだやかそうな年配の男性であった。じつに気さくな人物で、何でも安心して相談できそうな雰囲気をもっていた。

「どうもはじめまして、弁護士の河合です」

服装も、ジーパンを穿いての応対であった。

冨谷は、これまでに起きたことを一つずつ説明していった。

河合はニコニコ笑いながら、「おもしれぇな〜」を連発して、どこまでも明るい。

河合は冨谷の説明によって、シェアハウス事件の全体像を理解した。

「社会貢献もできる」

「融資もつきます」

「サブリースで絶対安全です」

「もう運用開始後すぐにおカネが残りますよ」

そのように夢のような話をした後に、スマートライフの社長の大地則幸が書いた本『「家賃0円・空室有」でも儲かる不動産投資』を手渡す。シェアハウス運営事業を一冊の本にすることで、構想に信用性をもたせたのである。

河合は、全体像を摑んで思った。

〈ああ、これはひどい。シェアハウス事業は、すぐに新たなカモを探さなければサブリース料を払えない状態になっている。スマートデイズは、いずれ破綻することを承知で新規の客を探していたんだ〉

最初から二〇〇〇万の土地を四〇〇〇万で売りつけているとしたら、短期間で儲けてサッと逃げようと考えたに違いない。

一通り話を聞いた河合が、冨谷に質問した。

「それで、冨谷さんはどうしたいの？」

冨谷は答えた。

「まずは金利交渉です。返済に関しては、テールヘビーで三十年後に物件を売って処理したいと考えています」

金利交渉とは、たとえば四・五％の金利を二・〇％に引き下げてくれ、といった金利引き下げの交渉である。

テールヘビーは、直訳すると「尻尾が重くなる」という意味である。長期の借入返済の場合、毎月均等に割った額を返済していくのが通常である。が、テールヘビーの場合は毎月の返済額を減らし、最終回に残元金を一括で支払う返済方式をいう。最後に物件を売却してしまえば、そのぶんを最終回の返済に回すことができるという計算だ。

このテールヘビーについては、「スマートデイズ被害者救済支援室」の代表を務める、怪しげな千葉拓也から仕入れた情報だった。

このとき、冨谷はまだ本心を河合に打ち明けていなかった。他の弁護士に会って「銀行と闘いたい」と相談したとき、「そんなこと無理に決まっている」とけんもほろろだった。せっかく河合弁護士に会えたというのに、また高い希望を告げて失いたくなかったのだ。

冨谷は話題を変えた。

「それにしても河合先生、どうしてわたしたちに会う気になってくれたんですか？」

有名な先生にとっては、儲けが薄い事件だろう。

すると、河合がくだけた口調で言った。

「いやじつは、うちの娘婿が……」

身内も詐欺に遭っていましたでは格好がつかない。だから娘婿のことは黙っているつもりだったが、河合はついポロリとしゃべってしまった。

「うちの婿が、よりにもよって二軒も引っかかって二億数千万だよ。『お父さんは大弁護士か知らないけど、最近の経済のことなんか知らないんだ』と言ったんだ。馬鹿野郎と思ったね」

一方冨谷は、河合ほどの大弁護士が本音でしゃべってくれたことに感動していた。

〈この先生なら、信用できる！〉

河合は、本題に戻って冨谷たちに訊いた。

「サブリースというけれど、家賃が止まったらどうするつもりだったの？」

「サブリースだけを信じていたわけではなくて、人材派遣業で収入があるから、それを回せるってことが本に書いてあって、それも信じたんです」

が、人材派遣業に関しては構想があるだけで、具体的な契約も具体的な取引先があるわけでもない。若い女性百人ほどに仕事を紹介したケースはあったようだが、全体から見れば一％程度の達成率で、ほとんど幻といっていい事業であった。

冨谷は大いに反省していた。

〈おれは、経営者であれば失格だ。被害者が出て社会問題になっているにもかかわらず、ロクに調べもせずに買ってしまった〉

すると、また河合が訊いてきた。

「自己責任論をぶつけられたら、どうするの？　相手と闘うなら、かならずそう言われるはずだよ」

「………」

冨谷は、本音に近い話を少しずつし始めた。

「他にも、訴訟もせず、自己破産もしないで相手と差しで闘う生き延び作戦。もしくは仲間とともに集団的自己破産をして世間にひどさを訴えるか。それとも、相手に損害賠償を求めるか……」

冨谷と吉山は、必死になって河合に頼んだ。

「ぜひ代理人になって、われわれを助けてください！」

河合はこの依頼を引き受けるかどうか迷っていた。原発の反対運動の仕事で多忙だったからである。

「それでは、一晩考えます」

冨谷は焦った。

〈この先生を逃したら、絶対にダメだ〉

河合がトイレに立ったとき、冨谷も一緒にトイレについて行った。

事務所を出て、フロアの共同トイレで連れションをしながら、冨谷は河合に個人的な事情をさらに説明した。

河合弁護士は嫌な顔ひとつせず、それを黙って聞いていた。

「わかったよ。冨谷さん、受任しよう。トイレにまでついて来るってことは、よっぽどだろう。婿は自己破産させても構わないと思っていたんだけどね」

トイレから出た後、冨谷は事務所に戻る前に事務所の入口の前のエレベーターホールで頭を下げた。

「先生、よろしくお願いします！」

河合は折れた。すがるようにして頼んでくる冨谷の依頼を断ることはできなかった。それに、娘婿も同じ詐欺に引っかかっているのだ。

〈正義の事件なのだから、被害者の依頼を受けよう〉

敵はスルガ銀行、目指すは代物弁済

河合は、冨谷にはっきりと口にした。

「ああいう悪い銀行は、潰しちゃおう」

「何年で、解決しますか？」

「二年で解決しよう」

そして、河合が逆に冨谷に迫った。

「冨谷さん、逃げるなよ」

河合は、反原発訴訟などを通して、途中で抜けていなくなってしまう原告たちを何人も見てきた。かれらは最初、熱心に河合を口説いて「先生の力を借りたい」と訴えてくる。すると河合は「よし、かれらと一緒に最後まで闘おう！」という気持ちになる。

ところが、河合が最近原告の顔を見ないなと思って周囲に聞くと「ああ、あの人は脱落しましたよ」と言う。河合は二階に上げられて、ハシゴを外された格好になる。

そういうときは、何とも嫌な、寂しい気持ちになる。

河合の言葉に、冨谷は笑って言った。

「逃げようがないですよ。わたしはこの事件から逃げる選択肢はないんです。先生こそ、わたしたちのこと見捨てないでください」

河合は冨谷に「銀行を潰す」と言ったが、もちろん本気ではなかった。「潰すような勢いで闘わなければ勝てない」という意味で使ったにすぎない。巨大組織が相手なだけに、そのくらい大袈裟な言葉で勇気づけ、発破をかける必要があると思ったのだ。

河合の印象では、冨谷はいかにも神経質そうで線が細いタイプに見えた。逃げるとは思わなかったが、厳しい闘いの中でポキンと折れてしまいそうだった。

冨谷はこのとき、疲労困憊した極限状態にあった。四カ月ほどで、七十六キロあった体重が十一キロも減って六十五キロまで落ち込んでいたのである。

河合は冨谷とともに事務所に戻った。吉山の待つ会議室に入ると、打ち合わせのテーブルの椅子に座りながら、もう一度頭の中を整理した。

〈闘う相手を誰にするかが、まず問題だ〉

〈かれらの話を聞く限り、一番悪いのはスマートデイズだ〉

〈スマートデイズをはじめとした不動産業者が最もたちが悪い。が、弁護士として誰と闘うかは、善悪だけで判断してはならない〉

〈不動産業者と闘うか。それとも、スルガ銀行と戦うか……〉

〈スマートデイズの追及は、無駄だ。被害者たちが背負った数百億円の借金の支払い能力は不動産業者にはない。仮に被害者一人あたり一〇〇〇万円を損害賠償させても、まだ億を超える借金が残る。それでは、救済したことにならない〉

〈やはり、スルガ銀行と闘うべきだ〉

〈次に問題なのは、スルガ銀行に何を要求するかだ。リスケ――金利カット、元本一部カットなど――か、借金全額帳消しか〉

〈スルガ銀行と闘って借金をチャラにすること以外、かれらが助かる道はない〉

河合は冨谷と吉山に思いを口にした。

「物件を全部引き取って借金をチャラにしてくれ、というやり方しかないんじゃないのか？　代物弁済（だいぶつべんさい）で」

河合の口から「代物弁済」という言葉が出たとき、冨谷の全身を喜びが駆け抜けていった。

〈言いたくても言えなかった言葉を、河合先生のほうから言ってくれた〉

代物弁済とは、借金を返済する代わりに、シェアハウス物件を返却することで相殺することである。

冨谷は、河合弁護士が神にすら見えた。

河合はさらに考えた。

〈闘う方法は？　集団訴訟？　いや違う、白兵戦だ〉

河合は、冨谷と吉山に戦略を言った。

「訴訟はしない。訴訟にしたらスルガ銀行の思う壺だ。あちらは大弁護団を用意してきて、長期戦になる。こちらにはそれに耐える体力はない」

「社会的な運動を起こして、世論に加え金融庁、財務省にも訴えて、『真面目なサラリーマンを食い物にしていいのか』と訴えるんだ。もちろんスルガ銀行にも直接交渉して圧力を加える」

冨谷は河合の言うことを、呆然としながら聞いていた。

〈これまで同じ相談を何人もの弁護士にしてきた。弁護士によって、ここまで極端に対応や解決策が異なるものなのか〉

河合は続けた。

「冨谷さん、僕のやっている反原発闘争に比べれば、こんなのは屁みたいなもんだよ。反原発闘争は権力総体との闘いだけど、これはせいぜい一地方銀行との民民の闘いなんだから、社会的な運動を起こして、代物弁済要求をして闘いを挑んでいこう！」

河合は、冨谷と吉山の話を聞くうちに、自身の中にある正義感に火が点いていた。

〈被害者はほとんど全員、真面目な会社のサラリーマンである。サラリーマンは日本の経済社会の中枢であり、日本の経済を支えてきた人々である。シェアハウス詐欺を働いた連中は、この日本社会の核である重要部分を食い物にしている〉

河合は、そのことを許せないと思った。

大金持ちをだますならまだわかる。が、長い実質的経済不況の中で真面目に働き、妻子を抱えて住宅ローンや子どもの教育費の心配をし、老後の不安を抱えながら生活している堅実な人々をターゲットにしたのだ。不安があるからこそ、「老後の私的年金のようなものだ」と言われて詐欺に引っかかってしまう。

〈銀行も不動産屋も、とんでもないやつらだ。よし、何がなんでもおれが助けてやる〉

冨谷は、明るい方向を示してくれる河合弁護士と話せたことで、自殺まで考えたほどのふさいだ気持ちがパッと晴れた気分だった。

冨谷は、さっそく河合に今後の予定について報告した。

「三日後の二月十七日に、日住検が主催する『被害者の会』があるので参加するつもりです」

すると、河合が言った。

「じゃあ、おれもこっそり様子を見に行ってみるかな」

河合が、今度は吉山に訊いた。

「吉山さんは、どうしたい？」

吉山もまた、河合の言葉に勇気づけられたようだった。キッパリと自分の考えを口にした。

「白紙撤回したい。先生のおっしゃるとおり、契約そのものをなかったことにしてほしいです」

吉山の場合、シェアハウスの部屋はいくつか埋まっており、持ち出しもあるが自分の給料から払おうと思えば当面は払える状況だった。

吉山は話を続けた。

「わたし自身は当面は何とかなりそうではありますが、このままだと債務不履行になる被害者が続出します。それに、解決しておかないと今後ますます新たな被害者が増えるでしょう。被害者の金銭的、社会的、精神的ダメージははかり知れません」

河合は頷いた。

「白紙撤回は法的には難しいところだが、一本筋の通った意見だ」

吉山が言った。

「これはそもそも、融資審査が通らない人たちに貸し付けたものですから」

スルガ銀行もスマートデイズも、返済能力のない者を営業対象にしていたのだ。

吉山は、じつは、三日後におこなわれる日住検主催の「第二回被害者の会」の、第一回目の会合に出席していた。そのときに会った大川友一弁護士の印象について話をした。

「立派な弁護団であればいいですが、わたしにはそんな風には思えませんでした。ですから河合先生、ぜひ引き受けていただきたい」

最後に、河合弁護士が言った。

「われわれが強硬な闘い方を選択して成果を上げていけば、他の被害者たちにも励ましにもなるし、われわれに合流してくる。攻撃は最大の防御だ。どんどん攻めていこう」

強力な弁護士を引き入れる

河合は、冨谷と吉山が帰った後、消費者問題ではナンバーワンの東京共同法律事務所の山口広(やまぐちひろし)弁護士に電話した。

山口広は、昭和二十四年（一九四九年）六月二十六日、福岡県久留米市に生まれた。

東京大学法学部を卒業後に弁護士となった。昭和六十一年（一九八六年）秋から統一教会による霊感商法の被害者救済に取り組み始めた。以来、宗教トラブル、カルト問題、消費者被害救済に取り組み、いつしかライフワークになっていた。

またアメリカの資産運用会社ＭＲＩインターナショナルによる被害弁護団弁護団長、山一抵当証券被害弁護団、ジーオーグループ被害弁護団、カルテのないＣ型肝炎被害弁護団の弁護団長や日航機墜落事故（御巣鷹山）と中華航空機墜落事故（名古屋）の被害者団の代理人なども担当している。

山口は、不正義に突き当たると、普通の弁護士なら尻込みするような困難な事件であっても弁護士仲間を誘って立ち向かう弁護士魂をもった男である。また仕事に対する情熱とバランス感覚、依頼者や弱者への配慮や優しさなども併せもっている。河合は大胆、山口は慎重と違いはあるものの、弁護士として人間としての本質は非常に合う。

河合は山口を誘った。

「シェアハウス詐欺の訴訟でスルガ銀行と闘いたいんだが、一緒にやってくれないか」

一通り事情を聞いた山口は、承知してくれた。

「いま、八千七百人もの日本の投資家たちがアメリカのＭＲＩ投資詐欺事件に一三〇〇億円もだまし取られた事件で忙しいんだけど、いいですよ。やりましょう」

山口には、河合とともに共同弁護団の団長になってもらう。

河合はもう一人、同じく消費者問題に詳しい紀藤正樹（きとうまさき）弁護士にも声をかけた。

紀藤正樹は、第二東京弁護士会では、業務妨害対策委員会と消費者問題対策委員会の委員長、紛議調停委員会と総務委員会の副委員長、ダイヤルＱ２部会部会長などを歴任。日弁連では、消費者問題対策委員会副委員長、犯罪被害回復制度等検討協議会副座長等を歴任している。

全国霊感商法対策弁護士連絡会の事務局長代行、松本サリン事件被害者弁護団事務局長、安愚楽牧場の和牛オーナー制度の全国被害対策弁護団長、近未来通信被害対策弁護団団長、神世界事件被害対策弁護団長などを務め、多くの詐欺事件の被害対策弁護団を率いている。

紀藤もまた、「わかった」と即座に了承してくれた。

河合は思った。

〈頼もしい二人の弁護士がついてくれるのなら、おれが消費者被害問題に未経験でも何とかなる〉

河合は二人の弁護士に「一年で片付けないと、被害者は保たない」と伝えた。

が、内心では判断していた。

〈この事件、そんな生やさしくない。二年はかかる〉

実際、まだ具体的な作戦を思いついたわけではない。当然、ゴールも見えなかった。

河合弘之は、冨谷から依頼を受けたとき、妻の麻子（あさこ）に言われた。

「あなたね、原発反対運動で忙しいのに、またそんな大事件を引き受けるんですか？　わたしは婿の宏ちゃんが助かってくれれば、それでいいのよ」

麻子を見ると、不安げな表情を浮かべている。

「うちの婿さえ助かれば」という言葉は、娘と娘婿を思う母親の本音なのだろう。河合が他の被害者たちの面倒まで見るとなると、家族にも少なからず影響が出ることは間違いなかった。

河合は、もう一度だけ考えてみた。

〈妻の言うとおり、娘婿だけを助けるほうがいいのか。それとも事を大きくし、大網で多くの魚を救い出し、その中の一匹にわたしの娘婿が混じっているほうがいいのか……〉

一方で河合は、自分とシェアハウス事件との不思議な縁を感じていた。

ＪＢＣ（日本ビジネス協会）の新人歓迎会で、約百人の出席者がいる中、偶然にもイートン株式会社の波山信夫社長が隣に座ったこともそうである。気が向いて河合から波山に声をかけたことや、波山から吉山秀樹を紹介されたことも、いわば偶然だ。それらの偶然の重なりがなければ河合が吉山とともにやって来た冨谷皐介に会うこともなかった。

そして冨谷が「この先生しかいない」と必死になって依頼してこなかったら、どうなっていたか。

こうした偶然の積み重ねがなかったら、河合は娘婿のためにまったく違う路線で闘っていたに違いない。するど結末も、まったく違うものになる可能性が高かった。

河合は麻子に言った。

「でもおれは、被害者みんなを救うことが、結果的に宏ちゃんを救うことにつながると思っている。宏ちゃん一人だけを救うことのほうが、かえって難しい」

麻子もその言葉に納得したらしい。それ以上何も言わなくなった。

実際、冨谷たちの依頼を受けたほうが社会的意味合いは大きく、おもしろそうだった。娘婿から報酬を取る訳にもいかないから、一銭にもならない。が、他の被害者を助けられれば、うまくいけば、多少の報酬にはなる。

河合は、人生の処世術として、なるべく多くの人に心の門戸を開くようにしていた。いわゆる「オープンマインド」だ。もちろんデメリットもある。本当にろくでもない奴も近寄ってくるからだ。河合をだまして金を持ち逃げした奴もいた。が、多くの人々を受けいれることは、損失の数十倍も功徳を得られる結果となっていた。

その良い例が、イートン株式会社の波山であった。かれはシェアハウス詐欺の加害者側である。もし河合が生真面目で厳格なタイプだったら、「おまえのような男とは付き合えない」とバッサリ切り捨てただろう。が、河合はそうした人に対してもちゃんと好意を見せ、「相談に乗ってあげるよ」と言って取り込んだ。

するとと冨谷や吉山のような人々がたくさん集まってきたし、情報もたくさん入ってくる。本当に悪い奴だと明らかになった場合は、最後の段階で切ればいい。

平成三十年二月十七日、日住検主催の第二回「被害者の会」が開かれた。河合弁護士もこっそり参加し、一般参加者に混じって様子を見守った。

冨谷が、マイクを持って質問した。

「わたしは、優秀な弁護士先生と知り合いになったので、共闘することはできませんか。敵対関係にあるわけではないので、一緒に闘えると心強い」

冨谷は、あえて河合の名前を出さずに訊いてみた。

すると、不動産業者の顧問弁護士を務める大川友一が答えた。

「共闘には、意味がないと思います」

大川弁護士は冨谷の意見をあっさり退けると、大声で何度も言った。

「集団訴訟をしましょう！」

が、具体的な展望はまったく示すことができなかった。

大川弁護士は、何かというとすぐに「訴訟だ、訴訟だ」と言う弁護士だった。「訴訟」は凡百の弁護士が使う言葉であり、河合はこの弁護士の能力をそこで見切った。

その後、大川弁護士は顧客を集めそこなって脱落することになる。

閉会後、冨谷はサクトインベストメントと契約を結んだ渡部という男性と話をした。

「わたしの場合、平成二十九年一月から入金が停止しています。すでに自己破産している被害者も多い中、わたしは金利交渉が済んでいます。金利を下げてもらって『もうこれでいい』と動かなくなっている人も多いですよ」

が、よくよく話を聞いてみると、この渡部という人物は「スマートデイズ被害者救済支援室」の千葉拓也とつながっていた。

さらに「コンサル料の二〇〇万を払えば安心」という話をし始めた。

冨谷は、千葉は被害者をさらに食い物にする詐欺商売をしていると踏んでいた。

〈この渡部という人物は、もしかしたら千葉からキックバックをもらって、みんなの不安を煽るような発言をしているのかも知れない〉

被害者の中に、返済に困って千葉の片棒を担ぐ人間が現れても不思議ではなかった。もしかしたら、渡部は被害者ですらないかも知れない。

冨谷は、いっそう用心深くなっていた。

〈こういう黒い疑惑のある人との付き合いは、やめよう〉

のちに判明することだが、千葉拓也を中心とした「被害者救済支援室」に、二〇〇万円のコンサルタント料を払った被害者は大勢いた。

被害者救済支援室にすがった結果、二次被害に遭ってしまった人たちの救済には、東京共同法律事務所の五十嵐潤（いがらしじゅん）弁護士が当たることになる。

むろん、千葉拓也という名前は偽名であった。自称・千葉はこれまでにも思いつく限りの詐欺を働いていたようで、のちに仮想通貨の詐欺で逮捕されることになる。

生活に蔓延する不安

平成三十年二月下旬のある深夜、冨谷皐介は、まんじりともせずベッドに横たわっていた。河合弘之という弁護士に巡り会ったものの、まだ具体的に動き出す前である。相変わらず食欲はなく、夜もろくに眠れなかった。薄暗い部屋のベッドの上で瞑っていた目を開くと、そのたびに隣で寝ている妻の恵美と目が合った。冨谷と妻は、形式的に離婚することも考えていたが、実行に移してはいなかった。

「どうした？」

そう聞いても、恵美は「なんでもない」と言ってそのまま目を閉じる。

が、数十分後に冨谷が眠れずにふたたび目を開けると、妻とまた目が合うのだ。

じつは恵美は、冨谷が死んでしまうのではないかと心配して、夜中に見守っていたのだ。

また別の日、恵美が寝室でぽつりと言った。

「わたしたち、どうなるのかな。本当に大丈夫かな……」

冨谷は励ますつもりで、力強く言った。

「大丈夫だ。おまえたちのことはおれが絶対に守る。万が一にもダメだったときには、おれが死んで保険で何とかする。だから心配するな」

すると、恵美が泣き出した。冨谷がこれまで見たこともない、号泣だった。

冨谷は、繰り返し言う以外なかった。

「すまない、おれの覚悟を言ったまでだ。おれたちは負けないよ」

それから三日後、冨谷にもすすめられ、恵美は久しぶりの会社の同期会に出かけて行った。

〈少しでも気晴らしになればいい〉

しかし数時間後に出席者の一人から電話が入った。

「恵美が、突然意味もわからず大泣きしている。いまから帰るけど、トミちゃん頼むね。何かあったの？」

「いや、わからない。とりあえず駅まで迎えに行くよ」

冨谷が自宅を飛び出し、急いで最寄駅の改札に向かった。改札で待っていると、泣きながら改札を出てくる女性の姿が見えた。恵美だった。電車の中でも泣き続けていたらしい。

冨谷は彼女に駆け寄った。

「どうした？」

そんな言葉しか出てこなかった。

恵美はかぶりを振った。

ひとまず二人は、家へ帰るべく歩き出した。駅には人もまだ多く、好奇の目に晒されたくはなかった。人気のない夜道を歩いていくうちに、恵美はいくぶん落ち着きを取り戻したようだった。

「ごめん……」

「いいんだ。それより、どうした？」

「わからない、涙が止まらないの……」

「……」

「ごめんなさい……」

冨谷には、彼女が嘘をついているようには思えなかった。そもそも、嘘をついて事態を悪化させてもいいことはない。互いにこの事件に関係する夫婦のことで、嘘をついたり隠し事はしないと約束を交わしたばかりだった。

「おれのほうこそ……ごめん」

冨谷には、妻が泣いている理由がよくわかった。不安が一気に溢れ出したのだ。先行きの見えない闘い、生活への影響、考えてみれば不安を感じる要素ばかりがいまの生活に蔓延していた。

そこへ、同期会というイベントがきた。当然楽しいことであり、気も緩むだろう。そして、ふと思ったに違いない。友人たちはこんなに楽しく過ごしているのに、自分はどうだろうかと。

あとは時間の問題であった。一度感情の堤防が決壊してしまえば、止めることはできなくなる。不安が涙という形で、表面化したのだ。

同期会への参加をすすめたのは冨谷である。少しでも気分転換にでもなればと思っての行動だったが、それが妻をかえって追い込んでしまった。

「ごめん……」

冨谷は頭を下げるしかなかった。そして、妻へ緊張を与えてしまっている自分、そしてその元凶であるスルガ銀行、スマートデイズへの怒りをよりいっそう高めた。

弁護団、結成

外科医の尾山文雄は転職するまでの間、日住検が指導する被害者グループの活動に積極的に参加することにした。次の勤務先の病院を探してもらうよう先輩に頼んでいた。それが決まるまで働くことになった米軍基地の病院は勤務時間もアメリカ式で、午前九時から午後五時で仕事がキッチリ終わる。有給もすべて消化する義務があり、残業するとむしろ怒られる。だから転職するまでの間は、比較的自由に時間が取れた。

平成三十年二月二十七日、日住検の中谷昭三理事長と、大川友一顧問弁護士、被害者代表は、支払い停止の要望書を提出するためスルガ銀行横浜東口支店に向かった。

スルガ銀行では風間(かざま)支店長らが現れた。被害者の一人である尾山は、書記役を務めた。

大川弁護士の交渉内容はＡＤＲ（裁判外紛争解決手続き）や任意売却の話だけで、銀行と闘う気などまったくもっていないことがわかった。灘高校から東京大学法学部に入ったスーパーエリートらしいが、尾山は大川に頼む気にはなれなかった。

〈この弁護士では、銀行には絶対に勝てないな〉

三月二日金曜日、被害者のための「ＳＳ被害弁護団結成説明会」が日比谷図書館地下ホールで開かれた。出席者は弁護団の河合弘之団長、山口広弁護士、紀藤正樹弁護士、谷合周三弁護士らである。被害者は約百人が出席した。

河合は、冨谷皐介と吉山秀樹らと会った経緯について触れ、力説した。

「年収六〇〇万とか八〇〇万の人たちが、一億五〇〇〇万の借金を背負うというのは経済的な死に等しい。スルガ銀行や不動産屋たちは、日本の経済社会のコアになっている真面目なサラリーマンを食い物にした。わたしはそれが許せない！」

被害者に寄り添った河合の熱いトークを聞いて、感激のあまり涙を流した被害者が大勢いた。

外科医の尾山文雄は、初めて河合弘之弁護士に会って思った。

〈大川弁護士とは全然違う。カリスマ性がある。この先生なら、銀行に勝てるかも知れない〉

尾山は、この会に出席する前、高校の同級生で弁護士になった友人に聞いてみた。

「河合弘之という弁護士のこと知ってる？」

すると友人から「それはビッグネームだ。すごいね」と返事があった。やはり弁護士の世界では、かなり名の知られた人物らしい。

被害者のリーダーである冨谷もまた、カリスマ性があった。尾山は思った。

〈みんなをまとめる役目は、おそらく冨谷さん以外には無理だったろう〉

河合や、河合と共同弁護団長を務める山口広も「こういう事件が起きると被害者グループができるが、分裂しやすい」と言っていた。同じ被害者同士であっても一致団結して闘うことは、それほど大変なことらしい。

高校教師の江上修治は、この数日前に開催されたトム会に出席した。

江上は、このとき三年生の担任をしていた。日常では卒業生を抱えて忙しく、プライベートな問題は一切表に出せないため、つらい思いを一人抱えていた。

が、リーダーの冨谷皐介は、自分よりもはるかにプライベートな時間や睡眠時間を削って駆け回っている。江上はその姿を見て心強く思い、冨谷のことを心から信用した。

ここで、元銀行員だという参加者の一人が、被害者仲間に呼びかけた。

「みなさん、スルガ銀行への支払いを止めましょう。われわれが支払わないと、銀行は戻ってこないぶん貸倒引当金を積まなければなりません。するとその金額は融資に回せなくなるから、銀行としてはとても痛手なんです。これをぜひ実行したほうがいい」

元銀行員の説明だけに、説得力があった。江上は感心した。

〈なるほど。支払いを止めるとは、そういうことにつながるのか〉

テーブルは、会議室の前方に向けて開いたコの字形になっていた。参加者が各自好きな椅子に座って弁護士を待ち受ける。

すると、弁護士の河合弘之が冨谷とともに入ってきた。拍手が起きた。

江上は、河合弘之弁護士を見て、思った。

〈意外と小柄な方だな〉

〝すごい弁護士〟との噂を聞いて、勝手に大柄な男性を想像していた。

冨谷が、参加者に河合を紹介した。

「河合先生との打ち合わせで、われわれの進む道はシェアハウス物件を手放すことで負債を相殺する代物弁済だと考えています。詳しい話は、河合先生から直接お願いしたいと思います」

冨谷は特に河合の経歴などには触れなかった。有名な弁護士であったし、ネットで調べればすぐにわかることだ。

河合は、部屋の中央に用意された椅子に腰掛けて、まず質問を投げかけた。

「シェアハウス物件購入の契約時に、自分が希望していないのに、融資の条件として定期預金などを組まされた人、手を挙げてください」

参加者のほとんどが手を挙げた。江上も手を挙げた。二〇〇万円を定期預金にし、それとは別に毎月一〇万円ずつ定期積み立てすることを融資の条件とされていた。

挙手の数の多さを見て、河合は笑った。

「これはダメです。歩積両建（ぶづみりょうだて）といって、銀行法でも禁止されている。スルガ銀行は、この点でも完全に悪い」

歩積両建とは、簡単にいうと銀行が「融資をするので定期預金にしてもらえませんか」ともちかけることである。銀行の優越的地位の濫用として金融庁が禁じている手法である。

河合は、スルガ銀行の違法行為がどの程度なのか把握するために、質問を続けた。

河合が質問するたびに、多くの人が手を挙げる。

河合は頷きながら言った。

「スルガ銀行が悪いとよくわかりましたので、まずは返済を止めましょう。スルガ銀行宛の『支払停止通知書』に名前を書いて印鑑を押して提出してください。すると、三月一日で支払いを止めるという宣言になります」

これを受けて、冨谷が言った。

「これは、バラバラに提出するのではなく、被害者全員分をまとめて提出しましょう」

仲間の一人が続けて言った。

「はい。わたしがまとめて横浜東口支店に提出してきます。みなさん、書き終わったら、わたしのところに持ってきてください」

出席者の約七割に当たる七十六人が賛同し、その場でサインと捺印をした。

が、人によってそれぞれ状況が異なる。江上はちょうどスルガ銀行と金利交渉をしている最中だったので、迷いに迷った。河合弁護士にそう言われたから、はい止めましょうとあっさり信じてしまっていいのかもわからない。

が、河合が経験豊富なベテラン弁護士だということは話の端々から伝わってきたし、どこか信用できる雰囲気がある。それでも多大な資金とエネルギー、そして希望を注ぎ込んできたシェアハウスを手放す決断まではつかなかった。

〈希望どおり金利が下がったら、今後もシェアハウスを運営できるかも知れない……〉

結局、江上はその日サインをしなかった。

金利を下げても解決にはならない

熊井誠は、夫婦でまんまとだまされてしまった。熊井が言い出したことだったので、妻の美枝には一度だけ責められたことがあった。が、すぐに気を取り直した。

「二人で何とかしなければ」

まずは、あらためてフューチャーイノベーションの新倉と、伊勢崎というもうひとりのスタッフに連絡を取った。

伊勢崎は言った。

「スルガ銀行の金利が二%になるから、家賃を下げて募集すればむしろキャッシュフローは良くなるでしょう」

金利低減後の運用シミュレーションと候補となる管理会社をいくつか提示してきた。

熊井は、仕事の合間を縫って管理会社に電話をし、アポを取り付けた。

スマートデイズの説明会でつながった他の被害者とも管理会社について情報交換を行い、十社ほどに相談をもちかけた。

スルガ銀行にも連絡を取った。

伊勢崎が示した金利二%などはまったく知らぬ存ぜぬであった。

「まずは状況を知りたいから面談に来てください。直近三カ月の給与明細と、金融資産や保有不動産などの個人資産がわかるものをありったけ持ってくるように」

なんと、すでに回収に入っていたのだ。

スルガ銀行との面談情報もＬＩＮＥグループで次々と共有された。

被害者の一人が伝えてくれた。

スマートデイズとスルガ銀行は関係ありません、などと念書を書かされたという。スルガ銀行はまだ姑息なことをしていたのだ。

彼が機転を利かせて、弁護士に相談するから持ち帰らせてくれ、とその文書を持ち出したところ、それ以降の面談ではそのような書類は提示されなくなった。

被害者たちは、二月からスルガ銀行と金利交渉や面談をおこなうが、ほとんどは三月末まで返事も二回目の面談の連絡もなく放置される。

熊井は、新たな管理会社に管理を委託しつつ、自分でも営業をかけて入居者を探した。

最初の三、四カ月の入居者は、たった一人だった。

〈そもそも田園調布を選んだことが間違いだったのだ〉

田園調布といえば、東京の高級住宅街の代名詞である。大邸宅が建ち並び、有名人も数多く住む安心で静かな街である。ところが、地方に住む二十代の女の子たちは田園調布を知らない。知っているのは新宿、渋谷、下北沢と、そこから隣り合う駅名くらいである。それでも家賃を下げると入居希望者が来るようになり、やがて満室になった。が、それはもっと後の話である。

一方、北池袋の物件は、平成三十年三月からサブリース料が入金される予定であった。スマートデイズは破綻してしまったが、ラッキーは破綻していない。とはいえ、北池袋の物件は完成もしていない。

内見でラッキーに不信感をもっている熊井は、宣言どおりときどき仕事の後に北池袋の物件を見に行った。北池袋の物件は、線路沿いの住宅街の中にあり、狭い私道を通っていかなければならなかった。

ときどき見に行くと、毎回若干様子が変わっており、一応工事は進んでいるように見えるが、その進みは非常に遅く感じた。

あるとき、仕事の後に物件を見た帰りに物件の向かいの家の男性と出くわした。

熊井は挨拶し、自分がこの物件のオーナーであること、ラッキーによる物件の建築が思わしくなく、説明も的を射ないため、直接物件を見に来たことを伝えた。

すると、その男性は、苦情を訴えてきた。

「オーナーはラッキーだと聞いています。ところが、建設作業のために私道が荒らされて困る。なにしろ、現場の作業員の態度が悪い。廃棄物が適切に処理されていない。建築に際してまわりのみんなとのトラブルが発生しているんです」

寝耳に水だった熊井だが、オーナーである以上、まずは謝罪をするしかなかった。

その男性は、熊井を自分と同じラッキーの被害者であると認識をしたようで、これまでのラッキーとのやり取り、実際に作業している下請け会社や担当者の連絡先を教えてくれた。ラッキーに電話やメールをしているだけでは得られない情報を得ることができた。

熊井は自分の連絡先もその男性に伝え、肩を落としながら帰路についた。

熊井が自宅に着く頃、その男性から電話があった。熊井が二月の寒空で自殺でもしてしまうのではないかと心配したらしい。

その後も熊井は週に一度程度物件を見に行った。頻繁にラッキーと下請け会社のM産業に直接問い合わせをするも、工事の進捗は遅く、完成する見込みもないままサブリース料が振り込まれるはずの三月末を迎えた。

が、サブリース料が振り込まれることはなかった。熊井は、結局、二棟のシェアハウスを購入して一回もサブリースを受け取ることができなかった。

その後も、ラッキーとM産業との交渉を続け、この間のラッキーとのやり取りの中で、スルガ銀行はシェアハウスの間取りや家賃にまで口を出してきていることを知った。

最終的に物件が完成し、引き渡しを受けたのは七月、管理会社に運営を委託できたのは十一月の事だった。熊井は一棟も二棟も変わらないなどと安易に二棟目を決めたことをあらためて悔やんだ。

考えてみれば、熊井一人の収入では一棟買いも難しいと言われていたのに、看護師である妻の美枝が連帯保証人になれば二棟買えるというのもおかしな話だった。

一方美枝は、下の子の面倒を見ながら、金融庁に電話をかけて問い合わせをしたり、弁護士を探したりしてくれた。

熊井は、美枝が探してくれた水田弁護士に相談してみることにした。

水田弁護士は元メガバンクの行員で、銀行事件に強いという触れ込みであった。

熊井は、委託した管理会社の社員とシミュレーションし、金利を三・五％から〇・五％に引き下げられれば何とかなると結論を出した。

水田弁護士も「これならいけるかも知れないから、交渉に行きましょう」と、三月初旬に一緒にスルガ銀行へ赴いた。

スルガ銀行の行員は、弁護士がいる手前か一応「検討します」とは言ったものの、そのまま返答はなかった。

素直にスルガ銀行が金利引き下げに応じるとも思えないし、たとえ希望どおり〇・五％まで引き下げられたとしても、熊井には回していける自信など皆無で、途中で息切れすると思っていた。

水田弁護士の方針に従えば、金利交渉を続けるか自己破産かのどちらかしか選択肢はない。が、水田は元銀行員なので、「回収できなくなるよりは、スルガ銀行もそれで最終的に呑む可能性はあるでしょう。長い目で見て、コツコツ返済していきましょう」と言われた。依頼者である熊井よりも、銀行サイドの視点で話しているようにも見えた。

冨谷皐介も、水田弁護士に話を聞いてみようかな、と思ったことがあった。冨谷も弁護士を探している時期であり、元銀行員の弁護士という肩書きに魅力を感じた。

が、熊井から話を聞く限り、自分が望むような動きをしてくれるとは思えなかった。そのさなかに、河合弘之と出会ったのである。

スルガ銀行からの返事を待っている間に河合弘之弁護団が立ち上がり、「金利交渉ではなく代物弁済」という話になった。熊井は、そんなすごい解決方法があるとは考えたこともなかった。

冨谷は、熊井にアドバイスした。

「熊ちゃん、水田弁護士のほうは、やめたほうがいい」

特に熊井の場合は、妻が連帯保証人になっている。たとえ熊井が自殺しても逃げることはできないのだ。河合は、被害者に寄り添ってスルガ銀行と闘う姿勢を明確にしている。説明会のときにマイクを握って話す河合はエネルギッシュで、パワーを感じた。

〈どうせダメなら、河合先生のほうがいい。もう、この人に乗っかるしかない〉

熊井は、河合弘之に賭けてみることにし、水田弁護士のことは解任した。

この選択は、正しかった。そもそも四五〇〇万円程度の物件を、一億三〇〇〇万から一億五〇〇〇万円もの高値で売りつけられているのである。だから、どんなにうまくシェアハウスを運用したとしても、金利を望みどおり下げてもらっても、元利を払い切ることなど絶対にできない。熊井の場合は、二棟購入したので三億五〇〇〇万円である。河合は、そうしたことをすべて見越した上で、最初から「借金ゼロしかない」と判断したのである。

間に入った不動産屋は違っていたが、いずれにしても闘う相手はスルガ銀行で変わりはない。だから二棟とも河合に任せていればよかった。

熊井は、冨谷ら同じ被害者グループと、河合弘之弁護士と出会ってからは、先々の不安はあまり感じなくなった。

スルガ銀行本店へ乗り込む

河合弘之が弁護士としてあらためて考えたのは、闘い方であった。

〈訴訟をするか、白兵戦でいくか。白兵戦だ〉

白兵戦とは、刀などの近接戦闘用の武器を用いた戦闘をいう。関係各所から不正融資にかかわる有力情報を集めた上で、スルガ銀行と直接交渉をし、メディア・政治への訴求、株主総会で意見をぶつけるなど、トム会のメンバーと力を合わせて体当たりする。

三月八日、河合はさっそく被害者とともに永田町の衆議院議員会館へ行き、日本共産党の宮本徹（みやもととおる）衆議院議員に陳情した。これが、河合弘之らによる白兵戦の第一歩となった。

宮本は、昭和四十七年（一九七二年）一月二十二日兵庫県三木市に生まれる。東京大学教育学部在学中に学生自治会中央委員会議長を務める。卒業後、日本共産党中央委員を歴任し、平成二十六年（二〇一四年）の総選挙で比例東京ブロック単独で出馬し、初当選。平成二十九年の総選挙で二度目の当選を果たしていた。

このとき、日住検の顧問を務める大川弁護士も同行した。

大川は、河合のことを非常に意識していた。河合は弁護士の大先輩であっても、最初に「かぼちゃの馬車」事件に関わったのは自分である。大川の頭の中では、そうした競争意識が働いていたのだろう。

大川は、せっかく河合が「銀行と闘う」と言っているのに、河合のほうを見ながら「銀行と闘っても勝てるわけがない」と言った。

被害者の一人として参加した外科医の尾山文雄は思った。

〈大川さんは、何がしたいのか。いったいどちらの味方なんだ。誰と闘ってるんだ？〉

銀行が加担していることが明らかになれば、勝つことも不可能ではない。少なくともグループで二百人、三百人で固まっている限りは、スルガ銀行も下手な真似はできない。

もちろん、大川の言い分もわかる。銀行と闘うことは無謀であるし、大川の意見に賛成する被害者もいた。弁護士に「勝てるわけがない」と言われれば、被害者も「勝てるはずがない」と思ってしまう。それは弁護士の発言だから真剣に受け止めるのである。

が、それでも被害者たちは「スルガ銀行と闘う以外に道はない」とも思っていた。

この頃、スルガ銀行は強気であり、米山明広（よねやまあきひろ）社長がテレビカメラの前で「不正融資はなかった」と発言していた。

が、被害者たちは、契約時のやり取りを思い返して、スルガ銀行がグルだったと確信していた。

冨谷は、大川弁護士について尾山と話をした。

「ああいう余計なこと言われると、こっちは非常に困るんだよな」

尾山は、冨谷の意見に賛成だった。

「おれも闘うことに賛成です」

冨谷は、尾山が大学時代にプロボクサーを目指していたことを知り、納得した。

「尾山さんは、格闘家だったよね」

冨谷は、置かれた現状にただ嘆くばかりの被害者たちと、尾山を見比べて思った。

〈闘う気持ちがあるかどうかが、行動を分けるのだな〉

スルガ銀行への支払いを止める話が出たときも、被害者たちの多くが「信用情報が傷つくのは嫌だ。止めるのは怖い」と言って、止めずにいた。

もちろん冨谷も怖いし不安だった。が、恐れてばかりいないで腹をくくらなければ、行動に移せない。

冨谷は、被害者仲間たちを何とか説得しようと試みた。

「わたしたちは、一度経済的に死んだんです。みなさんは、何をそんなに恐れているんですか？」

が、思い切って三月で支払いを止めることができず、五月、六月になってようやく支払いを止める人も少なくなかった。

外科医の尾山は、スマートデイズが突然支払いを止めると宣言した一月に支払いを止めた。払えないのは明らかだった。計算が速くフットワークの良い尾山は、誰よりも先に支払いをストップした。周囲の動きや顔色を見てから動くのではなく、自分で思い立ったらすぐ行動に移す性格がここにも表れていた。

こうした問題で国民が困っているとき、話を聞いてくれるのは共産党の宮本徹のように野党議員が多かった。また、被害者の中に創価学会員がいて、そのつてで公明党の岡本三成（おかもとみつなり）と面談したこともある。

三月十三日、冨谷皐介が代表を務める「トム会」は、「スルガ銀行・スマートデイズ被害者同盟」に名称変更した。略してSS被害者同盟である。

その二日後の十五日、河合弁護団とSS被害者同盟は、静岡県沼津市通横町（とおりよこちょう）にそびえるスルガ銀行本店へ乗り込んだ。

弁護団の事前連絡で多くの報道関係者が集まる中、驚きの声があがった。

それは異例と言える交渉であった。なぜなら、三十人の弁護団とは別に冨谷、奥山をはじめとしたSS被害者同盟のメンバー三十人ほどが同行していたからだ。

奥山が冨谷に声をかけた。

「おれ、緊張して来たよ、冨谷さん」

「わたしはワクワクしてきたよ、奥山さん。河合先生もいてくれるし、みんなもいる。落ち着いて行こう」

本当は冨谷も緊張していたが、あえて「ワクワク」という言葉を使って自分自身を奮い立たせると同時に、奥山の緊張を和らげようとしていた。

その一方で、本当に「ワクワク」しながら、みんなと歩を進めていたのも事実だった。短期間でここまでの体制をつくったことへの誇りと自負もあった。

今回の発案は河合弁護士によるものだった。被害者オーナーたちの窮状を訴えること、また、敵を知ることは大事ということで、本来は弁護団のみが行くこの場へ彼らの同行を求めたのだ。

冒頭から緊迫した。

あらかじめ岡野光喜（おかのみつよし）会長、米山明広社長の出席を要求したのに、スルガ銀行側は金森浩児（かなもりこうじ）弁護士ら、弁護士三人のみ。

抗議すると、金森弁護士が強硬に言い放った。

「弁護士が代理人として出席しているのだから、会長、社長は必要ない」

河合らは迫った。

「契約を白紙にしてほしい」

ところが、聞き入れるどころか、金森弁護士は、さらに強硬な姿勢を示してきた。

「その必要はない。そもそも本件は投資判断の失敗であり、自己責任もある」

被害者はいきり立ち、河合ら弁護士は「預金通帳原本不確認」を追及した。

金森弁護士らは、それだけはしぶしぶと「一部そういうことはあった」と認めた。

その際、半月後にスルガ銀行弁護団と交渉に応じる約束だけは取り付けた。

なお、このスルガ銀行本店で初めて交渉したとき、冨谷は、河合に打ち明けた。

「ツイッターで、『かぼちゃの馬車』の被害者男性が自殺したと出ました。ただ、新聞記事にもなっていないので、本当か嘘かまだわかりません」

それから一週間ほどして、冨谷は、五十嵐潤弁護士から自殺者を一名出してしまったと話を聞いた。

自殺した男性の妻から、五十嵐弁護士あてに「うちの主人が自殺しました」と電話が入ったという。やはり、ツイッター情報は本当だったのである。

新聞記事には、「シェアハウス『かぼちゃの馬車』の運営会社が経営破綻　物件所有者が自殺」のタイトルで次のように書かれていた。

「シェアハウス『かぼちゃの馬車』を運営する不動産会社・スマートデイズが経営破綻した問題で、物件所有者側の弁護団が三月十七日、所有者の中から死者が出たと明らかにした。死因については『多額の借金に悩んだことによる自殺だ』と説明している。共同通信が報じた。

物件購入資金の大半を融資したスルガ銀行の関係者は『亡くなった所有者がいることは聞いている』と回答。自殺かどうかは『保険による返済の手続きで把握したにすぎず、理由までは分からない』と指摘した」

自殺した男性には、妻と高校生の息子、中学生の娘がいた。自分が死ねば、生命保険が出てローンが帳消しになる。遺族には借金は残らずシェアハウスだけが残る。そうすれば家賃収入で家族は食べていけるだろう。そうした考えで自ら命を絶ったのである。

ニュースを聞いた河合弘之は、ただただ残念だった。

〈死ななくていいのに、おれが何とかしてやったのに、なぜ早まったことをしてくれたのか……〉

一億五〇〇〇万円とはいえ、あくまで金銭の話である。小さなシェアハウス一個と、人の命は重みがまったく違う。

河合には「あなたの命はそんなに安いのか。わたしのところに来れば良かったのに」という無念さばかりが募った。

被害者集会のとき、「被害者の中から、とうとう自殺者が出てしまった」と出席者に伝えた。

すると、普段は明るくがんばり屋の吉川史夫（仮名）が、人目も憚らずウォーッと叫ぶように号泣し始めた。

可哀想だという同情心と、同じ被害者なのに力不足で死人を出してしまったという思いが、あふれ出てしまったらしい。

吉川は、大手化粧品メーカーの新製品開発研究員で、ＳＳ被害者同盟の副会長でもある。

河合は、日頃明るく知的な吉川が、そのように泣き崩れる姿を見て意外に思った。

〈かれは、こんなに気の優しい男だったのか〉

自殺者まで出してしまった罪は重い。河合は、この一件を公にすることで世論を変えられると思った。

が、これには弁護団の他の弁護士が反対した。

「そういう風に人の死を利用するのは間違いだ」という意見と、遺族側から「絶対に秘密にしてください」という強い希望があったからだ。

が、河合は不満だった。

「そんなこと言っている場合じゃない、こっちだって生きるか死ぬかの勝負をしているんだ。世論は、おれたちに冷たい。しかし自殺者が出たとなれば、世論もガラッと変わる」

五十嵐弁護士が、自殺した男性の妻との面会の調整をつけるよう動いてくれていた。

ＳＳ被害者同盟の代表である富谷は、副代表の吉川史夫と、医師の吉川栄子（仮名）に言った。

「五十嵐先生がもし面会の調整をしてくれたら、わたしはどこへでも行くつもりだ。週末に行くから、吉川くんと栄子さんも一緒について来てほしい」

吉川は、その電話口でも泣いた。同じ被害者同士ということもあるが、じつに気持ちの優しい男なのである。

冨谷は、一度は真剣に自殺を考えた経験がある。だから亡くなった男性の気持ちが痛いほど理解できた。だからこそ、遺族に会ってぜひ話をしたいと思った。

が、残念ながら自殺してしまった男性の妻との面会は果たせなかった。五十嵐弁護士によると「未亡人が会いたがらない」ということだった。

冨谷は、もし自殺した男性の妻と直接会えたら、次の自殺者を出さないためにも、テレビ出演でこの悔しさを訴えて世論を味方にしてほしいと依頼するつもりだった。が、結局この話はなくなってしまった。やむを得ないことだった。

第四章　決死の白兵戦

ゲリラ戦・スマートデイズを訴訟で攻めろ

三月二十日、河合弁護士らが面会し、状況を訴えていた日本共産党の宮本徹は、衆議院財務金融委員会で次のように発言した。

「シェアハウス投資事件では、オーナーの大半は普通のサラリーマン。そして、このオーナーの一〇〇%近い人がスルガ銀行から融資を受けて、一棟当たり大体一・五億円ぐらいでシェアハウスを購入しております。賃料が一円も入らなくても、毎月七〇万円ぐらい返済はせねばならないと。先日、被害者のみなさんのお話を聞きましたけれども、もう心中するか自己破産だ、こういう話もうかがってまいりました」

河合や被害者たちの訴えが、ついに国会で取り上げられたのだ。

SS被害者同盟は、この後、自民党の後藤田正純（ごとうだまさずみ）、石崎徹（いしざきとおる）などにも働きかけた。

宮本議員に続き、野田佳彦（のだよしひこ）元総理、立憲民主党の枝野幸男（えだのゆきお）、国民民主党の大西健介（おおにしけんすけ）、緑川貴士（みどりかわたかし）、川合孝典（かわいたかのり）、社民党の福島瑞穂などが続々と質問してくれた。

政治家が直接何かしてくれる訳ではなかった。が、国会で話題にのぼった影響は少なからずあった。

国会中継を見た人がスルガ銀行の問い合わせ窓口などに電話して「国会でスルガ銀行さんについて質問されているけど、どうなっている?」と問いただす材料にしたのである。

それから間もなく、冨谷のもとに、わたなべ法律会計事務所の加藤博太郎（かとうひろたろう）という弁護士から連絡があった。

「冨谷さんのつくったLINEグループにいる十人前後で、不動産会社に集団訴訟を起こす予定です」

LINEグループをつくったことで、冨谷は被害者の代表的な立場になっていた。加藤弁護士も、そのことに配慮して連絡してきたのだろう。

訴訟を起こそうとしている被害者の一人からも連絡があった。

「トムさんにも入ってほしい」

このまま放置するわけにもいかない。冨谷は河合弁護士に打ち明け、ひとまず自分が加藤弁護士と会うことにした。

冨谷は、都内のホテルで、加藤弁護士と会った。

つづいて河合も加藤に会った。

スマートデイズなど不動産業者らを訴えるという加藤の考えに対し、河合は意見を述べた。

「ぼくは、スルガ銀行と闘って借金をゼロにしなきゃダメだと思っている。不動産会社をいくら攻撃しても、被害者の救済にならない。たとえ勝訴して、たとえば一人当たり一〇〇〇万円を取り返しても一億円以上の借金が残る限り被害者は救われない。不動産会社は、追っかけるだけ無駄だ。むしろ、そいつらを脅かしたりなだめすかしたりしながら情報を取ったほうがいい」

不動産業者は敵とせずに、あくまで情報源とする。河合はこの点を、闘いを挑む上で非常に大切なことだと考えていた。

訴訟をした場合、多くの場合は五年、十年かかってしまう。その間に、被害者はみんなバラバラになって崩壊してしまう。資金的にも、団結的にも、無理であった。

〈やはり、白兵戦しか選択肢はない〉

が、弁護士経験の浅い加藤は、とにかく目立ちたい、テレビに出たい、新聞に出たい、そのためには裁判を起こさなければならない、と考えているようだった。

ベテランの河合には、それが手に取るようにわかる。経験不足ゆえに一人では不安である。河合の領域を侵してはならないが、協力も仰ぎたい、というのが加藤の本音なのだろう。

河合は提案した。

「それなら、棲み分けをしよう。加藤さん、あなたは絶対にスルガ銀行に手を出さないでくれ。本丸のスルガ銀行に訴訟を起こして簡単に負けられたら、こっちが困る。あんたがどうしても不動産会社を追及したいなら、それはそれでいいかも知れない。そこからまた情報が出てくるかも知れないからね」

河合は、加藤に会った後、冨谷に電話を入れた。

「加藤先生には、スルガ銀行以外の販売会社、建築会社、スマートデイズを攻めてもらおう。冨谷さんも加藤先生の訴訟に加わってもいいけど、ちゃんと情報を全部こっちに流してくれよ」

「わかりました」

冨谷は、こうして河合に仁義を通したうえで、加藤弁護士にも委任することにした。

三月二十七日、「かぼちゃの馬車」のオーナー十三人が、スマートデイズ関連会社などを相手取り、目茶苦茶なシェアハウスビジネスに引っ張り込んだ不法行為に対して計二億円の損害賠償を求める訴えを東京地裁に起こした。

原告側代理人は、加藤博太郎弁護士。「かぼちゃの馬車」をめぐる提訴は全国で初めてだと報じられた。

原告側は主張した。

「複数の会社がそれぞれの立場でこのスキームに関与しており、共同不法行為が成立することは明らか」

スマートデイズとその役員に加え、販売会社や建築請負会社、不動産コンサルティング会社などを相手取り、実際の物件価値と購入代金の差額として一人あたり一〇〇〇万から二〇〇〇万円の損害賠償を求めたのだ。

一方スルガ銀行は、原告十三人に対して、「金利一%」と返答してきた。

加藤博太郎弁護士は、さっそく原告の一人である冨谷に連絡してきた。

「冨谷さん、スルガ銀行が一%と言ってきましたよ」

「すごい。加藤先生、さすがですね。先生のおかげで一%になった」

「でも、冨谷さん受けないでしょ」

「ええ、わかってますね。受けるわけないじゃないですか」

冨谷の場合、たとえ金利が一%になったとしても、回らないとわかっていた。徹底抗戦姿勢でいく。それが河合弘之に依頼した最大の動機だった。加藤弁護士は、ゲリラ戦的に相手をかき回す役割だった。


この頃になると、スマートデイズのシェアハウス詐欺の記事がちらほら出るようになった。するとツイッターやヤフーニュースなどのコメント欄で、記事を読んだ一般人から「おまえら自分でハンコ押したんだろ」という自己責任論による被害者叩きが激しくなった。

高齢者が新聞報道を気にするように、現役世代はネット上の意見に注目する。冨谷もツイッター情報は常にチェックしていた。

河合弁護士もまた、知人などにシェアハウス詐欺について「ひどい事件なんだ」と言うと、必ずといっても良いほど「自己責任もあるんじゃないの」との反応があった。自己責任論はすべての世代、あらゆる立場にいる人にはびこった認識だった。

東日本大震災以降、反原発訴訟をリードしてきた河合は、反原発運動家にも言われた。

「なんで河合さんが、欲をかいて引っかかった連中を助けるんだ。それより、原発のほうをちゃんとやってくださいよ」

冨谷らシェアハウス「かぼちゃの馬車」のオーナーたちは、河合弁護士が味方についてくれたことで防御から一転、攻撃態勢に入った。スピード感を重視する河合についていくには、中途半端な気持ちでは無理だった。

冨谷は覚悟を決めた。

〈銀行相手に普通のやり方ではダメだ。決死の覚悟でやらなければ〉

冨谷は、勤務先の上司と総務部長に「家庭の事情」と濁して退職することを伝えた。

自分の親には仕事を辞めるとだけ言った。

当然、弁護士の河合にも伝えた。

「中途半端な対応だとスルガ銀行には勝てない。わたしは、会社を辞めて全力で闘います。肉を切らせて骨を断つ覚悟です」

が、意外にも河合は止めた。

「やめときなさい。給料が入らなくなったら生活が苦しくなって、闘いに支障が出る。会社を辞めたら、そこですでに半分負けたことになる」

決死の覚悟をそのように言われ、冨谷は少なからず衝撃を受けた。

河合は、ざっくばらんな口調で言った。

「ぜんぜんわかってないな、冨谷さん。生活、人生ってのは、そんな甘いもんじゃないよ。何も失わず、捨てることなく、闘いなさい。辞めないで勝ったほうが、格好いいじゃないか。おれは無傷で助け出す自信がある!」

SS被害者同盟の仲間たちも冨谷の覚悟に驚き、そしてこう言った。

「トムさん、わたしたちもトムさんが背負っている荷物をみんなで背負う。会社を辞めちゃダメだよ」

冨谷は、仕事と白兵戦の両立で相当疲弊していた。が、河合と同盟の仲間の言うとおりに従うことにした。

河合は、そんな冨谷を励ました。

「とにかく、人数を集めなさい。数は力なり。いまが百人なら、五百人を目標に集めなさい」

が、それは簡単な作業ではなかった。最初にＬＩＮＥ仲間になってくれたメンバーとは理解し合えたが、人数が増えれば冨谷とは異なる意見をもつ者も多数現れる。

そんな中、重本浩（しげもとひろし）（仮名）という被害者宛に、主導的な不動産販売業者ゼノン住販から送られたメールの情報が寄せられた。不動産販売業者は、誤って重本個人宛の「ＢＣＣ」ではなく、被害者のメールリストが閲覧できる「Ｔｏ」で送ってきたのである。

冨谷は、重本から教えてもらった多数の被害者のメールリストを利用して連絡を取り、仲間を増やすことに成功した。

不退転の決意で元利の支払いを止める

次に問題になったのは、元利支払いを止めるか否かであった。被害者たちのスルガ銀行へのローン返済は始まっているから、元利は毎月返さないといけない。が、家賃が入ってこないのに毎月平均七〇万円もの支払いを続けることなど大変な負担である。あっという間に預金が尽きて、自己破産に至ってしまう。

河合は、被害者たちに厳しく言った。

「元利支払いを、まず止めて下さい。後でかならず和解できるが、ローン返済した分まで返してもらうのは無理だ。払った分だけ損をする」

河合がどうがんばっても代物弁済でチャラ、というところまでである。これまで払った分まで返してもらうことは一〇〇％あり得ない。世の中とはそういうものだ。長年の弁護士経験があればこそ、導き出せる予測だった。

が、河合の意見に難色を示す被害者もいた。

「元利を止めると、信用情報が流れてカードが止められてしまう。そんなことになったら、生活に支障を来すし、会社にバレる可能性もある」

それでも河合は言いきった。

「わたしがちゃんとカードが使えるよう強硬に申し入れる。それにきみたちは現金のみで生活するくらいの決意でないと勝てませんよ。わたしの若い頃はクレジットカードなんてなかった。みんな、自分の財布の中のお金で堅実に生活していたのだ」

それでも納得せず、支払いを止めることを不安に思う被害者から不満が続出した。

「河合さんは無責任だ。期限の利益喪失で強制執行されたら、どうするんだ」

しかし、結局九五％の人が元利の支払いを止めた。それでもクレジットカードには支障がなかった。河合らが、スルガ銀行に圧力をかけ、信用情報機関への通報をやめさせたのだ。

「金がなくて元利を支払わないのではない。違法な融資だから支払わないのだ。支払い能力と関係ない不払いだから『カード協会』に通報するな」

三月三十日午後、東京都千代田区霞が関一丁目の第一東京弁護士会館十二階会議室で、初回の三月十五日の沼津での面談に続き、ＳＳ被害弁護団とスルガ銀行の面談がおこなわれた。二回目の面談で、東京での開催としては初めてであった。

出席者は、弁護士の河合弘之をはじめとした弁護団八人と、冨谷皐介、吉山秀樹ら約五十人の被害者。スルガ銀行側は、銀行員の酒井部長、佐々木部長。スルガ銀行弁護団は金森浩児弁護士ら三人である。

ＳＳ被害弁護団は、次々と激しく責め続けた。

「この問題は、岡野光喜会長なり米山明広社長なりが出てきてしかるべき案件ではないのか。なぜ、もっと権限のあるものが出てこないのか」

「被害者は、土地を市場価格より超高値で買わされている。スルガ銀行が土地の査定などをきちんとしなかったから起きていると認識している。具体的な査定方法を、教えてほしい」

「融資の際に提出させた通帳は、融資が通るよう偽造されているらしい。書類すべてを提出しろとは言わない。通帳・源泉徴収に限定して出してください」

が、スルガ銀行側はのらりくらりと回答をかわすばかりである。被害者数、総融資額、一人当たりの融資額、スルガ銀行がシェアハウスの融資をいつやめたのか。そうした重要な情報についても開示を拒否した。これでは事件のスケール感さえ摑めない。

河合が切り込んだ。

「金利七・五％フリースタイルローンと、定期預金積み立ては抱き合わせ融資であり、禁止されている歩積両建だ。銀行は調査しているのか？」

「わたしどもが聞いている中では、強制したものではないと聞いている」

このスルガ銀行側弁護士の回答に怒った河合は「被害者のみんな、フリースタイルローンをさせられた人は手を挙げてみてくれ」と言った。「はい」とほぼ全員が手を挙げる。

それを見て、河合は決めつけた。

「これでもまだ強制でなかったと言い張るのか」

それにしてもスルガ銀行のガードは固い。暗然たる思いの中で交渉は終わった。

SS被害者同盟内の不和

次に問題になったのは、被害者の中にリスケジューリング、リスケを望む声が多数あることだった。

リスケとは、現在の返済計画を見直して債務返済を繰り延べることである。被害者たちが負っている四・五％という金利は、いまの時勢で考えると非常に高かった。住宅ローンの場合の適正な金利は一％ほどである。金利をまけてもらう、そして元本を一部カットしてもらう。または元本をローンの最後の段階の支払いにしてもらうテールヘビーという選択肢もある。

当然リスケのほうが簡単でより現実的であり、銀行もある程度呑むことは間違いなかった。

が、河合が頑として自説を曲げなかった。

「代物弁済じゃないとダメだ。利息や元本の一部をカットしてもらっても、とても追いつかない」

「たとえば、五〇〇〇万円の価値しかないシェアハウスをどんなに旨く運用しても一億円の借金の元利を返せるはずがない」

が、河合の意見に反対する被害者も多数いた。

「河合先生の言う代物弁済など、不可能ではないのか？」

日住検主宰の「被害者の会」に所属する大川友一弁護士も、代物弁済案を露骨に批判した。

「無理だ。代物弁済が通る法的根拠など皆無だ」

さらに問題はこじれていった。SS被害者同盟の中で「債務免除益」にからむ問題で不協和音が出始めたのだ。

吉岡(よしおか)ミキ（仮名）という女性と、竹岡(たけおか)（仮名）という男性である。二人とも、税務のことについて多少知識があるらしい。

「万が一代物弁済で和解したとしても、結局は債務免除益で税金を取られる。河合弁護士の考えは危険で、無責任だ！」

債務免除益とは、文字どおり債務を免除されたことで生まれる利益のことである。たとえば実際に四〇〇〇万円の価値しかないものを返して、一億五〇〇〇万円の債務を免除してもらう場合、一億一〇〇〇万円の利益が生じる。税法上、債務免除益は贈与と同じと見なすため、贈与税がかかる、というのだ。

吉岡ミキと竹岡は、口々に河合を批判した。

「弁護士としては立派な先生かも知れないが、税務のことがまるでわかっていない」

「河合さんは、債務免除益のことも知らないでメチャクチャ言っている。そんなことを言う弁護士には、依頼できない」

悪口を言うだけ言った後、吉岡がダメ出しをした。

「あんな弁護士は、解任！」

冨谷は、吉岡らの傍若無人な振る舞いに憤りを感じた。

〈「解任」などと偉そうに言うが、そもそもあんたは、まだ委任なんかしていないだろう〉

この二人だけでなく、ネット上でも「河合というヤツは無茶なことばかり言う無責任弁護士だ」と批判の嵐だった。

河合は、冷静に反論した。

「違います。仮に代物弁済によって債務免除になっても、被害者は儲けたわけでも何でもない。被った損害をゼロにするだけだ。税務署が、可哀相な被害者たちから税金を取り立てる訳がない」

税金は、儲かったところにかけるものである。儲かった取引を「担税力のある取引」、利益のない取引を「担税力のない取引」という。もちろん、本件に利益はないのだから担税力のない取引である。

河合は力説した。

「そんな弱いものいじめを、税務署がするわけない。絶対に代物弁済で大丈夫だ」

代物弁済路線は河合の金科玉条だった。それを断罪し、被害者たちの不安感を煽る。被害者の中ではたった二人だったが、事態は深刻だった。

冨谷も、必死になって二人に説明した。

「わたしは難しい税務や不動産の話はわかりませんが、常識的に考えてわれわれ被害者から税金をむしり取るなど考えられない。そもそも詐欺ですし、クーリングオフだったら普通はモノを返して終わりでしょう。そんなところに、税務署がなぜ金を取りに来ると思うんですか。債務免除益なんて、そんな技術的な問題じゃないです」

吉岡と竹岡の二人は、それでも納得しなかった。

冨谷は、さらに説得し続けた。

「被害者の考えがまとまらないと、勝てる闘いも勝てなくなってしまう。たとえ河合先生の主張が間違っていて、吉岡さんたちの言うように税金を取られて死んだとしても、河合先生についていく。だって、すでにいまの段階でわたしたちは死んでいるんだ。そんなまだ見ぬ先のことを言わないでください。将来死ぬのが怖いなんて言ってる場合じゃない。いま、死ぬのを避けるべきなんだ！」

が、吉岡も竹岡も最後まで納得しなかった。かれらには税の知識のほかに資金力もあった。吉岡ミキは外資商社勤務で年収が一二〇〇万円。竹岡も「金庫の中に五〇〇〇万ある」とうそぶいていた。ついには、吉岡ミキと竹岡は、同盟を脱退した。

冨谷は思った。

〈かれらは頭が良すぎて既定路線でしか物事を考えない。わたしが求めているのは、前例のない解決なの

だ〉

SS被害者同盟のリーダーを務める冨谷は、平日は会社勤めを続けながら、毎週日曜日は必ずSS被害者同盟仲間と会議を開いた。

事務処理などもしなければならないため、土曜日もゆっくり休めない。過労死寸前だった。

会議では様々な意見が飛び交ってぶつかる。そのため、会議終了後には必ず「あいつの言うことが気に入らない」といった苦情や愚痴の連絡が入る。

冨谷はたまらずに、会議で言った。

「誰とは言わないが、会議が終わった後に個別にわたしに意見を言ってくる人がいる。それはやめてほしい。意見の衝突はあるだろうが、みんな問題解決のために動いている。納得いかないときは、その場で自分の意見を言ってくれ。会議で喧嘩してもいい。すべて吐き出そう。みんなの意見をすべて聞いた上で、最後はわたしが判断する。同盟として決めたことには、納得して協力してほしい。そして、会議が終わった後は、みんな仲良くしよう」

冨谷の言葉は中核部隊約三十人の結束を徐々に固めていった。

さらに冨谷は被害者たちに伝えた。

「われわれは、情報をうまく摑んで短期決戦で行かなければならない。もし二年以内に着地できなかったら、裁判をせざるを得なくなる。すると五年、十年の長期戦になる。よほど腹をくくらなければやっていけない」

みんなと協力体制をいかに取れるかが勝負の分かれ道になるのだ。

河合は、集会のときにみんなに言った。

「絶対、死んだりするんじゃないぞ。そんなことは、考えるな。絶対おれたちは勝つんだから。命はそんなものじゃない。人間は生きているだけで値打ちがある。金の問題で死んだりするな」

時に応じて河合弁護士が檄を飛ばさないと、みんな萎えてくるのがわかった。

冨谷は叫んだ。

「これは、経済的な殺し合いだ。これで負けたら、おれたちは殺される。いますでに半分死にかけてるんだ。みんな怒れ、本気になれ！」

仲間たちから賛同の声が上がった。

「わかりました。ついていきます！」

その様子を見ていた河合も思った。

〈おれもまた、みんなが希望をもって闘えるように励ますこと、奮い立たせる役割を担っている〉

河合は、同盟の集会のたびに考えた。

〈この人たちを、どうやって励まそうか……〉

そんな河合の様子を、共同弁護団長の山口広弁護士が心配して言った。

「河合さんは威勢のいいことばっかり言っているけど、後でダメだったらどうするのよ」

山口は早い解決が望めるなら、九割カットで一割だけ支払うような多少の妥協もやむを得ないと考えていた。

が、河合はあくまで強気だ。

「熟した柿が落ちるように、ボトッと落ちてくるときが来るから、絶対に妥協したらダメだ」

代物弁済路線の旗を降ろしてしまうと、敵は勢いを取り戻し「ちょっとまけてやればいいんだな、ああ良かった」と舐めてかかってくる。

河合弁護士から見て、被害者たちに共通する特徴で驚くべき点があった。それは、一億円から三億円の物件を買うというのに、七割八割の人が購入物件をじかに見ていないことだった。

もし、自分たちが住居にするつもりの不動産であったら、じかに土地や物件を見ないことなどあり得ない。ましてや、二億円からする自宅を購入となれば、一日中その前に立って、日当たりを見たり、人通りを見たりする。周りに子どもが通う学校があるか、スーパーは近いか、公園はあるかなど徹底的に調べる。

ではなぜ、多くの人が物件を見に行かなかったか。シェアハウスを、一種の金融商品だと考えたからだ。たとえ好条件が揃っていない物件であろうが、入居者が入ろうが入るまいが、「労せずとも必ず入るサブリース料で儲かる」と思うからいけなかった。

オーナーが「シェアハウスは金融商品だ」と思う背景には、スルガ銀行の存在があった。スルガ銀行が融資してくれるのは、購入物件も収益も確かな証拠だと思う。そこが落とし穴であり、シェアハウス事件のたちの悪さがあった。

明らかになるスルガ銀行の暗部

河合弘之たち弁護団が設定した弁護士の着手金は、シェアハウス一棟当たり一〇万円。一年ごとに五万円が追加され、二年で解決する予定なので一〇万円。成功報酬は一〇〇万円の計一二〇万円であった。これは日弁連基準の十分の一以下であり、通常は一人一五〇〇万円の報酬を受け取れるケースである。

オーナーが背負わされた借金は、平均で一億五〇〇〇万円。この借金全額が代物弁済によりゼロになるということは、一億五〇〇〇万円から物件の時価を差し引いた金額を稼いだのと同様だと見なされる。だから堅く見ても一人約一〇〇〇〇万円の成功報酬となる。

が、河合は思った。

〈サラリーマンが一〇〇〇万の借金を抱えて余生を送るようでは、救済にはならない。これは社会的事件なんだから、並の事件と同じように儲けようなんて思うことが間違いだ。だからここは大幅減額でいこう〉

第一、成功報酬が一〇〇〇万円などと言ったら誰も依頼してこない。

ところで弁護団は河合のさくら共同法律事務所の若い弁護士、山口広弁護士の東京共同法律事務所、紀藤正樹弁護士のリンク総合法律事務所、消費者事件を希望する弁護士などに協力を仰いでいるため、実働は約四十人に達する。河合は大きな方針は立てるが、細かいことは若手弁護士に任せた。

冨谷と奥山は、佐藤太治の関係や、スマートデイズやスルガの元社員を中心に探索を開始した。ネットを駆使し、メンバーとも頻繁に意見交換をして、苦心しながらも網を拡げていった。

すると、驚くべき情報が入ってきた。加藤博太郎弁護士が、テレビ東京へスルガ内部で交わされた改ざん指示のＬＩＮＥデータを提供したというのだ。

冨谷はすぐさま加藤弁護士へ連絡を取り、データを入手することに成功した。

その上、そのデータ自体ものちほどこのシェアハウス投資スキーム事件を題材にした番組で使用されると聞き、より多くの人々へ知ってもらえると期待が高まった。

また、弁護団にも、某不動産会社の顧問弁護士から通帳改ざんの際のスルガ銀行担当者の音声データが届けられた。これは、ＳＳ被害者同盟の精力的な活動に危機感を抱いたその会社から、弁護士を通じて不起訴を条件にして渡されたものであり、メンバーらの活動が無駄でなかったことの証明だと大いに士気をあげた。

データを確認してみると、通帳にいくら記載するか等を具体的に述べたスルガ銀行担当者と不動産業者の間の生々しいやり取りが記録されている。メンバーの中にはまったく同じ手法で自分がやられたと名乗り出る者もいた。結局、このシェアハウス投資スキームでは、全件において改ざんがおこなわれていたのだった。

情報収集にいそしんでいた冨谷に、スルガ銀行の元行員から話を聞く機会が訪れた。そこには、知り合って間もないＴＢＳの記者も同席することになっていた。

待ち合わせに指定してきた喫茶店で二人の前に現れたその元行員は、氏名の秘匿を条件にして切り出した。

「この場限りですよ。いまも監視されている可能性がありますから……」

「監視？」

「スルガは辞めた人間が情報を漏らさないか、探偵をつけているんですよ。……そんなこともする組織なんです」

一瞬、冨谷は冗談か妄想の類かとも思った。だが、その元行員は嘘をついているようには見えなかった。

「スルガは、反社とつながってて、パワハラも当たり前の環境でした。そんなところで優秀な社員というと……要するに、法律違反を平気でできて業績をあげられる奴です」

「今回のシェアハウス投資スキームにも関係が？」

「はい、キックバックで一億円以上儲けたって得意になってた同僚もいました。仲介業者から足がつかないように、レターパックに現金を入れて受け取ってるんですよ。どういう金か周りもみなわかってますけど、誰も何も言わない……金庫を買わないと金が入りきらないって笑ってました……そいつの写真です」

彼が見せた写真には、分不相応な高級時計を腕に巻き、満面の笑みを浮かべた三十代前半くらいの男が写っていた。

〈許せない……〉

冨谷は白くなるほど強く拳を握りしめた。それは自分たちが、シェアハウスを建てるために融資を受けた金だ。しかし、銀行から建設のために融資された金が、キックバックという形で行員の手に渡りポケットマネーとなっていたのだ。

この行員にだまされた仲間が少なからずいるということを想像するだけで血が沸騰しそうだった。

「あなたも経験が？」

記者の質問に、元行員はバツが悪そうに頷いた。

「はい、業者から食事をご馳走になったことは何度かあります。けど、現金を直接受け取ったことは、一度も……」

真実かどうかははなはだ疑問ではあったが、ここで彼を追及するよりも情報をさらに引き出した方がよいと判断し、冨谷は冷静に対応した。彼が無罪とは言うまい。だが、すでにスルガ銀行を離れているのだし、食事だけという彼の言い分には、納得はできないまでも理解できる部分ではあった。

結局、人は環境や雰囲気に大きく左右されてしまう。そこで抗い過ちを指摘できる者はそう多くはなく、また声をあげたところで是正できるとは限らない。

「冨谷さん、今日わたしが来たのは、みなさんが『同盟』をつくったことで、スルガに動きがあったって聞いたからなんです」

「動き？」

「ここまで大きな集団になって、スルガにぶつかってきたのは冨谷さんたちが初めてなんです。かなり警戒しているという情報も、わたしに入ってきています……こんな言い方はなんですけど、何でもやる銀行です。冨谷さんは命の危険もあるかもしれません。どうか、気をつけてください」

「そんなに⁉」

記者が驚きメモにペンを走らせた。

「……はい、繰り返しますが、スルガは銀行を辞めた行員に探偵を付ける銀行です。そして、詳しくは言えませんが、反社ともつながっていますので……そういう連中も……」

「上等じゃないか、やるならやってみろって話ですよ。こっちは死をも覚悟していましたから、怖いものなんてないんです」

記者と元行員は、驚いて冨谷を見た。

「それにここでわたしが死んだら、もっと話題になりますよ。スルガ銀行だって殺しを隠し通せますかね？　ともかく、わたしは一人ではありません。ＳＳ被害者同盟の仲間がいるから、わたしは強いです」

冨谷はまったく恐れを感じなかった。仲間がいるという現実が、彼の恐怖心をかき消していたのだった。

元行員から聞いたスルガの内部事情、それは巨悪の存在と恐ろしさを知らせると同時に、冨谷の怒りの炎に油を注ぐことにもなっていた。

ＳＳ被害者同盟のＬＩＮＥで吉川がつぶやいた。

「少し先の話ですけど、六月二十八日にスルガの株主総会があるみたいです！」

すぐさま冨谷をはじめとしたメンバーは情報収集に動いた。

「株主総会に出るって、どうかな？」

「出て、どうするの？」

「おれたちの窮状を、株主総会で抗議するのさ」

「いや、抗議しても採決、つまりスルガの方針を変えるのは難しそうだぞ。株主が集まってる以上、大株主の意見が強いみたいだ。権限が大きいから当然だけど」

「大株主はスルガ銀行の身内だしね……」

「でも、別の考え方ができない？」

「？」

「いまだとスルガ銀行の代理人弁護士と話し合うしかないけど、総会なら岡野会長も米山社長も出てくる」

「直接会話ができるのか」

「それだけじゃなく、他の株主にだってアピールできる」

「事件を知れば、味方してくれるかもしれないよね。いまのスルガ銀行上層部のままだと事件が長引いて、株価も下がる一方だってわかってくれれば……」

ＳＳ被害者同盟は河合弁護士へ意見を求めた。

河合弁護士も乗り気であった。

「よしやろう。みんなで株を買ってよ。わたしは前に電力会社の株主総会に出席したんだけど、そのとき六時間粘ったことでマスコミに大々的に報道されて、事件の周知と世論を味方にできたんだ。スルガ銀行にとっては、マスコミを通じて詐欺同然の投資スキームに関与していたことを報道されるのが一番嫌なことだから」

河合弁護士のお墨付きを契機に、株主総会へ参加するためのＳＳ被害者同盟の計画が始動した。

このとき、スルガ銀行の株は百株で一五万円、メンバーにとっては小さな出費ではなかった。複数名で購入するとの計画を立ててはみたものの、ただでさえ不安なこの状況で、しかも、採決には影響を与えられるわけでもない、株主総会へ出席することには難色を示すものが多かった。

そんなメンバーを説得するために、またもや冨谷は率先して動いた。河合弁護士の言もあったし、他の株主にSS被害者同盟の仲間や事件のことを知らせることができるのは決して無駄ではない。被害者が株主として銀行と対峙して報道されることに大きな意味があり、株主総会は絶好の機会だった。

また、株には約定日がある。いわば株主総会に参加するための条件であり、開催の三カ月前までに持ち株を所持していない場合はその資格を得る事が出来ない。今度の株主総会に参加するなら、三月二十五日までに株を入手しなければならない。迷っている時間はなかった。冨谷は率先して購入者のリストに自身の名前を載せて、根気強くメンバーたちを説得し続けた。

株を総会参加のための「入場チケット」と称し、SS被害者同盟が闘うための武器であると述べ、奥山らの助力もあって三十人ほどが名乗りをあげて出資し買い求めることで、どうにか株主総会へ参加する目途が立ったのだった。

強者・銀行にはデモで立ち向かえ

河合は、SS被害者同盟の被害者たちに呼びかけた。

「デモをやろう。スルガ銀行の店頭に張りついて『ご通行中のみなさん』『行員のみなさん』『取引先のみなさん』と不当さを訴えるんだ。デモでスルガ銀行にプレッシャーをかけよう」

ただし、行列をつくって街を練り歩くデモは危険である。届出なしでやると公安条例違反で逮捕される恐れがある。行進をしないスタンディングのデモなら安全だ。事前に警察に断っておくだけで足りる。

河合は、日本橋にあるスルガ銀行東京支店前でのデモを提案した。

が、弁護団で異論が出た。

「河合さんは反原発闘争と消費者保護運動を混同している。そんなことをしたら世論の反発を買う。反対だ」

　同盟の中でも反対意見が出た。

「デモなんか、野蛮で過激すぎる」

「そんな左翼みたいなこと」

「反社とつながってるの忘れた？　帰り道にいきなり後ろから……なんてなったらどうする？」

「ニュースになったら顔も出る。狙われるよ」

「被害者への世間からの風当たりが強くなる。かえって、被害者が悪く見えてしまう」

　一方、「デモをやってくれ」と賛同してくれる人も大勢いた。同じ被害者だが、やはり意見はいろいろである。

　河合は、反対する者を説得した。

「闘いというのは敵の最も弱いところを突かなければ勝てないのだ。ましてこちらは弱者・サラリーマンで、敵は強者・銀行だ。スルガ銀行が最も恐れているのは世間や顧客層から見放されて預金が流出し、借入をしてくれる客が減ること、そして行員がやる気をなくすことだ。そこを突くには、東京支店の前でデモ・街頭宣伝をやることが一番だ。敵が嫌がることをやろう。そうでないと、勝てないぞ！」

　河合を信頼する冨谷も、デモと聞いてさすがに驚いていたが、冨谷は答えた。

「はい。わたしは河合先生を信じています。いままでいろいろ経験されてきた河合先生ですから、安直な気持ちではないことはわかります」

　この闘いに勝つためには河合を信じるしかない。信じたからこそ、他の被害者たちを引っ張ってこられたのである。

　冨谷は河合に同意し、動員をかけた。

「河合先生を信じて、わたしと一緒に闘おう！」

が、消極的な意見も多かった。

「サングラスとマスクはするものの、知り合いに会ったりしたらどうしよう」

「やはりスルガ銀行の態度をより強硬にしてしまうのではないでしょうか」

「参加を取りやめたい」

そう名乗り出るものもいた。

特に女性メンバーの拒否反応は相当なもので、ＳＳ被害者同盟分裂の危機すら孕んでいるほどだった。

おそらくは認識の違いであろうが、妻帯者のメンバーの一人は、困り果てて冨谷に相談に来た。

「巨額のローンを背負わされたと告白してもなお、ついていくと言ってくれた妻が、デモに参加をするなら離婚するとまで言うんです」

「どうしてもやるなら、同盟脱退も視野に入れてます」

脱退をほのめかすつぶやきもチラホラ現れた。ＳＳ被害者同盟は荒れ、ふたたび大きな分裂の危機を迎えていた。

それを防ぐために、当初はデモに賛成していたメンバーさえも意見を翻し始めていた。

冨谷らは、とりあえず賛成の者だけでデモを決行することにした。

四月九日月曜日の朝七時半。河合弁護士とＳＳ被害者同盟のメンバーは、デモをおこなうため、日本橋にあるスルガ銀行東京支店前に集結した。

参加した被害者は、冨谷の説得の効果もあり、三十人ほどに膨らんでいた。

この日の気温は、一九・九度もある暑い日であった。

被害者たちはみんな普通のサラリーマンばかりで、デモの経験者など皆無である。

顔を隠すためにマスクやサングラスをし、「詐欺の司令塔！」「岡野会長、逃げ回るな！」「主犯!!! スルガ銀行」など過激な文言の書かれたプラカードを手にはしたものの、やはり抵抗がある。テレビ局も取材に来ている中、みんな恐る恐る参加している雰囲気だった。

河合は、被害者たちに言った。

「いいか。デモでのアピールは、こうやるんだ」

河合はハンドマイクを握りしめて、銀行前を通行中の人々に向かって、大声を発した。

「ご通行中のみなさん！ スルガ銀行の行員のみなさん！ わたくしはスルガ銀行被害者会の弁護士の河合弘之であります。ご通行中のみなさん、お聞きください。スルガ銀行はこの人たちをだましました。そのせいで、かれらは生きるか死ぬかの瀬戸際に立たされています。スルガ銀行は、悪の牙城だ！」

弁護士経験の長い河合は、演説などお手の物だった。原稿なしで、いくらでも話ができる。

「被害者たちは、スルガ銀行にだまされて一人一億五〇〇〇万円の借金を抱えることになりました。これまで夜も眠れない毎日を過ごしてきました。スルガ銀行が書類偽造など、とんでもない不正を働いていたということが明るみに出るまでは、本当に大変でした。わたしたち被害者の中には精神的にも肉体的にも疲労困憊し、仕事もできない者、そしてとうとう自殺者まで出てしまいました」

河合はいままでのトピックを取り入れて、人々に向かって次々と訴えた。

河合が手本を示すと、被害者たちはみんな「これはいい！」と喜んだ。

河合に続いて、冨谷がマイクを握り、訴えた。

冨谷は迷わなかった。自分たちの想いを知ってほしい、そしてメンバーにも続いてほしいという願い、何より手本を示してくれた河合弁護士への感謝の念が体を動かした。

冨谷が訴え終わると、

「と、冨谷さん、次はおれ！」

「わ、わたしも！」

それに触発されたメンバーたちは、互いに励まし合い、勇気を出してマイクを手にすると、己の窮状と想いをスルガと通行人たちへ訴えかけていった。

相変わらず、通行人たちは見向きもしなかった。だが、それでも良かった。能動的に活動する仲間の主張を耳にすることで、デモに参加したメンバーたちの闘志は燃え広がり、活動的な集団へと進化するきっかけとなったのだった。

スマートデイズの民事再生を阻止しろ！

ＳＳ被害者同盟が初めてデモをおこなったこの四月九日、女性専用シェアハウス「かぼちゃの馬車」運営のスマートデイズは、東京地裁に民事再生法の適用を申請した。

平成三十年一月以降、物件オーナーへの賃料支払いが止まり、多額の借金返済に窮するオーナーが続出するなど、シェアハウス投資が社会問題化する中での破綻劇だった。

スマートデイズは、寄宿舎型シェアハウスの販売・サブリースを手がけるパイオニアとして、短期間で業容を急拡大させた。

平成二十六年七月期に八億五〇〇〇万円だった年売上高は、約二年半後の平成二十九年三月期には三一六億円に急伸。上場も視野に入れるなど、事業は順風満帆かに見えた。

しかし平成二十九年十月、情勢急変が表面化。同社が毎月払うサブリース賃料の減額が通知され、その背景として金融機関からオーナーへの融資方針の変化が示唆されていた。

スマートデイズの物件オーナーに計一〇〇〇億円を超える融資を実行していたのがスルガ銀行だった。

スマートデイズのビジネスモデルは、銀行から新規オーナーへの融資が滞ることになれば成立しない。この間、シェアハウスの部屋数は急拡大していたが、肝心の入居率は計画よりも大幅に低い水準にとどまっていた。

新規の物件売却で得た収入を、既存オーナーへの賃料支払いに充てる〝自転車操業〟は、平成三十年の年明けにはすでに限界を迎えていた。

スマートデイズは、東京地裁に民事再生法の適用を申請して五日後の四月十四日に債権者向けの説明会をおこなうらしい。河合ら弁護団はスマートデイズに対する破産申立の準備をしていた。そこに突然降って湧いたように申請された民事再生だった。

ＳＳ被害者同盟の被害者代表である冨谷は、すぐに会議室を予約して作戦会議を開いた。

参加者の中には、まだ右も左もわからずにいる、様子を見に来た被害者もいた。

その中から質問が出た。

「どうしてスマートデイズの民事再生を阻止するんですか？　サブリースを払えない状況を改善しないと、入金がないじゃないか」

冨谷が答えた。

「いや、そういうロジックじゃないんだ。たとえ民事再生したとしても、自転車操業の会社だから回るわけがない。いま、ここで潰しておかないと、詐欺をした証拠が出てこないんだ」

「なるほど」

初参加者たちも一応、納得してくれたようだった。

四月十二日、スマートデイズのオーナー向け説明会が都内で開催された。

　説明会には、スマートデイズ代表取締役の赤間健太、前代表取締役の菅澤聡、申請代理人の西村あさひ法律事務所の南賢一弁護士、オブザーバーとして監督委員のひいらぎ総合法律事務所の清水祐介弁護士らが出席した。スマートデイズは大きな法律事務所をつけて、民事再生を狙っているのだ。

　ＳＳ被害者同盟、弁護団の河合らとオーナーたちは、この会場に乗り込んだ。火曜日という平日夜にもかかわらず、百三十人以上が集まった。

　河合らの狙いは、民事再生を阻止し、破産に持ち込むことである。

　作戦どおり、司会者が開会を告げると同時に、被害者の一人が叫んだ。

「今日は民事再生ではなく、破産の話をしてもらいたい！」

　会場のあちこちからも「破産しろ」などの怒号が飛び、そのたびに会場は大きな拍手で包まれた。

　冒頭から主導権を相手から奪い、ＳＳ被害者同盟の主張をしっかりと伝える作戦だった。最前列に座った河合が「話を聞いてやろう」とオーナーらをたしなめる。これも作戦の一つだった。

　赤間社長が謝罪した。

「多大なるご迷惑をおかけしたことを、深くお詫びいたします」

　続いて南弁護士が民事再生の理由について説明した。

「スマートデイズとサブリース契約が解除されていない物件の入居者は、三百五十七人いる。民事再生はスマートデイズを再生させるという趣旨ではなく、キャッシュがない中でインフラを維持するためにある」

　また、この説明会の直前に菅澤聡が辞任した理由についても、南弁護士が説明した。

「菅澤氏は、スマートデイズの親会社のオーシャナイズの社長です。今後、スマートデイズとオーシャナイズが対峙する可能性があるため、わたしが辞任をお願いしました」

菅澤が発言した。

「わたしは、加害者に加担してしまったかもしれない。わたしもだまされた」

河合は思った。

〈菅澤は、いわば泥船を摑まされた経営者だ。おそらくスマートデイズがちゃんと儲かっている会社だと思って摑まされたのだろう〉

だから社長退任後も、こうして堂々と出てきている。

のちに菅澤は、スマートライフ時代の社長である大地則幸を訴え、オーシャナイズの経営に専念するようになる。

スマートデイズ側の説明が終わり、質疑応答が始まった。

「スマートデイズの創業者や関係会社などに、資金が流れたのではないか？」

すると、赤間社長が述べた。

「詳細は把握していないが、平成二十八年三月期以前に流れたと認識している」

オーナーたちから怒声が上がった。

「三十年保証って書いてあるだろ。三十年保証してよ、早く！」

オーナーたちは、矢面に立たされている南弁護士に詰め寄った。

「あなたは、弁護士報酬をいくらもらってるんだ！」

すると、南弁護士は正直に答えた。

「五〇〇〇万円もらってる」

野次が飛んだ。

「そんな金あるなら、おれたちに払え！」

河合も立ち上がった。

「民事再生なんて、させちゃいけない。民事再生とは、会社として再生することだから悪事の証拠が出てこない。なぜ、あんたたちみたいな悪い企業が再生できると思ってるんだ？」

河合は、南弁護士に向かって言った。

「この会社を生き延びさせて、どうするんですか？　すぐに破産させてください。だいたい弁護士さん、あなたおかしいよ。破産だと格好悪いから一時しのぎに民事再生とか、こんな会社をどうやって再生させるの？　民事再生できると、本気で思っているんですか？」

南弁護士が答えた。

「いや、思っていません」

「じゃあ、何で民事再生かけるんですか。潔く、さっさと破産してください」

南弁護士もこれ以上どうすることもできないと思ったのか、河合の言うことをまったく否定しなかった。

「わかりました」

会場には裁判所の人間も来ていた。民事再生手続きを予定していたからだ。が、河合たちがかれらの前で正しいロジックを組み、「こんな会社を再生させてはダメだ」と訴えた。

冨谷は、質疑応答終わりのタイミングでマイクを握り、いきなり叫んだ。

「同盟の人、立ち上がれ！」

すると、ＳＳ被害者同盟の全員がバッと立ちあがった。

未だに同盟の存在を知らない被害者たちはビックリした表情をしている。冨谷の狙いは、「この輪の中に入らないと自分は大変なことになる」と思わせることだった。

狙いどおり、その後、何人かがＳＳ被害者同盟に参加してくれた。

事前の綿密な作戦会議が功を奏して、終始イニシアチブを取って会を進行させた結果、民事再生自体を阻止することに成功した。

河合ら弁護団は、破産手続きに移行すべきという意見書も提出した。

すると、スマートデイズ側が初めてこう認めた。

「融資を受けるに際して、お客様の自己資金の残高を証明する通帳等の偽造改ざんがおこなわれていたことを、スルガ銀行の相当数の行員が認識していたと思います」

四月十四日に都内で会見したスマートデイズの赤間健太代表は、スマートデイズ破綻で「資金繰りに不安を抱える建築会社がある」と語り、すでに影響を受けている関係先があることを認めた。

組織悪事の証拠「原本と相違なき証明書」

四月十七日、SS被害弁護団とスルガ銀行の第三回目の面談がおこなわれた。

今回も岡野光喜会長や米山明広社長の姿はない。スルガ銀行側の金森弁護士から、明確に回答があった。

「代表者の出席は拒否。委任されたわれわれだけで十分」

代物弁済という解決方法も明確に拒否された。フリースタイルローンなど抱き合わせ融資についても調査中というあいまいな回答のみだった。

また、「返済をストップした被害者を信用情報機関へ報告・登録しないでほしい。カードが使えなくなる」という申し入れについても、「いまはしていないが将来どうなるかわからない」という脅しとも取れる回答だった。

SS被害弁護団は、どのような質問に対してもスルガ銀行はゼロ回答だったと判断した。

河合は、今回新たにわかった事柄について述べた。

「スルガ銀行さんには金融庁の立ち入り調査、検査が入っていると聞いています。その中で、麻生治雄さんという役員が書類の偽造・変造に関わっているのではないか、という報道も出されています」

河合はそこまで指摘してから、今回スルガ銀行から唯一出席した佐々木部長に向かって言った。

「わたしたちはつい最近知ったのですが、ついに被害者の中から自殺者が出るという非常に深刻な状況が発生しております。自殺者が出たということは、知っていましたか？」

が、佐々木部長は答えず、代わりにスルガ銀行側の弁護士が答えた。

「知らなかった。佐々木部長は書記で来ているだけだから」

ＳＳ被害弁護団の紀藤正樹が言った。

「団信に入っているからわかるでしょう」

団信とは、団体信用生命保険のことである。住宅ローンの返済中に万が一のことがあった場合、保険金により残りの住宅ローンが弁済される保障制度である。

が、スルガ銀行弁護団は、佐々木部長に一切しゃべらせるつもりはないようだった。

「かれは、あくまで書記できているだけなのです」

紀藤がふたたび質問した。

「いままで、隠していたってこと？」

スルガ銀行側の弁護士が、苛立ったように答えた。

「知らないって、言っているんだから！」

河合が、静かに口を開いた。

「わたしは交渉の最初から『早く解決しないと、自殺者が出るような深刻な問題ですよ』と申し上げた。でも、ついに出てしまった。その方は奥さんと子どもが二人いるのに、つい最近自殺をしてしまった。本当にそういう深刻な問題だと自覚してほしいんです」

「……」

「わたしが警告した段階で早急に処置してくだされば、その人は自殺しないで済んだ。このままだと、また第二第三の自殺者が出ますよ。それくらい切羽詰まった重要な問題です。しかも、スルガ銀行の役員がからんでいたらしいという問題もある。この状況をふまえてもなお、提案なり回答に変更はないのですか?」

金森弁護士が答えた。

「現時点では、変更はありません」

SS被害弁護団の山口広弁護士が告げた。

「フリースタイルローンおよび定期積立の問題について、わたしどもは公正取引委員会にもっていきます」

すると、スルガ銀行弁護団の井窪保彦(いくぼやすひこ)弁護士が言った。

「もしその点で銀行に不適切な点があったというのであれば、そこをかばいだてする気はまったくありません。むしろこの機会に銀行として業務改善、是正を図っていくべき問題だと思っている」

一見被害者側に寄り添ったような話ではあったが、肝心な点はキッパリ拒絶された。

「ただし、河合先生がおっしゃったような、シェアハウス業者、不動産業者、建築業者と銀行がグルになって起こした事件であるという認識は、銀行はまったくありません」

河合が言った。

「当然この問題も監査法人が入りますよね。スマートデイズ関係の債権は、回収のリスクがあると見ておられると思うが、引当金など、会計上の処置はどうなっているのでしょうか?」

「それはわかりません」

「でも上場会社ですから、当然株主総会で決算報告をするため、監査法人が監査報告を出されると思うが、そのときに一〇〇〇億から二〇〇〇億になろうとするこの債権をどのように株主総会で報告するのか、これを処理する弁護士なら当然聞いていると思うのですけれど」

「われわれは、聞いていないです」

ＳＳ被害弁護団は、被害者全体を一括りにして話をしたが、スルガ銀行側の態度は「個別の問題の集積なんです。一つひとつ正しく丁寧に解決していきましょう」というものだった。

一見もっともな意見のような印象を受けるが、ＳＳ被害弁護団の山口弁護士が言った。

「面談開始の三十分前に被害者二十名に来てもらい、昨日スルガ銀行さんからいただいた書類を見ました。一人だけ例外がありましたが、全員、通帳が偽造されています。みんな、自分の預金がこんなに多く記載されていると驚いていました。借り入れのための文書が偽造されている、しかも、本人が知らないところで偽造されているんですよ。この点が共通なんです」

河合が続けて指摘した。

「個別で違うといっても、九九％は共通です。書類の偽造、銀行の原本確認なし、ろくな査定なしでの担保権設定、抱き合わせ融資、歩積両建、高値摑みをさせていること。九九％同じなんですよ。だから個別性にこだわるのはおかしい」

紀藤弁護士が続けた。

「一五〇〇億円以上の融資がスルガ銀行の一つの支店でおこなわれているのがポイントです。一つの支店でおこなわれていることが重要であって、それを個別の問題で捨象、希釈化させているだけだと思う」

驚くべきことに、スマートデイズのシェアハウス事業の融資は、ほとんどスルガ銀行横浜東口支店のみでおこなわれていた。かつて、冨谷皐介が東京在住にもかかわらず、わざわざ何度も横浜まで足を運ばされたのには、何か特別な事情があるに違いなかった。

河合は、あきれてスルガ銀行弁護団の顔を眺めた。

〈この人たちは、みんな弁護士としての稼ぎのことを考えている〉

かれらが個別処理にこだわるのは、問題を矮小化させ個人レベルまで弱体化させる狙いもあっただろう。が、それだけではない。個別処理になれば数百件もの事件となり、がっぽり金が稼げるという算段だ。被害者を気の毒に思う気持ちなど微塵も感じられなかった。

金森弁護士らは、またしても「原本と相違なき証明書」の話を持ち出してきた。

じつは、「原本と相違なき証明書」は、借入契約時に大量の書類に署名捺印した中に一枚紛れ込んでいたものであった。「いままでわたしが出した書類はすべて原本のとおりで相違ありません」という内容で、被害者たちは全員この証明書にサインさせられていた。

スルガ銀行の弁護団は、この証明書を盾に河合の主張を一蹴した。

「あなたがたはニセモノ、偽造と言うけれど、『すべて原本のとおり』と書いてある書類にサインしているじゃないか。当然、わかってサインしたのでしょう？」

確かにある意味ではスルガ銀行弁護団の言うとおりだった。冨谷皐介のケースを見ても明らかなように、被害者たちは大量の書類を前に署名するマシーンと化していたのだろう。が、署名捺印したという事実は変えようがなかった。

これは被害者にとって手痛い反撃である。河合も、まるでこちらにも手落ちがあるように言われ、一瞬ひるんだ。

銀行側の弁護士は「ほら、あなたたちはこの書類に署名捺印しているじゃないですか」と勝ち誇ったように言ったのだ。

　すると、みんな一気にショボンとしてしまった。

　が、冨谷はこの状況をマズいと判断し、咄嗟に怒鳴りつけた。

「ふざけるな！　そんな書類にサインさせていること自体おかしいだろ！」

　じつは、河合は前の夜、一晩じっくり考えてあった。

〈原本と相違なき証明書は、銀行員が融資の当日にその場で求めている。それはいったい何を意味しているのか。どんな理由があるのだろうか……〉

　融資の担当は、下っ端銀行員の仕事だ。当然、銀行の上層部から「融資の当日にその場で署名捺印させろ」と指示を受けたものだろう。

　河合の目に、ひらめきの光が宿った。

〈逆に言えば、「原本と相違なき証明書」にさえ署名捺印させれば、原本は確認しなくても良い、という上層部から下っ端銀行員へのメッセージなんだ〉

　銀行が、融資をする相手の預金通帳や不動産などの資産証明の原本を確認しないことは、まずあり得ない。が、スルガ銀行は通帳のコピーで済ませてきた。だから偽造の通帳がまかり通り、収入の少ない者にも億単位の融資が可能となった。

　つまり、「融資を受ける本人が通帳のコピーなどを『原本と間違いない』と言っているのだから、銀行側は信用するしかない」という理屈を後付けで正当化するために、スルガ銀行の上層部はこの証明書に署名捺印させろと命令したのである。

　そして下っ端銀行員は、次のように解釈する。

「ああそうか、原本を確認しなくても、この『原本と相違なき証明書』を客から取れば自分は免罪だ。だから自分は原本を確認しなくて構わないということだな」

それ以外に考えられない。

河合は、スルガ銀行弁護団に反論した。

「銀行側が免罪符のように振りかざしているこの証明書こそが、組織的悪事の証拠じゃないか！　第一、自己責任ではない。詐欺の加害者と被害者なんだ。詐欺の被害者に、自己責任などない。スルガ銀行が九十九悪くて、こっちが一悪かったとしても、そんなことを問題にしたらいけないんだ」

河合の指摘は図星だったらしい。それからというもの、スルガ銀行側から「原本と相違なき証明書」を持ち出すことはなくなった。

が、一部マスコミは、「原本と相違なき証明書」を理由にオーナー側を貶める報道ばかりをしていた。

河合は、記者会見の場で何度も説明した。

「融資の際は、金消契約書、売買契約書等々三十通から四十通の書類に署名捺印させられる。サインする者は、中身をよく確認せずに銀行から言われるままに機械的にサインしてしまう。『原本と相違なき証明書』はその中に紛れ込ませていたものであり、銀行側の悪事の証拠なのです」

現れ始めたデモの効果

デモのマイクは最初、河合が所有する旧式の大きな機材を使用した。が、とにかく重くて移動にも不便である。それを見かねた富谷は、鞄に入るサイズのハンドマイクを購入して河合にプレゼントした。

四月二十四日の二度目のデモでは、そのハンドマイクを使った。

が、今度は小さすぎて日本橋界隈の朝の喧噪に負けてしまう。

ＳＳ被害者同盟は、毎週主要メンバーが集まって会議を開いていた。会議の中では、弁護団のスルガ銀行との交渉の状況共有、株主総会やスマートデイズの債権者集会などのイベントでの対応内容の検討、同盟のメンバーのモチベーションをいかに上げて参加率を高くするかということが話し合われた。ＳＳ被害者同盟の象徴的な行動であるスルガ銀行東京支店前でのデモについても、主たる話題の一つだった。

三回目のデモの五月十日木曜日は、平日朝の日本橋でも声が響き渡るマイクセットを揃えた。

ＳＳ被害者同盟のメンバーたちは、河合がいてくれたからデモのときも安心できた。冨谷は、万が一の場合に備えて、先生を守らなければと思い、河合の周囲を腕に覚えのある男性陣で固めておいた。

スルガ銀行東京支店前でのデモ

デモは事前の打ち合わせが重要だった。誰が機材やのぼりを持ってくるのか、どこのコインロッカーに預けるのか。そうした細かなことをすべて打ち合わせた上で、当日のデモ開始時間に遅れないように集合する。

そしてデモ終了後はパッと片付けて帰る。単に時間のある人が集まってワーワーやれば良いわけではない。かなりエネルギーが必要な活動だった。

江上修治も、デモにも参加した。高校の教諭という職業柄、しっかりサングラスとマスクをして個人を特定されないよう気をつけた。

学校教諭という職業は、自分は知らなくても相手が江上のことを知っていることがじつに多い。江上の職場である高校は、生徒が一学年で五百人もいる。学年主任をしている江上は生徒五百人だけでなく、その両親にも顔を知られている。一千五百人が江上のことを知っているから、街を歩いているだけで「あ、江上先生だ」と見られる立場である。だから絶対に顔は出せないと思っていた。

江上は仕事の都合で二十回ほどしか出ることができなかった。しかし参加したい気持ちはいつも強かったので、デモの時間に仕事が始まることもあり毎回有休を取って参加した。そのうち有休も消化してしまった。一人ひとりがそのくらい積極的に臨まないと勝てない、と思っていたのである。

熊井誠も幼い子どもを連れて毎週会議に出席した。

熊井は、デモ隊の隊長として、何日に誰が入り、何時から誰がマイクを握るか、誰がのぼりを持つかという差配を担当することになった。

やはり最初は抵抗があったが、河合が率先して話す姿を見て、覚悟を決めた。

〈当事者である自分が逃げるわけにはいかない〉

外科医の尾山文雄も、デモにも参加した。が、時間が自由になる米軍基地の病院から転職し、いまは先輩の世話で千葉県にある総合病院に勤務しているため、なかなか参加する時間が取れなかった。尾山が午前九時にオペ室に入室するときには、すでに患者は待機しており、すぐに麻酔をかけて手術が始まる。

それでも尾山は何とか時間の都合をつけて、日本橋のスルガ銀行東京支店前でおこなわれるデモに駆けつけた。

尾山はマイクを握り、渡された原稿どおりに訴えかけた。

「スルガ銀行は、こんな悪いことをしています！　米山社長、恥ずかしくないんですか!?」

街中でマイクを握って大声を出すことも、慣れてしまえばどうということはない。それよりも、みんなが時間や労力をかけてデモに参加しているのに、自分だけ参加しないことに罪悪感さえ抱いていた。

河合は七回デモに参加したが、体力的にも無理があり後は冨谷らに任せることにした。被害者たちは河合の見よう見まねでやるしかないが、上手にやってのけた。

冨谷は事前に何本かデモ用の原稿を書いて用意しておいた。一人では三十分も一時間も続かないので、他の人に読んでもらう分も用意した。

冨谷は、マイクを握り大声を張り上げた。

「ご通行中のみなさま、問題解決のため、わたしたちにお力添えをお願いします。お願いしまーす！」

また、何のデモなのか理解してもらうため、ビラも作成した。

「こちらには、スルガ銀行の闇のすべてが記載されております！」

河合弁護士がいないと知ってか知らずか、デモをおこなうSS被害者同盟のメンバーたちにわざと肩をぶつけてきたり、野次ったりする者が現れた。

対応策として、カメラマンを用意して、嫌がらせ行為の様子や野次る人の声を記録として残しておくことにした。

また、これらのデモなり集会への参加なり、何らかのアクションを取ると必ず費用が発生する。SS被害者同盟全体のために動いてくれている人が、お金と時間を費やしている。尾山は、執行部の人たちがお金と時間とエネルギーを注ぎ込んでいることを知っているから、すすんでカンパをした。カンパも何もしないでいるほうが嫌だと思っていた。

尾山はデモに参加しても、すぐに呼び出しがかかってそのままUターンすることも度々だった。

冨谷が見かねて言った。

「そんな状況で無理しなくていいよ。尾山さんの分はわたしががんばるから、自分の仕事、人命救済を優先して！」

それでも尾山は可能な限りデモに足を運んだ。そしてすぐに病院から呼び出されて戻っていく。

冨谷は思った。

〈尾山さんは人の生死に関わる外科医だから、人の汚い面をたくさん見てきたにちがいない〉

冨谷は、尾山のように正義感が強く闘う意志のある人間と知り合えたことが、今回の詐欺事件に巻き込まれた不幸中の幸いだと感じていた。

ある日、外科医の尾山文雄は、うっかりデモに長く居すぎて手術の時間に間に合いそうもないことに気づいた。患者は胃がんで胃全摘手術を受けることになっており、尾山はその執刀医である。本来であれば、患者、患者の家族、執刀医である尾山の三人で手術室に向かう。その肝心な時に執刀医がいないと大騒ぎになり、病院からの連絡で尾山の携帯は鳴りっぱなしになった。

手術は無事終わらせることができたが、外科部長や院長から呼び出されて大目玉を食らった。大人になってからこれほど怒られたことはない、というほど怒られた。

手術は日々綿密なスケジュールでおこなわれており、執刀医は一日に二人か三人の手術をおこなう。当然、麻酔医や看護師なども夕イトなスケジュールで動いているため、尾山が遅れたせいですべての予定が狂ってしまうのである。

が、病院に素直に「デモに参加していました」とは言えない。「すみません。ちょっと体調が悪くて、寝坊してしまいました」とごまかす以外になかった。

手術の予定がない日は可能な限りデモを優先し、沼津のスルガ銀行本店で弁護団同士の話し合いがあると聞けば駆けつけた。

それでもなかなか時間を割くことができない。命がかかった仕事をしているのでやむを得ないものの、尾山は会社を休んでまで活動に参加している仲間たちのために、なるべくお金の寄付をすることにした。

沼津行きに参加できないときは、五万円から一〇万円を寄付する。一億、二億円の借金を背負わされた被害者たちが、そうして時間なりお金なりを出し合って、SS被害者同盟は成り立っていた。

SS被害者同盟は、組織運営がうまかった。人数が多いため、二十人ずつの班をつくり、班長と副班長を決めてもらう。その上に執行部が二十五人ほどいて全体をまとめる仕組みである。

執行部は班ごとにデモの出席率などのデータを出してもらい、一部の人だけに負担が集中しないように気を配るなどした。

大手企業の管理職、大学教授、教師、医師、看護師などいろいろな職業の人がおり、みんな常識があって優秀な人たちばかりである。だまされた者同士なのでお互い親近感もある。

尾山は思った。

〈何でこの人たちがだまされてしまったのか、不思議だ〉

被害者たち全員の一致した意見は、「だまされた自分が悪い。しかしまさか銀行までグルだなんて、夢にも思わなかった」というものである。

銀行の社会的信用度は絶大である。不動産販売会社の言動に怪しげなところがあっても、銀行が融資を通すということは、しっかり計算して万が一のときでも回収できる見込みがあるからだ、と思ってしまう。

スルガ銀行の融資担当者は、詐欺に加担しているにもかかわらず、胸を張ってこう言っていた。

「われわれスルガ銀行は、このシェアハウス事業に自信をもっている」

銀行員がそこまで言うのなら、大丈夫だと思ってしまうのは無理もない。まさかその裏で数字を操作したり、銀行員が詐欺師からキックバックをもらったりしているなど、考えもおよばない。

オーナーたちは、積極的にデモに参加した。中には地方から夜行バスに乗って駆けつけてくれる人もいるし、五十八回おこなわれたデモすべてに参加した人もいた。

早朝に仕事を終え、制服を着たまま駆けつけた国際線パイロットもいた。
河合のもくろみどおり、デモはスルガ銀行にとって大変なダメージだったらしい。スルガ銀行の顧問弁護士からすぐに抗議が入った。

が、スルガ銀行がこちらの要求を呑まない限り、デモをやめるつもりはなかった。狙いは、スルガ銀行と資本提携しようとしているスポンサーの動きを止めることである。

スポンサー候補を調べると、家電量販店のノジマ、新生銀行、ＳＭＢＣ（三井住友銀行）などの名前が出てきた。そこで河合ら弁護団がスポンサー候補に内容証明を出して警告した。

「われわれの紛争が解決しないうちに、スルガ銀行と資本提携をすべきではない。もしそうなると、貴社の社員がこの悪質な不良債権の処理をすることになる。士気も評判も下がる。それでもよいのか。乗り出してきたら、スポンサーも当事者と見なす」

すると、新生銀行の弁護士から河合のもとに連絡が入り「あれは恐喝だ」と苦情を入れてきた。

河合は言った。

「別に問題ないでしょう。貴行がスルガ銀行と資本提携しなければいいだけの話ですから」

すると、相手の弁護士は言った。

「われわれはスルガ銀行と提携するつもりはありません」

店頭デモを続ける限り、スポンサーは現れない。マスコミもあのデモがある限りスルガ銀行は立ち直れないと見ていた。それほど効き目は絶大だった。

また、ＳＳ被害者同盟・ＳＳ被害弁護団では、金融庁・警視庁・国土交通省などの国家機関に対して被害の窮状等を陳情するという活動もおこなった。

熊井誠は「陳情する」という考え方に、生まれて初めて接した。弁護団と行動をともにしていると、「お上に陳情する」ことの意味や効果を実感できる。

〈ああ、こういうことができるのか……〉

熊井は、私生活でも陳情を実践することにした。

熊井の末の子は身体障がいで話すこともできない。シェアハウスを購入する時はまだ妻が妊娠中だったので、障がいについて知るよしもなかった。

熊井家はもともと共働きで、いずれ下の子どもを預かってくれる施設が必要になる。が、地域の保育園の障がい者枠は、知的障がい者のみで看護師が常駐する必要のある身体障がい者は適用外だった。が、熊井はここでも頑張った。「変な条件をつけずに、とにかく保育園に入れさせてくれ」と何度も陳情した。そのうちに、自治体の方も熊井に対して「面倒な奴」との認識が生まれたらしく、いろいろ便宜を図ってくれるようになった。

熊井は、ＳＳ被害弁護団とＳＳ被害者同盟において、スルガ銀行との闘いに勝利を得ただけでなく、闘うノウハウと勇気をもらった。

江上修治がシェアハウスを購入したのは、結婚三年目のことだった。妻の麗子は、あまり物事を深く考えたり将来を思って不安になったりするタイプではなかった。だから逐一報告するのではなく「あとは任せれば大丈夫だよ」とだけ言っておいた。

そのため、会議やデモに参加するとき、「まだ解決してないの？」「なんで会議に行くの？」と聞いてくる。やがて、そうした活動についても仕事のふりをするようになった。

江上は、以前不動産の仕事をしていた沖縄の母親には事情を説明した。

「大変なことになってしまったけど、毎週日曜日にオーナー被害者が集まって会議をやって、何とかするように動いているから」

その後、母親から「あれからどうなった？」と連絡が入ったが、「いい方向に動いているよ」とだけ伝えた。

心配させたくないという気持ちもあったが、冨谷から「勝ちたかったらしゃべったらダメだよ」と言われていた。情報がどのような形で敵に漏れるとも限らない。情報は出さないに限る。

明るみに出たスルガスキーム

平成三十年三月二十七日にスマートデイズ関連会社などを相手取り、損害賠償訴訟を起こした弁護士の加藤博太郎も、独自で調査を進めていた。

が、非常に難しい訴訟で証拠も少ないため、若く経験の少ない加藤はなかなか攻撃できずに足踏み状態が続いた。

しかし丹念に調査を進めた結果、一連の不正融資問題、通称スルガスキームに複数の行員が関わっていたことが見えてきた。

頭金もない人に、どうやって巨額の融資を可能にしたのか。銀行は、貸し付けるときに借り入れる人の資力や財産を見る。そのために預金通帳、給与明細表を提出させる。が、それを見せてしまえば、返済能力がなく貸せないということになる。

加藤弁護士の調査に協力した、客の資産証明を十回も改ざんしたという人物は次のように証言した。

「金融機関の通帳にもいろいろあり、通帳によって預貯金残高を改ざんしやすい、しにくいということがあります」

たとえば、ページ背景の色の濃淡が一番少ない通帳を選んでスキャンする。残高はわずか一万九〇〇〇円だが、数字部分のコピーと貼り付けを繰り返すと、あっという間に一七〇〇万円に水増しされた貯金額となる。使用したのはパソコンにもともと内蔵されているソフトで、特別なものではない。

こうした加工は販売代理店がオーナーに無断でおこなっていて、問題が大きくなるまで改ざんを知らなかったというオーナーがほとんどだった。

スルガ銀行は、通帳原本ではなく、この偽造された通帳コピーでローンの審査を受け付けていた。あえて原本を確認しなかったということであれば、ローンを通しやすくするという意図が銀行サイドにもあったという裏付けになる。

また、スルガ銀行の内情を深く知る名古屋の元幹部行員は、銀行にとっても危険な融資を黙認した理由を、行員個人の成績のためだと証言した。

「借入人、貸付を増やせば自分の営業成績を上げられる。過大なノルマでガチガチに縛られているような土壌があるため、将来的なリスク等についてまで考えがおよばない」

組織全体が業績至上主義に呑み込まれており、行員たちはノルマ達成のためにはもう水増ししかないと思いつめ、通常の判断能力が失われていった。

加藤弁護士のもとには、新たな証拠が次々ともたらされていた。

さらに別のケースでは、行員が通帳の画像を交えて販売会社と次のようなやり取りをＬＩＮＥでおこなっていた。

行員「あと五千五百万」

行員「エビどう？」

行員「まだなら、五千七百万に変更してほしい」
行員「今日夕方までには提出求められてるから」
販売代理店「ただ今作成中です。五千七百万承知致しました」

加藤弁護士の元には、こうしたLINEのやり取りを画像にしたものが持ち込まれた。「エビ」とは英語のエビデンスのことで、銀行に提出する資産証明書のことを意味する。それを五七〇〇万円に変更してほしいと行員自ら改ざんの指示を出した。行員から指示を受けた販売会社は、五七〇〇万、承知いたしましたと返事をしている。つまり、共同して改ざん書類を作成していたのである。

こうした証言や証拠が五月半ばにテレビ番組などで報道されると、SS被害者同盟に追い風が吹き始めた。

当初、スルガ銀行は「偽造した販売会社や不動産業者はいたかもしれないが、銀行は知らなかった」で通していた。

が、行員が原本の偽造を指導している証拠が出た以上、知らぬ存ぜぬで通すことはできない。「かぼちゃの馬車」問題を追及する突破口として注目されるようになった。

完成したシェアハウスを運用にこぎつける

土地購入から建物購入まで三カ月要した奥山勇は、千葉県千葉市中央区浜野町にある建築会社アレグレホームに乗り込んだ。

「いまから仕様設計変更して、リビングをつくってくれ。そうでないとポータルサイトにも掲載できないんだ」

が、アレグレホームの社員は首を横に振った。

「スマートデイズから許可されてないんで、できません」

「できないことないでしょう。だって契約の主は、ぼくなんですよ！」

すったもんだしたが、結局リビング設置は聞き入れてもらえなかった。

「スルガ銀行との契約は、スマートデイズの仕様の契約で融資が下りています。もし仕様変更してしまったら、三回目の融資が下りない可能性があるので、スルガ銀行に聞いてください」

奥山は、スルガ銀行横浜東口支店に行って、担当者に事情を説明した。

「仕様変更をしてリビングをつくりたいんだけど、できませんか？」

が、スルガ銀行の行員の態度も冷たいものだった。

「できません。スマートデイズの内容で融資が通っていますから」

「でも、このままいったら破産状態でお金入ってこなくなりますよ。それなのに仕様変更を認めないなんて、おかしいじゃないですか」

「上に掛け合ってみますけど、難しいと思います」

結局、仕様変更は認められなかった。奥山は悩んだ挙げ句、一度建物を完成させてその後にリフォームすることを決めた。

平成三十年三月、予定を大幅に遅れ奥山のシェアハウスの建物は完成した。

ところが、シェアハウスを運営するために欠かせない、家具、ベッド、洗濯機などが一切入っていない。

奥山がアレグレホームに問い合わせると、次のような答えが返ってきた。

「建築会社からスマートデイズ側に委託して、中身はスマートが納入することになっています。しかしスマートデイズがあんな状態なので、内装を含めすべて完成するのはいつになるのかわかりません」

奥山はスルガ銀行に問い合わせて「ローンの支払いはいつから始まるのか」と聞くと、「予定どおり四月から始まります」という。

奥山は必死になって事情を説明した。

「しかし、うちのシェアハウスはまだ引き渡しが終わってもいないんですよ」

が、スルガ銀行の行員は、冷たく言い放った。

「うちは関係ありませんから」

さすがに奥山の全身から血の気が引いていった。

〈どうしたらいいんだ……〉

スマートデイズがおこなうはずだったサブリースはおろか、内装までほったらかし状態にされてしまった。シェアハウスの納期はいつになるかわからないのに、スルガ銀行のローン返済は間もなくスタートしてしまう。

奥山は、スルガ銀行に何度も連絡して頼みこんだ。

「とにかくローンのスタートを待ってくれませんか」

すると行員が言った。

「あなたの資産情報を持ってきてください。いまお住まいの家、車、すべての資産リストが必要となります」

奥山は、ここでようやくスルガ銀行が自分の味方についてくれることはないと気づいた。奥山の窮状には知らんぷりを決め込み、自分たちが取りっぱぐれないように抵当入れの基礎資料を集めようという魂胆なのである。

奥山は、もう一度アレグレホームに連絡を取った。

「ぼくが契約しているのはアレグレホームなんだから、最後までやるのはあなたたちの責任でしょう。いますぐに内装も完成させてくれ」

「じつは、お支払いいただいた中から、すでに内装や家具調度類などに必要なお金はすべてスマートデイズに支払い済みなんです」

「でも、建築会社って、あなたでしょ」

「そうですが、弊社とスマートデイズの間で業務委託契約を交わしていまして、金額の三分の一をスマートデイズが受け取り、その代わり内装などはスマートデイズが納入することになっていたんです」

アレグレホームには、奥山のシェアハウスを完成させるつもりは毛頭ないようだった。引き渡しがされていないので、三回目の融資はまだおこなわれていないのが救いだった。

奥山は、再度スルガ銀行に連絡を取って事情を説明した。

「こういう状況なので、今度こそ金を止めてくれ。勝手に振り込まれたら、それもまたスマートデイズに振り込まれてしまうから」

が、スルガ銀行の行員は拒絶した。

「止めることはできません。なぜなら、契約がそうなっていますから。建築会社から完成したと報告が入り次第、われわれは三度目の融資振込を実行します」

「いつまでスマートデイズと組んでるつもりなんだ！　あんたたちのやっていることは、おかしすぎる！」

「しかし契約がそうなっている以上、やむを得ません」

「だったら、スマートデイズのキックバック分を除いて建築業者に振り込むか、全額をぼくの口座に振り込んでくれ。そこから自分で建築会社に払う。残った金で、洗濯機や冷蔵庫を入れるから」

「それもできません。契約ではあくまでアレグレホームに振り込むことになっていますので」

この頃のスルガ銀行は、あくまでも強気だった。何を言っても「契約書は一切変えることはできない」の一点張りだった。

奥山は、日住検の「被害者の会」が毎週会議を開いていると聞いて、藁にもすがる思いで参加してみることにした。

奥山は、発破をかけて被害者の会にどんどん動いてもらおうと会場に入った。が、すぐに思った。

〈ここはダメだ〉

中心で対応していた弁護士は、事件の内容をよく理解していないだけでなく、被害者の気持ちをまったくわかっていなかった。当然、被害者に寄り添った行動に出る可能性はなく、そもそも動きがやたら遅かった。

会合に弁護士はいても、被害者の質問に主に答えるのは不動産屋や建築屋だった。しかもポケットに手を突っ込み、ふんぞり返りながら説明する態度の悪さである。

日住検はNPOであったが、結局は建築上や不動産屋を束ねた彼らのビジネスの道具でしかなかった。今回のように被害者が出た場合、住宅検査をして性能評価をした後に不動産屋に安値で売却して自分たちの儲けとし、被害者には「出血を少なくして着地しましょう」と説明するだけの組織でしかなかった。

奥山は疲れ果てて家に帰り、下の子の姿を目で追った。

里子は二年ごとに更新となる。自己破産することになれば、施設に返すことも考えねばならない。が、すでに情が移っている。もし養育期間の上限である十八歳までいっしょにいられたとしても、それでサヨウナラというつもりもない。

奥山夫妻には、兄弟で支え合うことができないなら、将来的に子どもたちだけでも食べていけるように何とかしてやりたい、という親心があった。そうした心の隙間に、悪徳不動産業者が食い込んできたのである。

それでも、奥山は里子を引き取ったことを後悔していなかった。血のつながりはなく、知的障がいがあったとしても、条件なしに可愛い。奥山は、詐欺被害に遭った後にも「里子はいいよ」とみんなにすすめていた。

当初、物件管理をスマートデイズに任せていた被害者たちは、シェアハウスの鍵を預けたままだった。スマートデイズは破綻してサブリース料も入ってこないというのに、オーナーは鍵を返してもらえずにいた。鍵を取り返すには、「サブリース解除の覚書」を作成して、スマートデイズ側にもサインをしてもらわなければならなかった。

すると被害者の中から「日住検の『被害者の会』の弁護士に依頼して、スマートデイズに内容証明を出してもらうべきじゃないか」という意見が出て、みんなが同意した。

「そうだ。一刻も早くやらないと、鍵も持ち逃げされて、住んでいる女の子たちも放置されたままになる」

リーダーの冨谷皐介は、奥山に白羽の矢を立てた。

「奥山さん、日住検が動いてくれそうか、調べに行ってもらえませんか？」

奥山は冨谷に、日住検の運営会議に何度も足を運んで文句を言っていたことを話していた。だから冨谷は奥山が適任だと考えたのだ。

奥山は了解した。

「いいですよ」

「じゃあ奥山さんから、被害者全員の気持ちを伝えてください」

が、やはり日住検はまったく使い物にならなかった。

「みなさんそれぞれ事情が違うので、個別案件になります。引き受ける際は、一人ひとりから弁護士料をいただくことになります」

奥山から報告を受けた冨谷は思った。

〈日住検のやり方は、おれの考え方とまったく違う。これは個別案件ではない。この勝負は、一人で闘っても負ける。大きな力、数の力がないと絶対に勝てない〉

日住検などあてにはできない。奥山は、やはり、自分でどうにかするしかないと思った。そこで粘り強くアレグレホームと「あなたたちが冷蔵庫や家具を入れるべきでしょう」と交渉を続けた結果、内装と冷蔵庫など一部の家電が入った。

向こうも完成させて早く金がほしかったのだろう。奥山の努力も虚しく、三度目の融資は契約どおり全額アレグレホームに振り込まれてしまった。

アレグレホーム経由でスマートデイズに支払われるはずの六〇〇万円は、アレグレホームが握り込んだままとなった。が、とにもかくにも、これでシェアハウスは奥山のものになった。すぐに十七部屋あるうちの二部屋を潰して、リビングを増設するリフォームに入った。リフォームには一〇〇万円以上かかった。これも奥山の自腹である。

平成三十年五月、奥山はようやくシェアハウス専門ポータルサイト「ひつじ不動産」に募集をかけられるようになった。

本当であれば、スマートデイズからサブリース料が毎月八七万円振り込まれるはずだった。スルガ銀行に払うローンは毎月六四万円。その差額分が自分の利益になる予定だった。

ところが、募集をかけても、思うように入居者は集まらなかった。そもそもスマートデイズが用意した一部屋当たりの家賃は相場よりはるかに高く、一部屋六万数千円だった。いくら敷金礼金が必要ないとはいえ、いくら何でも高すぎる。

入居者が来ないため、奥山は、段階的に家賃を引き下げていき、これ以上は絶対に下げられない一部屋三万六〇〇〇円まで下げて、ようやく入居者が来るようになった。

が、たとえ満室になってもスルガ銀行への返済額には至らない。利益を出すにはほど遠く、やってはいけなかった。

が、奥山はなお思っていた。

〈とにかくいまは満室を目標にするしかない〉

奥山は、こうした騒動の中で冨谷がつくったＬＩＮＥグループには参加していた。が、シェアハウスの建築が終わっていないため、グループの話には参加できなかった。

奥山が何とかしてシェアハウスを完成させようと奔走している間に、河合弘之弁護士を中心とした弁護団が結成され、スルガ銀行と代物弁済を目指して闘うという方針が打ち出されていた。

河合が「出血から止めるべき」「闘う相手はスルガ銀行」と力説する中、奥山は思った。

〈本当に、大丈夫なんだろうか……〉

が、先日は日住検の「被害者の会」の体たらくを目の当たりにした。他の弁護士とも直接話をしてみたが、やはり自己破産の話しかしない。

一方河合弘之は、スルガ銀行と闘うと宣言した唯一の弁護士だった。スマートデイズと結託しているくせに、上から目線で話す銀行員の態度に業を煮やしていた奥山は、河合弁護士に任せることに迷いはなかった。

〈これで失敗しても、河合先生がうまくいかなかったとしても、かまわない〉

他の被害者たちは、「支払い止めたりしたらクレジットカードが止まるかもしれない」「ブラックリストに載るかも知れない」と騒いでいたが、奥山はまったく気にもしなかった。何しろ、一度は本気で死のうと思った身である。

〈いろいろな人と、いろいろな交渉を重ねてきて見捨てられたのだから、闘うだけ闘ってその結果負けて破産するのなら、それでいいじゃないか〉

奥山がようやく「何か自分にもできることはないか」とＬＩＮＥグループに本腰を入れて参加し始めたのは、平成三十年四月以降のことだった。


江上修治は、ＬＩＮＥでオーナーたちとつながりながら、個人的には金利交渉を進めようとスルガ銀行に連絡をした。が、一カ月経ってもスルガ銀行からまったく連絡がない。何度も繰り返し電話をかけ続け、ようやくアポが取れたのは、説明会から二カ月も後の平成三十年三月二十九日だった。

三月二十九日、江上はようやくスルガ銀行の行員と金利交渉の場に立つことができた。

スルガ銀行はまず「資産はどのくらいあるんですか？」「生活費はいくらで、その内訳はどうなっていますか？」など、江上の情報を洗いざらい聞こうとした。江上は正直に話したほうがいいと判断し、すべての質問にありのまま答えた。

担当者は答えた。

「わかりました。それでは結果をお待ちください」

それからさらに一カ月待たされた四月、江上はようやくスルガ銀行から金利引き下げ交渉の結果を受け取った。

が、結果は期待したものと違っていた。

〈この程度の引き下げなら、やはり無理だ。やっていけない〉

江上は、四・五％の金利を一％台まで引き下げられたら、何とか返済できると計算していた。が、結果は二・三％。返済は不可能と結論せざるを得ない。毎月九六万円の元利が少し引き下げられても、貯金を切り崩して返済に充てていたら、半年ももたない。

江上は、すぐに電話してスルガ銀行側と話をした。が、やはり江上の希望どおり一％への引き下げは断られた。

「金利は、やはり二％台になります」

それを聞いて、江上は即答した。

「わかりました。金利交渉はやめて支払いを止めます」

江上はスルガ銀行との金利交渉を待つ間、河合弘之のことをいろいろ調べていた。調べれば調べるほどすごい弁護士であることがわかった。自分がこのままでは死ぬのを待つだけだったし、自分が信用すべきはどちらなのかもはや明らかだった。

江上は、ＬＩＮＥで自分も支払い停止を決意したと伝えた。すると、ほかのオーナーとともに五月一日付けの支払停止通知を提出することが決まった。

三月一日から始まり、四月一日、五月一日と三回目の提出である。

第五章　「地銀のお手本」の虚構

異なるメディアの論調

外科医の尾山文雄は、フジテレビ系列のお昼の番組『バイキング』に出演した。首から下だけを映す条件での出演だった。まだ世間が被害者に厳しく「だまされたほうが悪い」という論調だった頃である。

ＭＣの坂上忍が「これって自己責任ですよねぇ」と、いかにも小馬鹿にした態度でからかいながら尾山の話をする。

放送を見た尾山は、腹が立ち出演を後悔したが、これを見ていた冨谷も、坂上の無責任な発言に対して腹が立って仕方がなかった。

〈テレビは影響力がある。ヘタなこと言ってほしくない。坂上忍は、絶対に許せない〉

後日、番組をたまたま視聴していた尾山の友人が、「あれ、おまえだろう」と連絡を取ってきた。いくら顔が映らなくても服装や手の血管の感じでわかったという。親友と呼べる間柄だったので、バレてしまった。

一方、日本テレビ系列の朝の番組『スッキリ』の論調は違った。ＭＣの加藤浩次は、まだスルガ銀行の悪事が知られていない段階で、次のような感想を口にした。

「銀行が悪い、と考えた場合はどうなんですかね。これ、銀行が悪いんじゃないんですか？」

じつは、冨谷と加藤浩次は中学と高校の同級生でクラスメートだった。高校を卒業後、冨谷は加藤と一度も直接連絡を取り合ったことはない。もちろん、加藤は「かぼちゃの馬車」事件に冨谷が関わっていることなど知るよしもない。

加藤は昔から正義感の強い男だった。だから坂上忍のように「だまされるやつが悪い」と決めてかかって人を見下すような態度を取らず、公平に物事を見ようとしてくれたのである。冨谷は、そのことがひどく嬉しかった。

冨谷もテレビに出演したが、正体がバレることはなかった。声はそのままで、首から下だけを映す状態で、五回ほど出演した。

冨谷は放送を自宅のリビングで見ていたが、テレビの近くにいた子どもはテレビから父親の声が聞こえても、まったく気づかなかった。自分の父親がテレビに出演するなど夢にも思わない状態では、気づかないものなのだろう。


外科医の尾山文雄は、研修医仲間であった柿内高之が働いた詐欺行為により運命を狂わされた。が、SS被害者同盟の活動をしていくうちに考え方が変わっていった。

〈あのとき無理してアメリカに行かず、日本に残って良かった……〉

現在勤務している千葉県の病院は手術数が多く、外科医としての経験を着実に積むことができる。がんの手術に関しては、手先が器用で完璧さを求める日本人医師が最も優れていた。アメリカ人医師の場合、ひとことで言うと大ざっぱなのである。

手術の際は、がんを取り除くだけでなく、がんの周辺にあるリンパ節を切除するリンパ節郭清が必要となる。消化器外科は、リンパ節に残る脂肪組織をすべて取り除いて再発を極力抑えるまでを手術と呼ぶ。そのため、日本のがん再発率は海外の文献と比べて非常に低い。日本で手術を受けた患者がステージ1の場合、ほぼ再発率はゼロである。

アメリカの場合、「手術一件につき何ドル」というインセンティブが発生する。医師が儲けるためには、時間をかけて丁寧に手術するよりも、さっさと終わらせて回数を増やさねばならない。そのため、日本のように血管を綺麗に剝いて脂肪組織を取り除くような時間のかかる手術はせず、外科手術用の機器を使用して切ってつないで手術完了である。メリットは医師側にだけあり、患者にはない。当然、日本の手術のやり方が圧倒的に優れている。そうした違いを学べたことは、まだ若手医師の尾山にとって大いにプラスになった。

また、不思議なことにアメリカ人は胃がんに罹らない。食塩の摂取量や食品添加物の摂取が多く、ピロリ菌がいないことなどが影響しているといわれている。が、はっきりした理由は解明されていない。そのためアメリカでは、胃がんの手術を一度もしたことがない医師ばかりである。だから胃がんの手術が得意な医師は貴重である。もし将来、尾山がアメリカに移住した場合、優れた外科医として高く評価されることは間違いない。

最近の日本もまた、胃がんの手術数が大幅に減っている。理由はピロリ菌の除菌である。最近は採血で簡単にピロリ菌の有無が判明すること、ピロリ菌を含む井戸水を飲む人の数がほとんどいないことがその理由である。昔の日本人のピロリ菌罹患率は九〇%を超えていたため、胃がん患者もまた多かったのである。

スマートデイズ、白旗を揚げる

五月八日、ＳＳ被害弁護団とスルガ銀行の第三回目の面談がおこなわれた。

このとき、弁護団長の河合弁護士が大声で言った。

「なぜ、第三者委員会を設置しないんだ。あんたがたが内部調査をしても、嘘をつくに決まっている。銀行と完全に独立した第三者委員会を入れるべきだ」

スルガ銀行による一連の不正融資問題は、通称「スルガスキーム」と言われていた。

五月十一日、ついに日本経済新聞に次のような記事が出た。

《女性専用シェアハウスへの投資を巡るトラブルで、大半の所有者に融資したスルガ銀行は、十一日までに新たな社内調査の結果をまとめた。販売業者が借り入れ希望者の年収や預貯金額を水増しし、融資を受けやすくしたことについて『審査書類の改ざんを知りながら融資した』との回答があった。こう答えた行員は数十人規模に上るようだ。『行員は不正に関与していない』との従来の説明を覆す内容で、組織的な関与の可能性が強まった。

融資実行の見返りに金銭などを販売業者から得る『キックバック』や、業者の接待を自ら受け、または受けた同僚を知っているという回答も複数あったとみられる。

女性専用シェアハウスへの投資を巡るトラブルで、金融庁は十一日までに、問題の経緯を知る役職員の恣意的な退職や解雇は『検査忌避になりえる』とスルガ銀行に伝え、検査への協力を求めた。同行は大半の所有者に建設資金を融資。立ち入り検査中の金融庁は、経緯を知る役職員への聴取が実態解明に不可欠とみて銀行に異例の警告をした。

合計で一千億円超のシェアハウス所有者への融資の大半を実行し、問題の経緯を知っているとみられた横浜東口支店の元支店長が二月末に退職。他の役職員らも退職の意思を示していたことが判明した。

金融庁検査は銀行や現役の役職員を対象とし、経緯を知りながら退職した元行員らには権限が及ばない。関係者が銀行を去れば、実態解明を阻みかねないとの危機感を強めており、異例の警告に踏み切った。責任者らの恣意的な退職は、銀行法六十三条が禁じる検査忌避（検査の妨害）に該当し、罰則の対象になり得るとスルガ銀行に警告。悪質性が高いと判断すれば、金融庁は刑事告発する構えだ。》

河合弘之は、この頃から記者会見の席に立ち、ＳＳ被害弁護団の団長として話をする機会が増えた。このとき、河合はかならず「わたしたち」という言葉を使った。

「わたしたちは、こんなに苦しんでいる。このわたしたちの苦しみを、どう思ってるんだ！」

「わたしたちが生き残る道は、代物弁済しかない！」

冨谷ら被害者は、河合の「わたしたち」という言葉を聞いて感動した。

〈ああ、まるで自分のことのように考えてくれる先生なんだ〉

もちろん、河合以外に「わたしたち」などと言ってくれる人はいなかった。

河合からすれば、自分は被害者でもないのに「わたしたち」と言うことに後ろめたさを感じていた。が、記者会見では、つい当事者の立場になって興奮し、かれらの気持ちを代弁してしまう。冷静になった後、いつも気恥ずかしさを感じていた。

冨谷は、同盟メンバーに発破をかけた。

「河合先生が『わたしたち』と言って寄り添ってくれている。だから自分たちも、自分のこととして闘おう。他人事じゃないんだ。弁護士先生に依頼して着手金を払って終わりだと思わないでほしい！」


五月十五日、前月の四月三日に社長に就任したばかりの赤間健太代表取締役率いるスマートデイズは、東京地裁より破産手続きの開始決定を受けた。

スマートデイズは、自分たちが逮捕されるのではないかと戦々恐々とする中、あっさりと白旗を揚げた。

そして不動産業者らは河合に縋るようにアプローチしてきて「ゴメンナサイ。協力しますから、ぼくたちは撃たないでください」と救いを求めてきたのだった。

河合は当初からの作戦どおり、不動産業者には目をつぶる予定だった。たとえ一人あたり一〇〇〇万円取り戻しても意味がないからである。

その代わり、かれらから非常に重要な証拠が出てきた。

スルガ銀行はその五月十五日、スルガ銀行から完全に独立した中立・公正な専門家のみで構成される「第三者委員会」を設置した。河合が五月八日に設置を要求した直後である。

第三者委員会は、シェアハウス問題についての事実の調査と原因を究明し、スルガ銀行の内部管理体制に関する調査と再発防止策の検討と提言を主におこなうことになった。

委員会の構成は、中村・角田・松本法律事務所の中村直人（なかむらなおと）弁護士が委員長。委員に同事務所所属弁護士の仁科秀隆（にしなひでたか）、山田和彦（やまだかずひこ）、倉橋雄作（くらはしゆうさく）が当たることになった。

これは独立性の高い日弁連方式を採用したもので、委員会で報告書の最終案が固まったら日を決めて公開するが、スルガ銀行に対しても同時公開となり、ドラフトは事前に一切見せない。

スルガ銀行岡野会長自宅前でのデモ

デモは勢いを増していた。

冨谷は、妻の恵美に言った。

「今度、日本橋のスルガ銀行東京支店前でなく、岡野会長の自宅前でデモをやるんだ。休日で参加者も少ないから、一緒に来てみないか」

それまで冨谷は妻を巻き込みたくないと考え、デモに一度も誘ったことはなかった。が、恵美はこっくりと頷いた。

「わたしも、行く」

冨谷は自分で誘っておきながら驚いた。てっきり断られるだろうと思っていたのだ。

一時は形式的に離婚をすることも夫婦で考えていたが、河合と組んでからは、形式的であろうとも離婚

岡野光喜会長

はまったく考えなくなっていた。

デモの標的となった岡野光喜スルガ銀行会長は、昭和二十年（一九四五年）一月五日、静岡県で百二十年以上も同行を支配してきたスルガ銀行創業家に生まれた。曾祖父である岡野喜太郎は同行初代頭取、父は同行第三代頭取を務めた岡野喜一郎（おかのきいちろう）。平成二十八年七月に死去した実弟である岡野喜之助（おかのきのすけ）は、同行副社長兼COOを務めた。

岡野光喜は、慶應義塾大学卒業後、富士銀行勤務を経て入行。昭和六十年（一九八五年）には、当時地銀業界で最年少となる四十歳でトップに就任。それまでの法人融資から個人向けリテール業務への推進に舵を切り、大きく収益を上げた実績があった。金融庁長官からの「地銀のお手本」という称賛も得ていた。

それまでの頭取の呼称を、社長に変えた。

一方、イケイケのワンマンタイプで独裁体制を築き、利潤第一主義で苛烈なノルマを行員へ課した。そのため、内外に多くの問題を起している面もあった。冨谷がかつてインターネットで調べた、詐欺同然のデート商法もその氷山の一角である。

佐藤太治の関与が明らかであったスマートデイズのような企業へ融資をおこなっていたのも、岡野一族に誰も異を唱えられない体制がスルガ銀行内にあったからだと、元行員らを含めた複数名からの証言が寄せられた。

同時に、スルガ銀行が不誠実な対応を貫いているのも、根底には岡野一族の意向があると多くの指摘があった。絶対的な権力は絶対的に腐敗する。彼らには罪を犯した等という殊勝な感情は存在しない。

関心があるとすれば、あとどれだけ金を搾り取れるかという一点のみであるように思えた。そうであれば、スルガ銀行の態度にも納得がいってしまう。

岡野は、スルガ銀行系の一般財団法人であるベルナール・ビュフェ美術館、スルガ奨学財団、井上靖文学館、企業経営研究所で理事長や理事、評議員を務めている。

役員報酬は、平成二十五年度が一億九四〇〇万。平成二十六年度が一億九二〇〇万円。平成二十七年度が一億九二〇〇万円。平成二十八年度が一億九二〇〇万円。

平成二十八年六月、世代交代を鮮明にし若返りを図るため会長に退いたが、その後も経営を支えていくとしていた。

いよいよ五月二十日、ＳＳ被害者同盟は東京六本木の泉ガーデン内にある岡野光喜スルガ銀行会長の自宅前でデモをおこなった。

岡野の自宅がある泉ガーデンレジデンスは超高級分譲マンションで、まるで五つ星ホテルのような趣である。賃貸の場合、家賃は月五〇万円から一五〇万円ほど。デモ参加者は、六本木一丁目の立地と建物の豪華さに圧倒された。

が、怯んではいられない。いつものように、サングラスとマスクで顔を隠し、「悪人！　岡野！」などと書かれたプラカードを胸に、マイクで抗議デモをおこなった。

「岡野一族が元凶だ！」

「許さない……それに言われるままのスルガ銀行上層部だって、同罪じゃないか！」

「こいつらがスルガ銀行にいる限り、わたしたちの平穏な日々は戻ってこない」

『同盟』に木霊する怨嗟の声。

「絶対に許さない！」

一段と大きいのが、冨谷の叫びであった。

冨谷はマイクを力強く握り、人一倍大きな声で主張を繰り返した。仮に通行人の反応が悪くても、この様子をテレビ放送で使ってもらえれば上出来である。なんとか使ってもらうためには、絵になるデモの力強さが必要だし、使えない映像だとわざわざ来てくれたテレビカメラにも申し訳ないとも思っていた。

そして、デモを無視して通り過ぎる通行人たちの中に、一人だけその様子を見つめている女性の姿があった。

今日のデモについてきた冨谷の妻の恵美である。

恵美は、デモの始まりから終わりまで、ＳＳ被害者同盟の活動を見守り続けると、夫に寄り添い労いの言葉をかけた。

「お疲れ様」

「ありがとう」

「みなさまも、お疲れ様でした。お休み中なのに本当に大変ですよね。でも、がんばってください」

恵美は、ＳＳ被害者同盟メンバーの一人ひとりにあいさつをして回った。いつもの賢く冷静で、そして優しい妻の姿があった。それは冨谷に安心と同時に闘うための活力を与えてくれた。

「絶対に解決する。時間を購入前の状態まで巻き戻す」

「うん、その意気」

冨谷の約束に対して返した妻の微笑みには、まだ陰が見えた。

冨谷は、より強く誓い直すのだった。

〈かならず彼女の元の笑顔を取り返してやる……〉

ＳＳ被害者同盟は、六月三日にも岡野スルガ銀行会長の自宅前で、二回目のデモをおこなった。

熊井誠も参加したデモ隊は、マンション前のスペースが広かったため、ぐるっと歩きながらデモをおこなった。

すると、近所の住民から「うるさい！」とクレームが来た。

警察も飛んできて注意した。

「歩くのはやめて、止まってやってくれ」

冨谷らは警察に抗弁した。

「わたしたちは、法に触れるようなことはしてない」

SS被害者同盟は、公安条例により、行進する際には許可が必要だとは知らなかった。スルガ銀行前のデモを最初に計画したのは河合弁護士だったからである。やむなくデモ隊は、歩くのを止めて、立った状態でデモ活動をおこなった。

デモを続行したものの、デモ隊とクレームをつける住民の板挟みになった警察官が気の毒になり、間もなく引くことにした。

熊井誠は、五十八回おこなったデモのうち五十五回行った。デモをしていると「闘っている」という実感があり、不安感を紛らわすことができた。

〈デモをしていなかったら、おそらく途中でいなくなったり、こぼれたりした人が出たのではないか〉

SS被害者同盟の闘いは、スルガ銀行の本丸を脅かすものだった。スルガ銀行の貸出残高は約三兆円。そのうち収益用不動産担保融資は約一兆円。その中で、シェアハウス関連は二〇〇〇億円程度。中心となる八〇〇〇億円は、中古の投資用一棟ものマンションの購入資金のための融資だった。

今回、シェアハウス事件の発覚でその悪質さがクローズアップされたが、この八〇〇〇億円の不動産担保融資も、不正がからんでいた。その証拠に、金融庁らが「原本を確認しろ」と指導し、通帳などのコピーのみの審査がおこなえなくなった途端、融資が成立しなくなった。スルガ銀行の収入の約九〇％は収益用不動産購入の個人向け融資である。これが事実上できなくなってしまったのである。スルガ銀行の主要なビジネスモデルは潰れた。

河合は思った。

〈これなら、絶対に敵は落ちる〉

『ガイアの夜明け』による援護射撃

五月二十六日、ＳＳ被害弁護団による被害者集めのための説明会が千代田区内幸町の貸会議室でおこなわれた。

本来は、弁護士による広告宣伝に当たるため、このような説明会を開くことは禁じられている。が、シェアハウス事件は公益的で社会的な広がりがあると認められ、弁護士会から許可が下りたのである。

河合は被害者たちに「おれのところに集まれ！」と呼びかけると、新たに数十人が会場に集まった。

その中には、かつて「河合弘之を信用できない」と言ってグループを去っていった吉岡ミキの姿もあった。

マスコミにも何度も取り上げられ、スルガ銀行を相手に堂々と勝負しているＳＳ被害者同盟の動向が、やはり気になるのだろう。わざわざ偽名を使って会場に入ってきたが、顔バレしているので、彼女だと気づいた者につまみ出されていた。

このときは、十人ほどが新たに参加することになった。が、すぐに抜けてしまう人もまた多かった。同盟の全体会議で、元銀行員の被害者が大声で非難したことがあった。

「冨谷さん、あなたは間違っている！　おれはシェアハウスを持ち続けたい。せっかく建てた物件なんだから」

不動産を高値掴みさせられ、中抜きされているのだから、いくら頑張っても、とうてい元は取れない。だから代物弁済で物件を返して債務を免除させるのを目的にしたのだが、どうしてもシェアハウス経営を諦められない人もいた。

外科医の尾山文雄は思った。

〈なんだ、あいつは？　被害者が一つにまとまらなかったら、話にならないじゃないか〉

そのようなことは、とりあえず一つにまとまって勝ってから考えても遅くはない。

尾山は思った。

〈こんな詐欺物件、一刻も早く手放したいと思うのが普通だと思っていたが、持っていたいという人もいるんだな〉

第四章でも記載したが、五月二十九日にテレビ番組『ガイアの夜明け』で「かぼちゃの馬車」投資詐欺事件についての特集が放映された。

それはいままでにない詳細な内容を伝えるもので、視聴者らにスマートデイズやスルガ銀行の悪辣な手口を強く印象付けるものだった。中でも大きな反響を呼んだのが、スルガ行員が販売会社へ改ざんを指示したＬＩＮＥの存在だ。そこでは資産証明をエビデンスから「エビ」という略語で呼び、上司からの催促があるため、金額まで指定した上で早めの提出をしてほしいという生々しいつぶやき「エビどう？」が記されていたのだ。

この特集は大きな話題となり、スルガへの注目はますます高くなっていった。ＳＳ被害者同盟は快哉を叫び、急増した取材依頼や、参加を求めるこれまで単独で闘っていた被害者たちへの対応で嬉しい悲鳴をあげていた。

「やってくれたな……加藤先生」

自宅の居間のテレビでその番組を見ていた冨谷は、思わずそう呟きガッツポーズをとっていた。

じつは、この数日前、加藤弁護士から冨谷へ電話があった。それはスルガの特集が放映されるから楽しみに待っていてくれという内容だった。

冨谷はそれを誰にも話さなかった。というのも、加藤弁護士から放送が始まるまでは他に話さないようにと堅く口止めをされていたからだ。もし、このことが漏洩してスルガの耳に入ったら、TV局へ圧力がかかり放映が中止される恐れがあったためである。

実際に、放送終了後にはスルガ銀行側の金森弁護士から加藤弁護士へ恫喝とも受け取れる内容の電話があったが、それに屈しない機敏な活躍により、SS被害者同盟での加藤弁護士の人気は高まっていった。

そして同時に、冨谷が加藤弁護士へ、スマートデイズ関連会社への損害賠償を求める訴訟について委任を決めた判断も評価された。

「株主総会、見ててください。かならずスルガに一撃を食らわせてやりますから」

今度は自分たちの番だ。冨谷は高ぶる気持ちを抑え、質問事項の確認へ精を出すのだった。

決戦！　スルガ銀行第二〇七期株主総会

六月二十八日、静岡県沼津市にそびえたつ静岡県総合コンベンション施設プラザヴェルデで、スルガ銀行の第二〇七期株主総会がおこなわれた。

それに参加する冨谷らSS被害者同盟のメンバー三十名たちは、早め早めの行動を心掛け、総会開催時

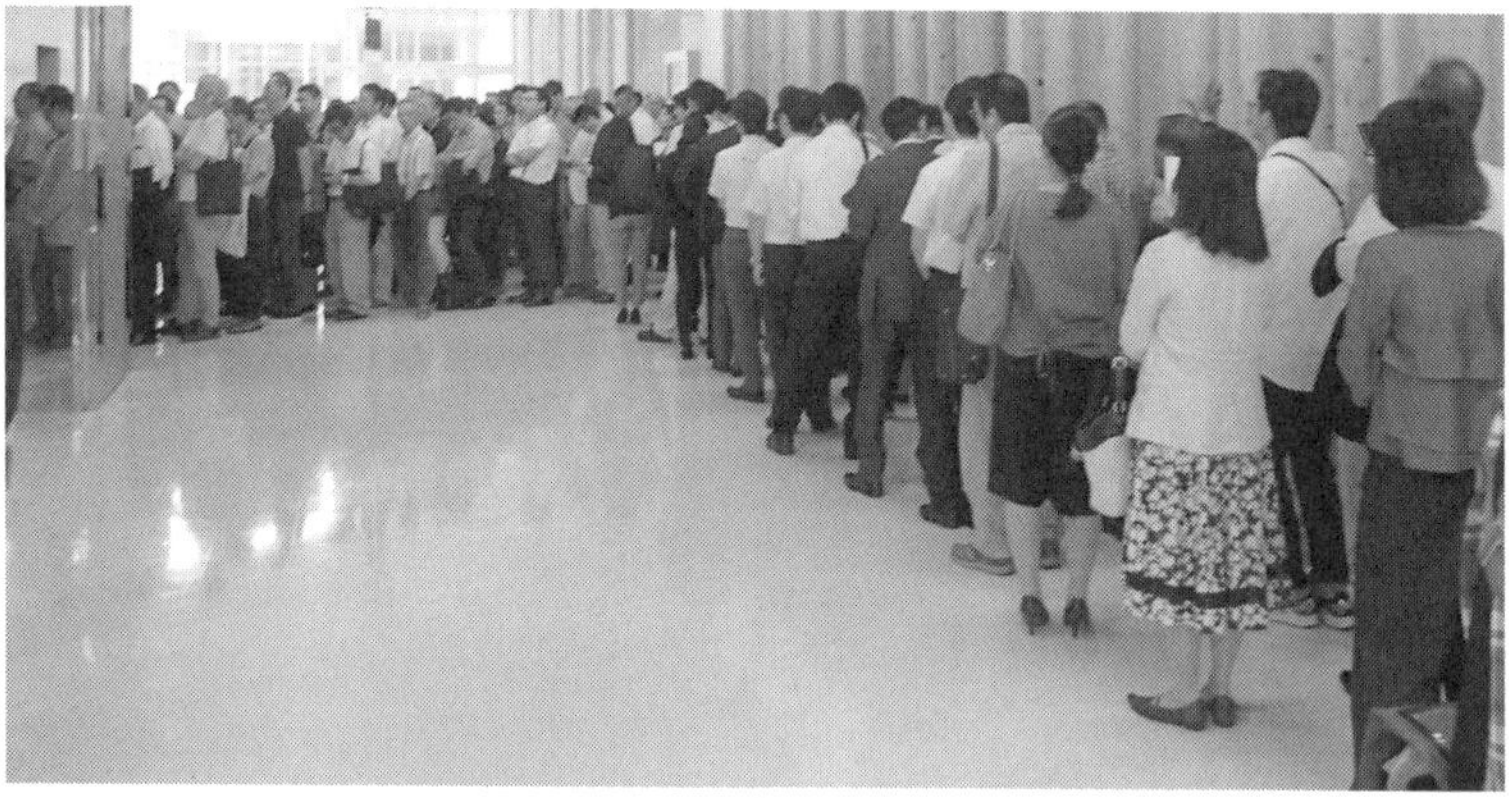

株主総会への入場を待つ株主たち

刻の午前十時には万全の状態をもって臨んでいた。

スルガへの訴えを書き込んだプラカードも準備し、冨谷にいたっては総会の内容を記録すべくスパイカメラを忍ばせていて、さながら秘密工作員の気分であった。

前日まで入念に質問事項について審議を重ね、各々の動きや位置取り、終了後すぐに弁護団の記者会見ができるよう、報道関係者にも根回しをおこなっていた。

少数精鋭で、桶狭間の戦いに挑むような気分でもあった。

SS被害者同盟は大きく二つの戦術を掲げていた。

一つは動議を出し、総会をひたすら長引かせることである。動議とは、株主総会の議事進行がおかしいと見なした場合に株主が出せる唯一の正式な抗議である。この動議を出されると、議長はその動議に関して議論しなければならなくなり、会場の株主たちに対しその動議の決を取らなければならないのだ。

動議を出し続ける限り、この日議長となった米山社長はそれを無視できない。そうなれば進行は滞り、必然的に時間は延びていくという寸法だ。

被害者の副代表である鶴田謙二郎（仮名）と吉山のコンビが切り込み役を買って出て、その出番をいまかいまかと待ち望んでいた。

もう一つが、途中退場者を出すということであった。奇妙に聞こえる話であるが、株主総会で途中退席者が出ることは、それだけでニュースソースとなることなのである。その役を任されたのはシュウ（仮名）だった。岡山に住んでいる彼がみんなの役に立ちたいと立候補し、その想いを汲んでの任命だった。議長へ罵声を浴びせることで注目を集め、途中でわざと退場させられようと画策したのである。

SS被害者同盟はみんな、初めての株主総会の雰囲気に緊張しながらも、憎きスルガへ一撃を加えてみせると意気込んでいた。

SS被害弁護団の河合弁護士と被害者三十人は、いよいよスルガ銀行の株主として乗り込んだ。

定刻となり司会が米山明広社長を議長席へ誘導したとき、鶴田が大声を発した。

「ちょっと待った！　まず、岡野会長、株主の前で、一言謝ってほしい。あなたは、一度も謝っていないじゃないですか！」

株主たちから「そうだ、そうだ！」の声と拍手が起こった。

開会と同時に主導権を握るために発言するのは、SS被害者同盟の作戦の一つである。

白髪で七十三歳の岡野光喜会長が重い腰を上げた。

「お客様および株主様をはじめ、多くのステークホルダーのみなさまに多大なるご迷惑とご心配をおかけしておりますこと、深くお詫び申し上げます」

SS被害者同盟のメンバーたちはこのとき、岡野会長の口から初めて詫びの言葉を聞いた。

「今後は、第三者委員会の調査結果や金融庁検査の結果等を踏まえ、あらためて根本原因を特定した上で抜本的な改善対応策を講じてまいります。そこで当社は先日、お客様本位の抜本的な対応策を講じるため、日本橋の東京本部にシェアハウス等顧客対応室を創設いたしました」

株主総会の主題は、シェアハウス関連融資の問題に絞られた。

スルガ銀行側は、用意したスケジュールと原稿どおりに粛々と話を進めていく。

報告が一通り終了し、株主の質問時間となった。

司会者が言った。

「ご質問はお一人様二問までとさせていただきますのでよろしくお願いします」

その瞬間、河合が立ち上がった。

「異議あり！」

マイクを握った河合は、自己紹介とシェアハウス事件の概要を一通り説明し、厳しく迫った。

「シェアハウス事件の最大の責任者は、岡野会長だと認識しています。営業至上主義、売上至上主義で行員を駆り立てたのは岡野さん、あなたです。岡野さんは公式の場で謝罪をしておりません。今日ここで初めて謝罪しましたけれども、ここは公式の場ではありません。公開の場ではありません。株主総会というマスメディアも入場を禁止された閉鎖的な場です。そこで謝ってもダメです。被害者は社会に何千人といるのです。金融界、社会は見守っているのです」

会場はざわつき、怒号も飛ぶ。マイク越しの河合の声もときどきかき消されるほどだった。

「スルガ銀行の隠蔽体質は、深刻です。現場最大の責任者である横浜東口支店の深沢支店長を今年二月に辞めさせましたね。それは会社の意思ですか？　彼の意思ですか？　わたしは会社の意思だと思います。それで金融庁の怒りを買った。金融庁は責任者を退職させるのは隠蔽行為だと」

河合の話を聞いているスルガ銀行の経営陣の顔は、一様に硬く強ばっていた。

会場のざわめきは、さらに大きくなっていく。

「シェアハウス事件だけではなく一般の中古の一棟売り、中古マンションの一棟売りでも偽造が発覚しています。その金額は八〇〇〇億といわれています。シェアハウスが二〇〇〇億、そして中古マンションの一棟売りが八〇〇〇億、合計一兆円ですよ。ここの銀行の貸出残高は三兆円です。そのうちの一兆円が不良債権、そんなことをしたのは岡野さんだ。あなたが陣頭指揮をとったのです！」

河合は続けた。

「わたしたちはこの不正を許しません。そして被害者が救われる方法はリスケジューリングではありません。入居率を高めることでもありません。そんなことでは追いつきません。わたしたちが受け取った、買った不動産を銀行に返します。銀行の債権を全部ゼロにする。チャラにする代物弁済によってこれを解決するしかありません。そうやってきちんと解決した上で、銀行は再出発してください！」

会場から拍手が沸いた。

その後、株主総会は荒れに荒れ、スルガ銀行の回答はしどろもどろに終始した。

大きな声でSS被害者同盟の高麗（仮名）が叫んだ。

「ADRを使うと言うけれど、それは通常案件で使われるものでしょ！　もしスルガ銀行のこれが犯罪だったらどうするんです！　岡野会長！　答えてください！」

米山議長がマイクを握った。

「はい、これもわたしの方から対応を――」

同じく同盟の吉川が叫ぶ。

「岡野会長に聞いてるんだよ！」

鶴田がこれに続く。

「岡野会長が答えるべきだろ！　質問者が指名してるんだから！」

冨谷も加わった。

「米山議長が答えるなら、議長の交代を要求します！」

「ただいま、株主様から議長不信任動議が提出されました。わたしはこの動議に反対いたします。引き続きわたしが議長を続けることに賛成いただける株主様、拍手をお願いいいたします」

サクラによる拍手が鳴った。当然これは、スルガ銀行の身内である株主によるものである。サクラの目的は岡野会長、並びに経営陣への援護射撃であり、米山の意を汲み終始彼の言うがままに動いていた。

米山は議長として、動議を無視して強引に総会を進めていった。

質問に対してはひたすら回答になっていない回答を繰り返し、岡野会長をひたすら庇い続けていた。

「回答しろって！　なんで質問に回答しないいんだよ！」

「わたしの指示に従っていただけない場合は、退場となります」

「株主の質問に回答すれば、議事は進むんだよ！」

「そちらの方、退場願います」

「やってられっかこんな株主総会！　馬鹿野郎！　ふざけんな！」

途中で、そう吐き捨てて退場となったのは作戦で決めていたシュウ……ではなく別のＳＳ被害者同盟のメンバーである近藤（こんどう）であった。彼は名古屋に住むメンバーであり、事前の打ち合わせには参加しておらず、計画は知らなかったものの怒り心頭に発したあまりどんどん前に出て行ってしまったのだ。

途中退場者を出すという計画は成功したものの、予想外の出来事にＳＳ被害者同盟は驚きつつ、近藤の行動に拍手を送った。最も驚いたのは役回りを奪われたシュウだったが、彼も近藤の迫力には圧倒され、内心、拍手を送っていた。

総会は三時間におよびようやく終了した。

冨谷には、最後には逃げるように会場をあとにする岡野会長らの姿が印象的だった。

外科医の尾山文雄は、この日だけは事前に休むと病院に伝えた。

「その日は、親の手術があるので、一日完全に休ませてください」

嘘をついたがやむを得ない。そうしてようやく体を空けて、静岡へ向かい、出席した。

翌日のヤフーニュースで、スルガ銀行の株主総会の騒動の記事が掲載された。尾山はその写真を見てドキリとした。

後ろ姿だけだったが、自分の姿が写っているではないか。

病院側にバレないかとドキドキしたが、大丈夫であった。

三時間にもおよぶ総会を終えた河合弘之団長とSS被害者同盟のメンバーたちは、記者会見と昼食を済ませた。そして計画をしていた沼津の岡野会長の本宅前でデモをおこなう準備に移った。

いつものように事前に静岡県警へデモの届け出もしていた。

ところが、私服警察官に止められた。

「デモをしたら公安条例で逮捕するからね」

岡野家は、地元の沼津三島で非常に尊敬されている。岡野一族は花、美術館、食をコンセプトにした広大な複合文化施設「クレマチスの丘」と、隣接する「静岡のビバリーヒルズ」と呼ばれる高級邸宅が四百戸並ぶ「スルガ平」を建設していた。

また貧しい学生のためのスルガ奨学財団の設立、図書館の建設など、数多くの社会貢献をしてきたのである。スルガ銀行の会長を務めた代々の銅像もあちこちに建てられ、地元の人々からは「岡野様」とまるでお殿様のように扱われているのである。

当然、SS被害者同盟のメンバーは納得がいかない。強行してでもデモをおこなおうかとなりかけたとき、河合弁護士が止めに入った。

「冨谷さん、ここは引こう。わたしたちは正しいが、この状況で万一のことがあったらまずい。今日は我慢しよう」

「そうですね」

結局、ＳＳ被害者同盟はデモを断念した。思ったとおりにいかなかった株主総会の憂さを晴らす機会は失ったものの、稀に見る荒れ模様となったスルガ銀行の株主総会は、予想どおり多くのメディアで報道された。

冨谷は、多勢に無勢で株主総会という「試合」には負けたものの、スルガへ世間の注目を集めるという大目標は達成され、「勝負」には勝ったのだと不思議と悔しさは感じなかった。

なかなか崩れないスルガの牙城

七月三日、ＳＳ被害弁護団とスルガ銀行の四回目の面談がおこなわれた。

河合弘之弁護士らは、スルガ銀行弁護団の相も変わらぬ顔ぶれにまずがっかりした。かれらとこれ以上面談しても話が前に進むことはない。

今回はＳＳ被害弁護団が、スルガ銀行ぐるみの詐欺スキームの詳細な実態について明らかにした。

弁護団は依頼被害者二百五十人について調査中であり、この日はこの段階で詳細を明らかにしても構わないと申し出てくれた被害者五人の証言とともに、スルガ銀行側に詐欺の実態を突き付けた。

今回、ＳＳ被害弁護団が問題の中心としたのは、被害者たちが受けた融資が、スルガ銀行によって勝手に引き出されたことだった。

被害者たちはスルガ銀行の指示により、融資契約をするその場で空伝票を書かされていた。被害者たちがただ言われるままに書いたその空伝票を、銀行は本人の許可もないまま第三者に渡しているのだった。

そして引き出された金は、シェアハウスの販売会社、契約にまったく名前の出てこない会社、スマートデイズに振り込まれているのである。

このあたりのからくりはなんとも複雑で、一人ひとり状況や間に入る会社も異なる。ＳＳ被害弁護団のほうで調査を進めると同時に、スルガ銀行側に伝票などの開示を根気強く求めていくしかなかった。

スルガ銀行の弁護団は、伝票の開示など肝心なことはのらりくらりとかわしながら、被害者の信用情報、すなわち、カード協会への債務不履行通知についてまたチクリと触れた。

面談終了後、河合はみんなに言った。

「スルガ銀行の弁護士たちは、信用情報を持ち出しておれたちを脅かしてるつもりなんだよ。自分たちの信用情報が汚されることについて、腹を決めてくださいい。みなさんもう一億以上の借金を迫られてるんだから、すでに生きるか死ぬかの話になっている。『カードが使えなくてもどうってことない』くらいの腹を決めて闘わないとダメです。『やるならやってみろよ、おれはもういいよ、持ってる現金で暮らすよ』って。それがまた健全な生活なんだから。ぼくが若い頃はカードなんてなかったんだから。そうやって根性決めよう！」

河合の再度の言葉に、被害者たちから拍手が起こった。


七月十七日、金融庁長官の森信親が退任に追い込まれた。

森は前年の平成二十九年五月に、講演会でスルガ銀行を絶賛していた。

「地銀は収益力もなく、本当にダメになった。しかしスルガ銀行は違う。カードローンや住宅ローンなど個人向け商品に特化し、地銀の新しいビジネスモデルをつくり上げた」

スルガ銀行は鉄道模型の購入を目的としたローンや最高八〇〇万円を借りることができるロードバイクの購入ローンに着物を買うためのローンなど、個人に特化したユニークなローンを次々に開発してきた。

ところが森はシェアハウス事件の発覚で大恥をかいてしまい、これが退任の大きな要因の一つとなった。「最強の長官」などと謳われた森信親は表に姿を現さなくなり、アメリカのコロンビア大学の講師を務めるなどした後に、こっそりと日本に帰国している。

シェアハウス事件の背後には、スルガ銀行経営陣のハイリスク・ハイリターンの姿勢と、上層部からの強い圧力に追い詰められた行員の不正、それを金融庁長官が「地銀の優等生」と褒めそやすという構図があった。

ゼノン住販、投降する

スルガ銀行の内部には、弁護士による特別調査委員会があった。が、当然その調査内容は手ぬるかった。

河合は強く求めた。

「第三者委員会できちんと調査しろ」

日比谷パーク法律事務所代表の久保利（くぼり）英明（ひであき）弁護士が、スルガ銀行に推薦した。

「第三者委員会の委員長は、中村直人がいい」

久保利弁護士は、スモン訴訟や労働事件などの社会的事件を手がける一方で、いわゆる「ビジネス弁護士の草分け」として、「適法経営（コンプライアンス）」「企業統治（コーポレート・ガバナンス）」といった考え方を早くから提唱、大型倒産事件、総会屋対策などで活動する有名な弁護士である。

その久保利が推薦したのが、中村・角田・松本法律事務所パートナーの中村直人である。中村は、M&Aや一般企業法務、コンプライアンスなどの企業法務と企業関係の訴訟法務において著名な弁護士で、企業からの信頼が厚く、『日経ビジネス』の弁護士ランキング企業法務分野一位の常連である。

河合は、中村の事務所を訪問し、どれほどひどい事件であるかを説明して説得した。

「こういう被害だから、徹底的にやってほしい。実際に自殺者も出てしまい、被害者全員がこのままだと首をくくらなきゃならない事態だ。真面目なサラリーマンを食い物にして、ひどい話でしょう。ぜひ、厳しい意見をお願いしたい」

中村直人は「厳しくやるが、どちらかに味方するわけではない」と公正中立な姿勢を強調した。

中村直人が第三者委員会の委員長に就任したのが、大きな分岐点となった。もし、その辺にいる生ぬるい弁護士が委員長に就任していたら、生ぬるい意見書しか出てこなかったであろう。中村の徹底した意見書がのちに出たからこそ、「おれたち当事者が言うんじゃない。第三者委員会が言ってるんだ」と主張して闘うことができたのである。

ただし、第三者委員会の調査はスルガ銀行に限られており、スマートデイズや不動産販売会社には触れられていない。

シェアハウスの運営を企画したスマートデイズよりも、客をかき集めて犠牲者を増やした、もっとも罪深い戦犯はじつはゼノン住販である。

ある東京二十三区の木造二階建てシェアハウスの場合、約三〇〇〇万円で仕入れた土地をオーナーに約六〇〇〇万円で売却。そのうち約二五〇〇万円がシェアハウス建築に直接関係がない会社に流され、約五〇〇万円は販売会社の取り分となっていたという。

こうした転売スキームは、不動産コンサルティング会社のゼノン住販が主導して行った可能性が高いと、加藤博太郎弁護士は指摘する。

ゼノン住販は数名のスタッフでしぶとく生き残っていた。が、自分たちが被害者を増やした張本人だという自覚があり、いつ警察が来るか、いつ裁判を起こされるかとビクビクしていた。

それが証拠に、ゼノン住販の顧問弁護士が河合弘之にアプローチしてきた。

その弁護士は、じつは、かつて河合の事務所に所属していた鏡真一（仮名）だった。河合は鏡を可愛がり、鏡も「河合先生、河合先生」と慕ってくれていた。が、折り合いの悪い弁護士がいたため、退所してしまったいきさつがあった。

「河合先生、すべて情報提供します。すごくいいネタを教えますから、ゼノン住販だけは撃たないでください。何でもお手伝いしますから」

被害者を増やした罪は重いが、貴重な情報源である。河合はその話に乗ることにした。

「いいよ。あんたのところなんて、どうせいくら叩いたって一銭にもならないんだから」

河合は、鏡から、スルガ銀行横浜東口支店の誰々とたびたび打ち合わせしてこんな内容について話し合っていた、といった話を洗いざらい聞き出すことに成功した。

河合はさっそく、スルガ銀行に乗り込み、詰め寄った。

「ゼノン住販が、スルガ銀行が何をしてきたか全部吐いたぞ」

調査報告書、発表

九月七日、ついにSS被害者同盟が待ち望んでいたスルガ銀行の第三者委員会による調査報告書が発表された。

報告書は、本文が三百二十一ページにのぼる膨大な分量となり、長期にわたりおこなわれてきた不正な融資の実態や不正融資を引き起こした企業風土、行内におけるパワーハラスメントの実態などが詳細に記されていた。

シェアハウス関連融資の全体像として、スマートデイズ物件以外も含めたシェアハウス案件についての融資対象者は平成三十年三月末時点で一千二百五十八人、融資残高は二〇三五億八七〇〇万円であることを開示した。

これらの実態は、ガバナンス（企業統治）やコンプライアンス（法令遵守）を置き去りにした「架空のビジネスモデル」だったことが明らかとなった。

調査では、スルガ銀行の「直接的な不正行為」は以下のとおりとした。

一、債務者関係資料の偽装

一〇％の自己資金を用意できない投資家に対して、通帳などの原本コピーを偽装するなどして自己資金があるように偽装する工作。

返済原資を多く見せるため、収入証明書など収入関係資料の偽装。

団体信用生命保険の加入申込みにおける診断書の偽装など。

二、物件関係資料の偽装

返済原資となる賃料収入を多く見せて融資限度額や担保評価額をつり上げるため、中古マンション等について、レントロールやサブリース契約を偽装する行為。

三、売買関連資料の偽装

スルガ銀行に提示される売買価格の約九〇％が実際の売買価格となるようにして、虚偽の価格を記載した売買契約書を提出。

自己資金がない者について、通帳の代わりに、手付金等の領収証を偽装。

四、書類の偽装の蔓延

フォレンジック調査（デジタル・フォレンジック）として、スルガ銀行の役職員合計百十三人について、電子メールサーバー上の電子メールデータ、ＰＣデータおよびアクセス可能であった共有フォルダを調査対象とした。

フォレンジック調査とは、デジタルデータを収集・分析し、犯罪調査や法的紛争における法的に有効な証拠資料の収集や分析をおこなう技術や手法の総称である。消去されたデータを復元することもできる。

調査で検出された、偽装が疑われる資料の数は、平成二十六年（二〇一四年）以降で七百九十五件だった。

また実施したアンケート調査は、役職員の回答は会社を経由せず、直接監査法人のＫＰＭＧが収集するため、回答内容がスルガ銀行に伝わることはない旨を周知の上、協力を求めた。

アンケートでは、多くの行員が偽装行為について、自ら偽装したか、偽装を黙認したか、偽装の疑いをもちながら融資を実行したと回答。書類の偽装が収益不動産ローンの全般に蔓延していた事実が認められた。

五、行員の偽装への関与

資産の管理・運用など総合的な金融サービスをおこなうパーソナル・バンクでは、偽装を黙認した融資業務をおこなうことに多くの営業職員が関与し、かつ、一部では営業職員自らが偽装に積極的に関与していた。一部の偽装行為については支店長が直接関与していた。

パーソナル・バンク所属の執行役員においても、一名については偽装行為に直接関与していた事実が認められ、それ以外の執行役員についても支店長のポストを経験しており、偽装を事実上黙認していたか、偽装の存在を知りながらも自らが現認せずに済むようにしていた。

「直接的な不正行為」に加え、「偽装以外の不正行為」について、シェアハウス融資ローン全体について、フリースタイルローンなどの無担保ローンの抱き合わせ販売が強く奨励されていたことが明らかとなった。

特に横浜東口支店では、スマートデイズに対し、無担保ローンをセットにした上でシェアハウス案件を進めるよう要請していた。

定期預金や保険の契約についても、個別事情は無視して機械的に抱き合わせ販売がおこなわれていた。

横浜東口支店は、スマートデイズに命じて繰上返済を防止する協力を求めて、より多くの利息を取れるよう働きかけていた。


また第三者委員会は、発生した問題の原因を六つの観点から分析した。

第一は、融資の際の審査体制の問題である。

投資家が投資物件の購入を検討する際に、シェアハウス物件の収益力や担保評価額、家賃保証を過剰にし、空室リスクなどを過小にして不適切な投資判断を招いたこと。収益不動産ローンの延滞案件のほぼすべてで自己資金確認資料が架空・偽造であったこと。横浜東口支店で所属長（支店長）が替わった直後にシェアハウスローンの融資実行額が急激に伸び、融資管理部にとって異常値として不審に映ったこと。

これらの問題点を審査部内の融資管理部で認識し、岡野喜之助副社長には会議で指摘していたものの、問題点は審査部内でも共有されておらず、岡野副社長以外の経営層にも届いていなかった。

第三者委員会では、平成二十八年七月に急逝した岡野喜之助副社長がスルガ銀行の実質的な経営トップであり、銀行業務全般の決裁権限を持ち、人事を掌握する実力者だったとしている。

また、平成二十七年二月の時点でスルガ銀行は、スマートライフ（後にスマートデイズに社名変更）の実質的経営者の佐藤太治が住専関連の詐欺で前科があること。さらに、複数の会社を計画倒産させている実績があること。三十年サブリース保証は家賃相場価格の倍以上の設定で収益がシミュレーションされていて、とうてい実現不可能であるという内容の告発を得ていた。こうしたシェアハウスローンのリスクを指摘されていたにもかかわらず、スルガ銀行は何ら対応策を講じていなかった。

このときに岡野喜之助副社長の指示でスマートデイズとの取引が禁止されたものの、その指示は口頭でなされたのみで、実際には別会社による迂回がなされていた。

問題の原因の第二は、営業である。スルガ銀行は、営業担当の麻生治雄専務執行役員に現場を任せきりにしており、トップダウンの厳しいプレッシャーが行員にかけられていた。

第三者委員会が全行員を対象にしたアンケートでは、以下に紹介する様々な回答が寄せられ、スルガ銀行の体質が浮き彫りになっている。

・毎月、月末近くになってノルマが出来ていないと応接室に呼び出されて『バカヤロー』と、机を蹴ったり、テーブルを叩いたりが、一時間、二時間と続く。『給料返せ』などと、怒鳴られる。こういう、本部長や支店長、センター長は一人二人ではない。全体の半分ぐらい。数字で怒鳴ったりしない支店長は、珍しく社員の中で噂が流れるほどだ。ノルマができないと夜の十時過ぎても帰れない。残業代など支払われるはずがない。

・過度な営業目標があり、目標は必達であり、達成できていない社員には恫喝してもよいという文化がある。

・「数字ができないなら、ビルから飛び降りろ」と言われた。

・センター長より営業成績が上がらないことに対し、厳しく叱責された。

「銀行の収益の足を引っ張る社員」

「去れ」

「お前に給与を支払うのがもったいない」

「大した営業成績も上げずに時間外ばかりつけやがって」

・ものを投げつけられ、パソコンにパンチされ、「おまえの家族皆殺しにしてやる」と言われた。
・ほぼ毎日三十分以上説教される。
・担当しているチームの目標数字に対し進捗が不調であったとき、チーム全体を前に立たせ、できない理由を言わされた。時間は二時間以上にのぼり支店の社員の前で給与額を言われそれに見合っていない旨の指摘を受け、週末に自身の進退（退職）の報告を求められた。
・上司からではなく、一部幹部から叱責された。毎週一回のペースで行われる会議では、無担保ローン一件五〇〇万円以上の案件を上程することが必須で、営業本部の幹部が参加して、案件を上程できなかった回が続いてしまうと厳しく叱責された。当時の部署の上司は、幹部にさらに強く叱責されていた。
・毎日二～三時間立たされて詰められる、怒鳴り散らされる、椅子を蹴られる、天然パーマを怒られる、一カ月間無視され続ける。
・かなり昔ではあるが「死ね」「給料どろぼう」「できるまで帰ってくるな」などは平気で言われた。
・上司の机の前に起立し、恫喝される。机を殴る、蹴る。持っていった稟議書を破られて投げつけられる。
・毎日、毎日、怒鳴り続けられ、昼食も二週間ぐらい、全然行かせてもらえず、夜も十一時過ぎまで仕事をさせられ体調が悪くなり、夜、眠れなくなって、うつ病になり銀行を一年八カ月休職した。
・目標が達成できなかった時に、支店長席の前に一時間以上立たされて叱責を受けた。支店長が激高し、ゴミ箱を蹴り上げたり、空のカフェ飲料のカップを投げつけられたことがある。
・徹底的に目標数字ができない理由を追及された。死んでも頑張りますに対し、「それなら死んでみろ」と叱責された。

第三者委員会は、この他にも問題の原因として、スルガ銀行は極端なコンプライアンス意識の欠如が認められ、内部監査体制が機能していなかったこと、パーソナル・バンク、すなわち個人融資部門が会社の業績を一部門で背負う極端な依存構造があったことなどを指摘した。

第三者委員会調査報告書が決定打となり、発表されたこの日、スルガ銀行の岡野光喜会長と米山明広社長を含む経営陣五人が引責辞任。米山社長の後任に有國三知男（ありくにみちお）取締役が就任した。

ここに至るまではオーナーの自己責任論が根強く、責任は五分五分だと言われてきた。が、報告書により風向きはガラリと変わり、「完全にスルガ銀行が悪かった」ということになった。大きな転換点である。

ところが、当の岡野、米山は姿を見せず、有國が記者会見でその旨を発表するのみであり、この事態への謝罪の言葉は旧経営陣からは発せられずじまいだった。

さらに、この期に及んでもスルガ銀行は基本的な態度を変えなかった。有國社長は不正は認めるが、あくまで一連の投資事件は個々の状況が違うのであるから個別に対応するべきと主張を続けたのだ。

スルガ銀行、揺らぐ

ＳＳ被害者同盟は、九月二十一日、東京都千代田区霞が関三丁目の金融庁前でデモ活動をおこなった。「静かなる陳情デモ」とした今回は、オーナーたちの苦しい実情とスルガ銀行の裏の実態を切々と訴えた。

「この被害について、スルガ銀行に対して金融庁検査がおこなわれており、スルガ銀行へ厳しい処分が実施されることはもちろんのこと、金融庁主導のもと、被害者救済を含めた抜本的な解決をおこなわなければ、銀行業務に対する国民の信頼はとうてい回復させることができません」

また、九月下旬から十月上旬にかけて金融庁へ通報し、個々のケースについて説明した。

十月は集中して計九回もの東京支店店頭デモもおこなった。

スルガ銀行の一連の融資をめぐって金融庁も検査に入っており、業務の停止命令など重い行政処分が出される可能性も出てきた。

スルガ銀行が、創業家に関わりのある企業に対して、約五〇〇億円の融資をしていることが金融庁の検査でわかった。融資先には実態のない企業も含まれており、金融庁は資金使途が適正かどうか解明を進めることになった。

金融庁は十月五日、スルガ銀行に六カ月間の一部業務停止を含めた業務改善命令を出した。スルガ銀行の営業の約九〇％を占める収益用不動産担保融資の禁止という極めて厳しいものである。そしてその間は行員の法令遵守研修をせよというのである。

銀行にとっては大変に重い処分であり、銀行に限っては五年ぶり、地銀としては初の措置であった。

この業務停止はスルガ銀行に大きな影響を与えた。なぜならスルガ銀行にとって収益不動産融資は、貸付の八～九割を占める重要業務であり、新規取り扱いが停止されると大きく収益が低下してしまうのだ。

加えて、多数の行員の審査書類の改ざんへの関与、経営陣が不正ならびにその後の対応を放置していたこと、法令遵守や経営管理体制への重大な欠陥が存在しているとの判断は、スルガ銀行の信用を大きく失わせる結果になった。

第三者委員会からの報告書と業務停止命令、過熱する報道により、不落の城は土台から揺らいでいった。

また金融庁は、創業家との関係解消と「債務者、すなわち被害者への適切な対応」を求めた。

岡野光喜は十一月、シェアハウスオーナーへの融資に端を発する不正融資問題で多額の損失を招いたとして、米山明広元社長と連帯して総額三五億円を支払うよう、スルガ銀行により損害請求訴訟を提起される。また、スルガ銀行系の一般財団法人であるベルナール・ビュフェ美術館、スルガ奨学財団、井上靖文学館、静岡県サッカー協会、企業研究所での理事長や理事、代表、評議員を務めていたが、辞任に追い込まれた。

十月、女性専用シェアハウス「かぼちゃの馬車」の建築請負業者であったホーメストが、物件所有者四人を相手取り、建築代金の完済を求めて裁判を起こした。

ホーメストは、物件の着工など三回のタイミングで分割して支払われる予定だった請負代金について、最後の残金の支払いをオーナー側が拒んでいるとして、契約に従って代金を支払うよう求めた。

十月二十六日に東京地裁であった弁論で、被害弁護団長の山口広弁護士が、次のように反論した。

「請負代金の四〇～五〇%が『業務委託費』としてホーメストからスマートデイズにキックバックされており、そのために不当に高い価格となっていた。それにもかかわらず、ホーメスト側が適正価格であるかのように欺いて契約を結ばせた」

そのうえでオーナー側は、今回のスキームは、スマートデイズのサブリース契約、スルガ銀行の融資、販売会社による土地の売買、ホーメストの請負契約が一体となって構成されており、「共同不法行為」だと主張。契約の取り消しを主張した。

「ホーメストも詐欺的スキームの一端を担っていた。このまま訴訟を継続するなら、今後、必要に応じて損害賠償を求める反訴の提起を検討せざるを得ない」

それから一カ月後の十一月二十七日、ついにホーメストは破産を申請した。不良債権を抱えて、もちこたえられなかったのだ。負債総額は二〇一八年三月期決算時点で九億一一七五万円だった。

新築木造住宅ブランドとして有名なホーメストが破綻した理由は、事実上「かぼちゃの馬車」の運営会社であるスマートデイズの専属下請と化していたからだった。因果応報である。

第六章　不倒の詐欺師たち

今回も逃げおおせた佐藤太治

奥山勇が一連の詐欺騒動の中でもっとも激しい怒りを感じたのは、建築会社アレグレホームがスマートデイズに渡すはずの六〇〇万円を、騒動のうやむやに紛れて持ち逃げしたことだった。が、わずか六〇〇万円にこだわって、河合が進めている一億五〇〇〇万円の代物弁済の話の邪魔をしてはならない。河合も被害者たちに、たびたび「金にもならないスマートデイズや販売会社、建築会社を追及するヒマはない。スルガ銀行に照準を合わせなきゃダメだ」と言い聞かせていた。

奥山は思った。

〈河合先生の言うとおりだ。アレグレホームに対する恨みは、それこそ個別案件だ。スルガ銀行の件が解決してからでいい〉

絶対に許せないという怒りの気持ちも、時が経つにつれ少しずつ変化していった。訴訟というのは時間もエネルギーも金も消費する。そこまで暇ではないのだ。

それに、被害者みんなの意見を聞いて、もっと制裁を与えるべき会社なり人物なりの優先順位をつけて追及したほうが良い。

冨谷も、奥山と同じようなことを考えていた。

〈おれたちは羊の群れのようにみんな弱い。勝つためには、まとまって、将だけを集中して攻撃するしかない。分散したらダメなんだ〉

警察は、佐藤を逮捕しないと言っていた。それでは、佐藤太治から金を奪い返すのは難しいだろう。が、社会的制裁は与えてやりたい。そうでなければ、また次の被害者が出てしまう。未来の被害者は、河合弘之のような救世主と出会えないかもしれない。そうなれば経済的に殺されるしかない。

冨谷は思った。

〈警察も動かない日本ほど、詐欺師にとって住みよいところは他にないのではないか〉

スルガ銀行との闘いが終結すれば、被害者たちの生活はいったん元に戻る。が、「妻子を残して死ななければならない」ところまで追い詰められた恨みは、そう簡単に消えてなくならない。だがいまはスルガ銀行との闘いに集中しよう。ただし河合は佐藤太治を刑事的には追及しようとした。

スマートデイズの実質的な代表者であった前科持ちの佐藤太治は、数億円を持って逃亡したまま行方がわからなくなっている。

佐藤は、消費者向けのビジネスモデルをつくって儲けるのが好きな男だった。シェアハウス事業に関しては、勝算があったのだろう。当初はきちんと金も回っており、上場も見込まれるような急成長ぶりを実現した。おそらく、最初は「いいアイデア」だと思ったのだろう。が、実際に家賃収入はそんなに簡単に入らない。

河合弘之は、佐藤太治がシェアハウス詐欺商法を思いついた張本人として、何度も刑事告訴した。が、警視庁は手を付けようとしなかった。一件ずつ詐欺の現場に立ち会って、個別に立証することは困難であるし、時間も手間もかかりすぎるからだ。要するに面倒くさかったのだ。

佐藤はこれまで詐欺まがいの商売で多額の金を得ていたが、遊んで暮らせるほどの金をはたして残しているのかは不明である。

というのは、佐藤は悪手で大金を稼ぐのだが、すぐに次の事業につぎ込んで、結局すってしまうことが多いらしいのだ。アダルトビデオの有名監督と組んだ「ビデオ安売王事件」もそうだったし、「ガソリン安売事件」もそうだった。

前身のスマートライフ代表取締役の大地則幸は、佐藤の手下なのでそれなりに儲けてはいた。が、会社の経費を使い込む程度で、金額的にはさほどではなかった。

スマートデイズ元社長の大地則幸と、菅澤聡の現在の住所は調べればすぐにわかる。しかし、スルガスキームを思いついた佐藤太治については、雲隠れして行方不明のままである。スマートデイズの親会社であったオーシャナイズはまだ存在している。

村西とおるという男

佐藤太治を深く知り、ビジネスでも関わった人物にアダルトビデオ（ＡＶ）界の帝王で、現在ネットフリックスを通じ日本を含む世界百九十カ国で同時配信され話題になっている『全裸監督』のモデルである村西（むらにし）とおるがいる。

村西が佐藤に会ったのは、平成六年（一九九四年）のことである。

村西とおるはある人物から「村西さんに会いたいという人がいる」と連絡を受けた。

指定された都内新宿区の厚生年金会館近くの水炊き一筋の料亭「玄海」に行くと、一人の中年男が待っていた。

「佐藤太治でございます」

挨拶しながら頭を下げた男は小太りで強面だったが、恥ずかしそうに、眩しそうに村西を見ている。まるで憧れの大スターに直接会って緊張しているかのようである。

村西は訊いた。

「それで、わたしに何の用ですか？」

「いや、じつはお願いしたいことがありまして」

「何のお願いなの」

「監督ね、わたしは『ビデオ安売王』というアダルトビデオの販売店を始めたんです。ビデオを売るだけじゃなく、わたしのところで監督の作品をつくりたい。お願いできませんか」

聞くと、佐藤太治はまず東京駅近くの八重洲に「ビデオ安売王」のアンテナショップを開いた。百平方メートルほどの、まずまずの広さの店である。佐藤はここでビデオ販売のノウハウを摑んで成功し、〈これはいける〉と確信したという。

佐藤は試しに周囲の人間に声をかけてみると、「おれも店をもちたい」「おれもやりたい」と乗ってきた。

そこで佐藤は千代田区外神田に日本ビデオ販売株式会社を立ち上げ、平成五年（一九九三年）九月から「ビデオ安売王」のフランチャイズ展開を始めた。

レンタルビデオ店が主流の中、アダルトビデオだけは低価格のコピー商品や大手メーカーの焼き直し商品などを仕入れることができたため、一部の小売販売業者は潤っていた。佐藤は、そのことに着目した新事業を思いついたのである。

かつて村西が「ビニ本の帝王」と呼ばれていた頃、自ら立ち上げた新英出版から写真週刊誌『スクランブルＰＨＯＴＯ』を創刊したことがある。ビニ本を販売するうちに、自分でも本をつくってみたくなる。佐藤もまた同じ気持ちなのだろう。

村西は答えた。

「いいですが、わたしの場合はお金がかかりますよ。わたしもそれなりに名前が売れているんでね」

「もちろん、好きなだけ言ってください！」

「そうですね、一本、二本つくって売れた、売れないという話になったら困る。百本くらいつくって、その中からヒット作を生み出していく形だったら、わたしはわたしなりにやりようがありますよ」

「それでお願いしたい。いくら必要ですか？」

「そうだな、百本といったら、まあわたし自身のやり方でやっても一本三百万くらい、三億円くらい必要だね」

佐藤は即答した。

「わかりました。お金はすぐに用意して前払いします」

村西から見て、佐藤太治は、礼儀正しくじつにおもしろい男だった。シャイな様子なのに、決断と実行は早い。即座に商談を成立させて、三日後には、ポンと三億円を払ってくれたのだ。

村西は、佐藤の気前の良さに感心した。

〈変な駆け引きなど一切しないのだな。たいした男だ〉

佐藤太治にはアイデア、決断と実行力、思い切りの良さが備わっていた。だからこれまでの事業もどんどん展開してこられたのだろう。

借金を返済し再起を図ろうと必死になっていた村西にとっても、渡りに船だった。


村西とおるは、佐藤太治にアダルトビデオの製作を頼まれ、さっそく撮影に取りかかった。村西の復帰第一弾は、元ミス日本で日活ロマンポルノの女王だった小田(おだ)かおるの『実録・若奥様』である。キャッチフレーズは「帰ってきたハメ撮りの帝王」で、小田が初めて本番出演した作品でもある。これが大いに受け、三十万本の大ヒットとなった。

村西は思った。

〈これだけのヒット作を世に送れたのだから、金を出してくれた佐藤さんにもそれなりの礼儀を尽くせたな〉

村西は、約束どおりビデオ百本の製作を目指してカメラを回し続けた。

半年ほどして、佐藤太治からふたたび連絡が入った。聞くと、加盟店とトラブルが発生しているらしい。佐藤が窮状を訴えた。

「じつは、加盟店が反旗を翻して騒動になっているんですよ。何とか丸く収めたいんだけど、監督、一つ何かいいアイデアを考えてください」

村西は呆れた。

「考えてくれって言ったって、ぼくは何もできないよ」

「ビデオ安売王」は、フランチャイズ展開を始めてわずか十カ月で百六十四店舗まで数を増やし、その後も順調に伸びていた。

佐藤はオーナー獲得のため、「二〇〇〇万円でアダルトビデオのショップのオーナーやりませんか?」と新聞などに広告を打った。

そして毎週木曜日と土曜日に説明会を開き、二十人から三十人の参加者を前にプレゼンテーションをおこなった。

参加者の中に三人ほどサクラを混ぜておき、かれらに「わたし、やります!」「こんなすごい話はない!」などと言わせて、参加者に自分もやらなければ損をすると思わせる。

が、二〇〇〇万円というのは「ビデオ安売王」の名前を使う権利料でしかない。店舗を借り、ビデオを仕入れる料金は別途自腹となる。参加者は、そのことを知らされて「それは話が違う」となる。

が、ここからが佐藤太治の腕の見せどころであった。

「わたしのほうで、オリックスと話をつけますから、オリックスでローンを組んでやりましょう。儲かる商売ですから、融資さえ受けられれば問題はありません」

村西は、佐藤太治とオリックスとの関係がどのようなものであったかまでは聞かなかった。

が、そうした裏事情も、佐藤の話を直接聞いて何となく透けて見えてきた。

〈おそらく、かれは商売をする中で銀行との付き合い方を学んできたんだろう。親しくなった行員から『ビデオ安売王』の事業参加者で、佐藤太治の紹介であればほぼ無条件で金を貸す」というスキームを学んだのかも知れないな〉

この信用力で銀行から金を引き出すスキームは、のちのシェアハウス「かぼちゃの馬車」とまったく同じである。

二〇〇〇万から五〇〇〇万円程度の金をもつ人たちが、オリックスからなら二〇〇〇万、三〇〇〇万の金を借りられて店舗展開ができる。さらに、この手の話に乗るタイプの人間は、欲の皮が突っ張って二店舗、三店舗とやりたがる人が多かった。

問題は法律の壁だった。「ビデオ安売王」でアダルトビデオだけを取り扱うと、風営法に引っかかる。周辺に学校や病院、図書館などがあると、出店できないのである。だからアダルトではなく一般作品を六～七割も入れなければならない。それでも法的にはグレーゾーンであるが、お目こぼしにあずかることができるのだった。

が、加盟店のオーナーたちは、風営法のことなど何も知らなかった。それで「警察が来たら風営法に違反したって言われた、どうしてくれるんだ！」「金を返せ！」と佐藤太治や会社に次々と怒鳴り込んでいったのである。

事情を聞いた村西とおるは、少し考えてから言った。

「じゃあ、みんなを集めてパーッとやりますか」

村西は、加盟店の人たちのために楽しいイベント開催を思いついた。新宿のホテルを貸し切り、ＡＶ女優を十人ほど連れて楽しく過ごしてもらおうという企画である。

当日は、加盟店のオーナーたちが全国から五、六百人集まってきた。

村西もステージにあがってみんなが喜ぶ話をし、AV女優たちとともに歌ったり踊ったりして場を盛り上げた。

村西は根っからの営業マンである。まず相手の懐に飛び込んでいき、その心を摑んで離さない技量をもっていた。相手が何を感じ、何を悩んでいるかもすぐさま見抜ける。また円満におさまる予測も立てられるし解決方法も見つけられる。

村西は参加者に呼びかけた。

「これで大騒ぎして、誰が得をするんだって話ですよ。ここは、一致団結してやっていきましょうよ！」

「これからわたしたちは、もっとがんばりますよ！　だからみんなで一緒にがんばりましょう。もめている暇なんてないでしょう」

関係者の結束を高めるためのイベントは功を奏し、騒ぎは沈静化した。

が、問題が解決した訳ではない。

村西はヒット作をつくったが、前金でもらった三億円以外、佐藤太治から受け取ることはなかった。

佐藤は「村西監督のオリジナル商品がうちから出ますよ」と宣伝して人気を獲得した。何かトラブルなどがあると、村西頼みになる。

資金繰りが怪しくなってきた佐藤太治は、雑誌「ＳＰＡ！」、「フライデー」、「フラッシュ」などの週刊誌や、経営関係のビジネス雑誌などに見開き全面広告で「あなたは月給二〇〇万円もらっていますか？」などの派手な広告を出した。

シェアハウス事業のときも、元人気タレントでスキャンダル後の動向に注目が集まっていたベッキーを採用し、コマーシャルを打っている。これも「ビデオ安売王」のときに培ったノウハウである。

そこに金の匂いを嗅ぎつけて、佐藤太治にすり寄っていった人物がいる。テレビ番組制作会社ビッグモーション（仮名）の代表を務める、メディアプロデューサーのチャーリー藤村（仮名）である。

当時、ビッグモーションは倒産寸前で青息吐息の状態だった。チャーリーは金をもつ人間がいるとそこに何日も通い詰め、商談をまとめてしまうという評判の男だ。美味しそうなものにはパッと食らいつき、抱きついて手なずけてしまうのが上手いのである。

チャーリー藤村が、佐藤太治に太鼓判を押した。

「一般作なら、おれに任せとけ！」

チャーリー藤村は、タダでも引き取り手がいないお粗末なビデオの版権を、佐藤太治に五億、一〇億円という高値で買い取らせた。

佐藤もまた渡りに船とばかりこの話に乗ったのである。

おかげで倒産寸前のビッグモーションは一気に蘇った。チャーリー藤村は鎌倉に大きな家を建て、クルーザーを乗り回すようになった。

チャーリー藤村のような電波芸者が、巨万の富を自らの手で獲得できたのは、やはり佐藤太治と同様に太鼓持ちとして超一流の人物であったからだ。

佐藤太治は、チャーリー藤村から得たビデオを大量にコピーし、加盟店に原価の数倍で買わせた。

風営法に引っかからないようにあの手この手を考えているうちに、加盟店の仕入れ代金と売上のバランスは崩れていった。

村西とおるは、佐藤太治の「ビデオ安売王」のことを最初から人をだますつもりで動いていたとはどうしても思えなかった。

〈風営法がここまで厳しいということを、佐藤氏は考えつかなかったのだろう〉

平成七年（一九九五年）、佐藤太治は風営法違反（禁止区域営業）容疑で富山県警に逮捕された。

その翌年、日本ビデオ販売を計画倒産させたとの噂が広まった。

また、前述したとおり、佐藤太治は平成十年（一九九八年）に旧住専から一六億円を詐取した容疑でも逮捕されている。

さらに自転車広告業者と銘打ち「めだつ広告」なる会社を設立。一口二九八万円で加盟店を募ったが、カネだけ集めて自転車の手配がされないと、集団提訴されている。

村西とおるはそれ以降、佐藤太治との縁は完全に切れた。

その後も佐藤太治について、村西にいろいろなことを言ってくる人がいた。村西は、自分の素直な考えを口にした。

「わたしは、かれに対して悪いイメージはまったくないんだ。決断力と実行力、判断力があるし、人柄もいい。わたしは、かれの人間性は抜群だと思いますよ。だって人を信じないでおれに三億円もの金を出したりしないでしょ。やっぱり人をだます人は、相手も自分をだますのではないかと疑うから、そんなに気前は良くないものですよ。けど、佐藤氏はやっぱりどこか、人がいいと思ってしまうんですよね」

佐藤太治から感じた、「おれは人を信じてお願いする。だから相手も信じるに値するだけのことをやってくれるだろう」という雰囲気。村西は、人間は善であると信じているように見えた佐藤太治を憎めなかった。

村西は思った。

〈佐藤氏は、相撲取りや柔道家みたいなものだな〉

相撲取りや柔道家は、力技だけでなく相手の力をうまく利用して敵を倒す。佐藤太治は「人の力をいかに利用するか」を出発点にしてビジネススキームをつくり上げる男だった。自分の力だけでのし上がり、人の力は借りない村西とは、真逆のやり方だった。

〈人の力を利用するかどうかが、佐藤氏のような経営者と、おれのような単なる〝エロ事師〟との違いなんだな〉

が、佐藤太治は、チャーリー藤村から一〇〇円で仕入れてきたビデオに、二〇〇〇円の値段をつけて加盟店に卸していた。ここに、佐藤太治の致命的なビジネスセンスのなさがあった。儲けられるときに儲けておこうという欲深さが、やり過ぎを招く。

佐藤太治は、自身の本の出版もおこなっていた。『佐藤太治の常識破壊――元祖「安売り王」が挑む実戦経営術』（IN通信社刊）、『金儲けができれば人生はおもしろい――超有望ビジネス「セル・ビデオ市場」でトップを走りつづける男の挑戦』、『成功の大金脈をつかめ！　脱サラで次々と新事業を追求する男の「挑戦、挑戦、また挑戦」』（こう書房刊）などである。

村西とおるは、自分で書いたのではなく誰かに書かせたのだと踏んでいた。書籍は、シェアハウス詐欺の際にスマートライフの大地則幸社長の名前で出版した『「家賃0円・空室有」でも儲かる不動産投資』もそうだったが、自身の商売をセールスするときに必要だと判断したのだろう。

当然、自分に都合のいいことばかりを並べている。もちろん、佐藤太治の黒歴史であるビデオ安売王や石油ビジネスの話は省いて、美しい話に仕上げているのである。

また佐藤太治は日本史が好きらしく、『死闘　関ヶ原　大谷吉継伝』（ライオンズ石油出版部刊）なども出版している。が、村西とおるは、人の力をうまく利用して書かせた佐藤らしいやり口だと納得した。

佐藤太治のような詐話師（さわし）は、自分を大物に見せるために有名人や歴史上の人物と自分をクロスオーバーさせる。

佐藤は、自分を徳川家康にたとえることも好きだった。話の中に家康を登場させると、佐藤がまるで家康のごとき大人物か生まれ変わりのように相手を錯覚させることができる。

これも「人の技や力を利用する」テクニックの一つである。普通の感覚の持ち主なら、自分を歴史上の人物にたとえて自慢話をする人などいない。だから免疫がなく、「この人はよほどの人物にちがいない」と思い込んでしまうのである。

サラリーマン気質の警察

村西とおるは、「佐藤太治がシェアハウスをつくり始めた」という噂だけは聞いていた。

〈またあいつは、人のカネを利用して商売をしたのか。いったいどこでビジネスの嗅覚とセンスを磨いたんだろう〉

これでまともに商売が回るのなら、佐藤太治はひとかどの人物である。が、佐藤は短期間で金を回収しようとするせいか、いつも法外な値段で客に売りつけようとする。

「ビデオ安売王」のときもそうだった。佐藤は一〇〇円程度の仕入れの金額のビデオを二十倍の値段で加盟店に卸していた。

加盟店のオーナーたちは、一般作を大量に買わなければ営業ができないため、やむを得ず買い取った。人気のあるビデオならともかく、訳のわからない三流Ｖシネマなど、タダでも引き取りたくないような代物である。

今回のシェアハウス事件もまったく同じだった。桁違いなので十倍まではいかないものの、適正価格の二倍、三倍の値段をふっかけて買わせてしまった。これではオーナーたちがいくらシェアハウス運営をがんばろうとも、資金が回るはずがない。

佐藤太治には、人の信用を担保にし、そこに乗じて商売を広げる見事なビジネスセンスがある。だから村西とおるは佐藤を詐欺師だとは思えない。が、法外な高値をつけて売ってしまっては、元も子もなくなる。

ある日、村西とおるはテレビの記者会見を見て、スマートライフ代表の大地則幸がかなり若い男だと知って驚いた。

〈何だこの若いあんちゃんは？　こんなアンポンタンみたいなガキが詐欺に加担して、「社長でございます」とやっていたのか〉

これも佐藤太治の商売のやり方の一つだった。自分はほとんど表に出ることなく、どこかで見つけてきた適当な人間を「社長でございます」と飾りにする。まだ社会経験もろくにない、頭の軽い若い男を社長に据えるのも、いざというときに逃亡しやすくなるという考えもあっただろう。

村西とおるは思った。

〈佐藤氏はこのあんちゃんに、それなりの収入を渡していたに違いない〉

正義とは金である。金品でもって正義を表さないと人に伝わらない。佐藤太治は、こうした感覚に長けていた。金で人は動くから、大地も記者会見に顔を出す。が、やはり佐藤自身は決して表には出ない。

佐藤太治は、「ビデオ安売王」のときも、「かぼちゃの馬車」のときも、捜査の手をスルッとかいくぐり、手にした大金を手放すことなく逃げおおせた。

事件を担当する捜査当局も、世のため人のために動いているわけではない。このような事件にいつまでも関わっていられないのである。

村西とおるは、自分が日本の留置所に入れられたときのことを思い出していた。

一九八〇年代に、児童福祉法違反容疑で逮捕されたときの話である。同じ留置所に、一年間も入れられたままの窃盗犯がいた。

村西はその男に訊いた。

「おまえさん、何で一年も入れられたままなんだ？」

男が答えた。

「お巡りさんが事件をいっぱい抱えているから、まだ拘置所にも行けないんだよ」

百件、二百件と事件を抱えていても、昔の刑事は一件一件足を使って追っていた。だから留置所送りにした容疑者を一年も一年半も放置しておく。人権団体もまだうるさくない時代には、まだ刑事魂のようなものが健在だった。

そして、いよいよ取り調べに入ると、刑事たちは犯罪者心理を充分心得た方法で容疑者を締め上げる。

「おまえ、何にもしゃべりたくないだろう？　しゃべらなくていいぞ。その代わり、この日から捕まるまで、どこに住んでいたのかを言え。住んでいる場所だけは、吐いちまえよ」

住所を聞き出した刑事は、その周辺で同じような事件が多発していることを摑み、芋づる式に逮捕となる。

また、ねちっこく取り調べを続けるうちに、容疑者が破れかぶれになり全部吐いてしまうことも珍しくなかった。そうした職人気質の刑事が八〇年代には確かにいた。が、いまはなかなかいない。

「こんな事件いつまでも追っていたら、出世に響く。メディアもあまり騒がないし、深掘りしてもしょうがない」

こうした理屈で、スッと手を引いてしまう。

たとえ、「かぼちゃの馬車」事件の諸悪の根源が佐藤太治だとわかっていても、「まあいいか」となってしまう。日本の捜査当局は、完全なサラリーマン気質になってしまった。だから佐藤太治のような男に踊らされて逮捕もできない。

詐話師、佐藤太治

最初は儲かる商売を思いついて行動に移すが、すぐに現実問題にぶつかって計画どおりに事業が進まなくなる。おそらく佐藤太治は、その段階で「思い切って金を抜く」行為に出るのだろう。そして銀行もグルになって出来レースがおこなわれる。

佐藤太治に最初から悪意がなかったとしても、一億円の物件を二億円で売ったのだから「ヤバいことをしている」という自覚はあっただろう。

逃げ足の速さも素晴らしい。

なぜ銀行はグルになって詐欺を働いたのか。佐藤太治がいわく付きの人物ということは承知していたはずである。

村西は思う。

〈戦国時代の「向こう傷は問わない」という考えのとおり、銀行は「佐藤くらいのサムライでないと大きなビジネスなどうまくいくはずがない」と考えたのかも知れないな〉

佐藤の過去の犯罪歴など、少々のことを恐れていては商売にならない。それよりも、佐藤が考え出したスキームに乗じて顧客を大量に摑むことができれば、銀行にとって最高の商売相手となる。

そして飲んだり食べたりを繰り返しながら佐藤太治と話していると、銀行員も佐藤と同じ夢を見るようになり、取り込まれてしまう。

佐藤太治は三百六十五日、他人の力をどのように利用したら金儲けができるかを考えているに違いなかった。まるで、柔道の神様と呼ばれた三船十段の「空気投げ」のごとく、道衣を持った手以外に相手に触れることなく、足も腰も払わずに投げる神業のようである。

村西はアイデアが生まれると自ら突っ込んで自爆するタイプである。いっぽう佐藤太治は、部下に「特攻に行ってこい」と命じる帝国陸海軍の軍令部のようなものだった。自分は一切傷つくことなく、敗戦となればあっという間に姿を消してしまう。

佐藤太治は、会社の株は自分でもちながら、誰かをダミーに仕立て上げて社長にし、自分は奥にいて「会長」と呼ばせていた。いまの日本には、そんな名ばかりの会長が山ほどいる。以前は少なくとも社員が千人もいるような会社にしか存在しなかった会長が、いまは社員二、三人の零細企業にも多数存在する。佐藤のようなブローカーの皮を被った詐欺師が、日本には山ほどいるのである。

村西は思っている。

〈佐藤氏は、逃げ得のような感じだな。いまごろどこかで、この世の春を謳歌しているんだろう〉

が、佐藤太治は、引退して金勘定して満足できるタイプではなかった。村西は、佐藤から事業魂のようなものを感じていた。だからいまも虎視眈々と、次のビジネスチャンスを狙っているに違いない……。

第七章　勝利へ、借金帳消し

金利一%の誘惑

スルガ銀行をある程度追い込んだ段階で、内部から「七割カットで折り合いをつけよう」「金利は一%にしてほしい」など、スルガ銀行との妥協点を見いだして決着をつけたがる被害者が出てきた。

弁護団の中で河合弘之と山口広がツートップだったが、山口はやや結論を急ぐ傾向があった。

山口は、会合出席者にアンケートを促した。

「債務のうち一割か二割を残して、あとは免除になれば良いと思うかどうかについて、アンケートをとりたいと思います」

弁護士も十人いれば弁護士同士でもそれぞれの意見があり、議論の最後にいつも河合が「いや、そうじゃないだろう」と説得に回る。

今回も、河合は山口の意見に反対した。

山口も負けてはいない。

「一億五〇〇〇万のうち九割免除になったら、大勝利じゃないですか」

確かに通常の裁判では大勝利と言っていいだろう。が、河合は山口を諭した。

「山口さんの一五〇〇万と、みんなの一五〇〇万は違うんだよ。サラリーマンは毎月五〇万とかもらって、残った金が一〇万あるとかないとかいう世界でしょ。その人たちに、一五〇〇万なんて。九割カットというとすごく大きく感じるけど、それはダメだとぼくは思う」

そう言ってメンバーの表情を見てみると、みんな自分の意見に賛同してくれることがわかった。

河合は、その表情を見て退席した。

冨谷は、スルガ銀行に対して一〇〇円払うのも嫌だった。だから山口に意見を言った。

「その解決は、ぼくたちが望んでいる解決ではないです。すみません」

アンケートの結果は圧倒的多数で代物弁済案だった。安易な妥協案は否決された。

それでも、山口は頼りになる弁護士だった。消費者問題に強く、政界にも官庁にも顔がきくため、自ら飛び回って雰囲気をつくり、行政や政治を動かしていく。そうした力のある弁護士である。

また山口は、細かい事務的なことも一生懸命やる。だから仕事が手一杯になると、冨谷のところによく連絡が入った。

「これ以上書くと、病気になりそうだから、どなたか、この後書いてください」

冨谷は、そうしたことも引き受けていた。

弁護団の中でも、河合が力になってくれたと評価したのが松尾（まつお）慎祐（しんすけ）弁護士である。

松尾はゴルフ命の男だった。だからゴルフ関係の仕事が多い。ハンディは一もしくは二でプロ級の腕前である。仕事とゴルフ以外に興味がない。

弁護士も、それぞれ際立った個性の持ち主が集まっている。もちろん、仕事はできる。冨谷も、「いい先生が揃っている」と心から安心していた。

同盟への嫌がらせ、始まる

ＳＳ被害者同盟は、平成三十年十二月二十六日と、年の明けた平成三十一年（二〇一九年）の一月十六日の二回、金融庁前で陳情デモをおこなった。

ひたすら、「お願いします」と訴えた。デモをするのも大変であった。

シェアハウスを二棟購入していた遠藤夫妻の不安が現実のものとなったのは、平成二十九年十月のことだった。スマートデイズから「サブリース賃料支払い変更のお知らせ」が届いたのだ。

遠藤和太の通帳には、元本である銀行への返済額のみ振り込まれるようになった。それでも、これまでほぼ順当に支払われていたし、自腹を切るまでには至っていない。この時点では、まだ気楽に考えていた。

〈このまま何とかなるだろう……〉

ところが、平成三十年一月十七日、オーナー（被害者）への説明会で、スマートデイズはオーナーにサブリース停止を宣言。

平成三十年一月を最後に、一切の振込が途絶えてしまったのだ。

遠藤夫妻はこの事態に至って初めて、いままでいろいろと思い当たる節があることに気づいた。

スマートライフの代表だという佐藤太治の、何となくいかがわしい印象。佐藤太治の早すぎる退職。何もかも知っていて、ソリッドが営業をかけてきたのではないかという疑惑。振込名義人がスマートライフからアマテラスに何の説明もなしに変更されたこと。一千軒を超えるほどシェアハウスの建設ラッシュが続いたこと。

遠藤和太は、ようやくすべてが腑に落ちた気分だった。

〈最後は自転車操業になっていて、シェアハウスをどんどんつくらざるを得ないのにそれもできない状況になっていたのだな……〉

遠藤夫妻は、「かぼちゃの馬車」を売り出した初期段階の契約者だった。そのため、契約どおりのサブリース賃料を約二年間受け取ることができた。だから多少疑問に思うことがあっても、そのままやり過ごしてきたのだ。

が、これは投資詐欺の常套パターンで、「ポンジ・スキーム」というものだった。詐欺で得た金額の一〇％を本人に戻し、ぬか喜びをさせて被害者本人に友人や親戚を勧誘してもらうよう仕向ける。その間に金をかき集められるだけ集めて逃げるというわけである。投資詐欺のほとんどは、この仕組みだという。

ＳＳ被害者同盟の思いに応えるように、平成三十一年二月十九日、衆議院財務金融委員会において、共産党の宮本徹衆議院議員がスルガ銀行の問題について金融庁へ質疑をおこなった。宮本議員は、冨谷が各党に陳情する中で、会ったことのある議員であった。

「かぼちゃの馬車」シェアハウス投資以前から常態化していたスルガ銀行の問題のある融資。平成二十三年には融資関係書類の改ざんが報告されているのにもかかわらず、金融庁からの対応がされなかったこと。金融庁内からもスルガを危惧する声が出ていたにもかかわらず、当時の長官が聞く耳をもたなかったこと。債務免除益の課税の是非についてや、被害拡大を防ぐためにも情報の公開が必要であることなどを、事細かに質問していった。

これは、スルガ銀行の問題が国会で取り上げられるほどに重大なものだとの証明であるとともに、解決が遅れていることを暗に指摘し金融庁へさらなる調査を求めるものでもあった。以前にも何度かスルガ銀行に対しての質疑はおこなわれていたが、これほど踏み込んだ内容は初めてのことだった。

平成三十一年二月頃から、被害者の勤務先に嫌がらせの手紙が届くようになった。

SS被害者同盟の執行部を務める谷村善之（仮名）の勤務先には、差出人を「弁護士河合弘之による二次被害者の会」とする次のような内容の手紙が届いた。

『谷村氏が貴社にお勤めされていると聞き、お願いがございます。わたしは、「かぼちゃの馬車」のシェアハウスで失敗し、多くの負債を抱えています。わたしは谷村から誘いを受け、反原発運動で有名な河合弘之弁護士とともに活動してきました。しかしながら、谷村氏は、自分だけが助かればよいとして、河合弁護士と示し合わせて、わたしをだまそうとしています。谷村氏が貴社にお勤めされているのであれば、貴社のために解雇されたほうがよいと思いますので、不躾ながらお伝え申し上げます』

また、SS被害者同盟のメンバーである木山正（仮名）の勤務先にも、嫌がらせの手紙が届いた。こちらは木山の勤務先の社員一同が差出人となっている。

『当社の木山正は、シェアハウス投資に失敗して多額の借金を背負っています。融資を受けたスルガ銀行に借金をチャラにしてもらうため、同銀行の株式を購入して二十六日の株主総会で大暴れしていたようです。このような恥知らずの社員は、とっととクビにすべきです。仕事もせずに遊んでいるバカ社員に厳正な処分がなされることを強く希望します』

同盟リーダーの冨谷の携帯電話や自宅の固定電話にも、嫌がらせの電話がずっと続いていた。

冨谷は、妻の恵美に言った。

「犯人は、スルガ銀行の行員か不動産会社の関係者に違いない。勤務先や電話番号は、スルガ銀行との契約の際、すべて書類に記入していたからな」

銀行側にも、反対運動をするオーナーたちを逆恨みする人物がいた。あまりに下品で小狡いやり口であるが、個人情報を握るスルガ銀行が一枚噛んでいるとしか考えられなかった。

「スルガの役員を地獄の底まで追いかける」

河合弁護士は冨谷らSS被害者同盟へ思ってもいなかった提案をもちかけてきた。

「スルガ創業家や役員たちの個人責任を追及しよう。彼らには、責任の重さを身に染みて感じてもらうことが重要だから、株主代表訴訟をしよう」

これは、かつて河合弁護士がスルガ銀行と同じく強大な財力と権力を持った相手である東京電力と闘った際に用いた手法であった。

平成二十三年三月十一日に発生した東日本大震災によって引き起こされた福島第一原子力発電所事故の責任を免れようとする東電の幹部になんと約二二兆円という日本の裁判史上最高額の株主代表訴訟を起こ

したのである。

　株主代表訴訟は、その名のとおり株主が会社の代表として役員等に対して、法的責任を追及するための訴訟である。当然、株主が勝利しても、賠償金はスルガ銀行に対して支払われるため、株主として提訴するSS被害者同盟に損害賠償金が入る訳ではない。この訴訟の真価は、不正を明らかにし、交渉の際の切り札を得られる点にあった。

　さらに、通常の訴訟では賠償請求額に応じて裁判所手数料を支払わなければならない。東電の裁判では、普通なら約二二〇億円もの印紙代がかかる。だが、株主代表訴訟では特例が適用されるため、一律一万三〇〇〇円の費用でおこなうことができたのだ。

　今回のように数百億という巨額の訴訟事件では、手数料だけで数千万円もの大金が必要になってしまう。しかし、株主代表訴訟にもちこめば一律一万三〇〇〇円の費用で済むのだ。

　そして何よりも、河合弁護士のいう「個人的賠償義務」が大いなる武器となった。

　河合は冨谷に言った。

「この訴訟においてはスルガ銀行でなく、岡野元会長、米山元社長、有國現社長らは個人として対応せねばならない。そして、スルガの膨大な資金を用いて弁護士を雇うことも、賠償を払うこともできない。すべて個人が実費で賄わざるをえない。裁判で金銭が目減りしていく様を目の当たりにすることとなる。まさしく冨谷さんらの直面していた恐怖を彼らが味わう立場になるのだ」

　これ以上の長期化を避けるためにも、実行すべきことだという。

　これは、スルガ銀行が平成三十年十一月十二日に自分たちで起こした訴訟に対する牽制でもあった。スルガ銀行の訴訟は旧経営陣への損害賠償を求める訴えであるが、賠償要求額はわずかに三五億程度。あまりに手ぬるい。この一件をもって世間へ組織改革を進めていると見せかけようとする、スルガ銀行のつじつま合わせに見えた。裁判を見ても一目瞭然で、訴えられた側であるはずの創業家側の弁護士に対し、訴えた側のスルガ銀行代理人弁護士が押され気味という有り様であった。

弁護団が岡野元会長らへ株主代表訴訟で請求した賠償額は五六五億円。その金額の大きさに、まったく事情を知らない外部や、スルガを応援する人からは「投資で損失をしただけの連中が、自己責任を棚にあげて八つ当たりではないか」との中傷の声があがった。

しかし、冨谷たちはそれに怯まず、不安の声をあげる仲間をなだめて、河合弁護士らと株主代表訴訟の準備を進めていった。

平成三十一年三月十八日、シェアハウスの被害者でスルガ銀行の株主になった者の代理人弁護団は、有國三知男社長らに五六五億円の損害賠償を求める株主代表訴訟を静岡地裁で起こした。

原告は同行の株主で被害者の六人。前述のとおり、スルガ銀行は平成三十年十一月、シェアハウス向け融資を巡る問題で岡野光喜元会長ら九人に総額三五億円を連帯して支払うよう求める訴訟を起こしたが、有國社長は対象に含んでいなかった。

SS被害弁護団は岡野元会長らに対する同行の賠償請求が過少だとして、請求額の増額を求めて訴訟に共同参加することも決めた。

河合は思っていた。

〈スルガ銀行の役員たちは、「自分には火の粉が飛んでこない」とまるで他人事のような気で処理している。そうはいかないぞ〉

株主代表訴訟を起こして「役員として個人的に弁償しろ」と迫り、このままでは自分の身も危ないと思わせたのである。

河合は、記者会見を開き、覚悟を示した。

「地獄の底まで追いかける」

この言葉は翌日の新聞記事に報ぜられた。

河合は、脱原発運動でいまやタッグを組んでいる小泉純一郎元総理がワンフレーズで国民の心を摑んだテクニックを参考にしていた。

小泉は、平成十三年（二〇〇一年）四月の自民党総裁選に出馬したとき、吠えた。

「自民党をぶっ壊す！」

「わたしの政策を批判する者は、すべて抵抗勢力だ」

小泉のように敵を脅すときも、みんなを奮い立たせるときも、常にワンワードで表現しなければ、なかなか伝わらない。印象に残る言葉は、人をぺしゃんこにしたり、奮い立たせたりする。

河合は、「悪の平行四辺形」というフレーズも使った。

シェアハウス詐欺の仕組みを編み出したスマートデイズ、シェアハウス投資を売り込むゼノン住販、返済能力のない者に融資をしたスルガ銀行、客に高値で売りつけキックバックをスマートデイズに渡していたホーメストを代表とする建築会社である。正義の味方の正方形ではなく、悪者だからひしゃげて歪んだ平行四辺形なのだ。

河合は記者会見のときなどにこのフレーズを使った。

「この四社が悪の平行四辺形をつくって、被害者をたぶらかしたんだ！」

すると、記者もなるほど、と納得する。ＳＳ被害者同盟のメンバーたちにも、このフレーズはかなり受けた。

スルガ銀行との業務提携、断固反対

五月一日から「平成」から「令和」に切り替わって間もない令和元年（二〇一九年）五月十五日、スルガ銀行の決算報告会が開催された。

スルガ銀行の平成三十一年三月期の連結決算は、最終損益が九七一億円の赤字となった。前期の六九億円の黒字からの大転落である。不正が横行した投資用不動産向け融資の焦げ付きに備えた引当金が響き、平成十四年三月期以来十七年ぶりの最終赤字となった。

また、投資用不動産向け融資で書類改ざんなどの不正行為や、不適切な行為が疑われる融資額が一兆円規模に上ったとの調査結果を正式に発表した。

有國三知男社長は、巨額の不良債権処理で損失懸念を一掃し再建を進めたいという思いから、銀行の財務の健全性を主張した。

「原本などの改ざんの上で取り扱いがあり、その結果銀行から融資を多く引き出すことがあったわけですから、不正がからむ融資ではありますが、回収不能ではないので不良債権ではありません」

またこの日、スルガ銀行がノジマ、新生銀行とそれぞれ業務提携すると発表した。

ノジマは、神奈川県横浜市に本社を置く家電量販店の企業。ケーズホールディングスに次ぐ業界六位。デジタルオーディオやパソコン、携帯電話を積極的に扱っている。また、携帯電話については専門店業態も展開しており、複数キャリア取扱店の他にキャリアショップも展開している。首都圏を中心に出店しており、平成二十九年度の連結売上高は五〇〇〇億円を超えている。中期経営計画では令和二年に売上高一兆円、業界内二位を目指している。

取締役兼代表執行役社長の野島廣司（のじまひろし）は、平成十九年に「真電」を吸収合併した。勢いはあるが、若干「お行儀が悪い」との評価もある。

新生銀行の前身は、「日本長期信用銀行」だ。新生銀行は、インターネットバンキングでの振込手数料の無料化やATMの三百六十五日二十四時間営業、窓口営業時間の延長、円建てと外貨建ての預金がワンセットになった預金通帳を発行しない総合口座「ＰｏｗｅｒＦｌｅｘ」の販売など、リテール業務の充実を図りつつ、投資銀行業務などを主軸に積極的な業務展開をおこなっている。

平成十三年六月より開始した中核店舗で個別ブースを設けた資産運用コンサルティングサービスやコールセンター・インターネットバンキングでの金融商品提供など、リテール分野での付加サービス拡充を強化している。

このノジマ・新生銀行との提携のニュースは各種メディアで大々的に報じられ、ＳＳ被害者同盟は騒然となった。

スルガ銀行は新生銀行から数％の出資を受け入れ、住宅ローンをはじめ個人金融業を軸に幅広く連携し、不正行為などで失った信頼の回復を目指すと主張していた。すでにこのとき同銀行株価は四〇〇円台にまで下落していた上に、世間の厳しい視線と報道に晒されていたことから、自力での再生は不可能と悟ったのだ。

新生銀行は、個人取引推進に軸足を移しつつあるいま、豊富な経験をもつスルガ銀行との提携は互いを補える一手であると強調していたが、じつはこの提携には裏の事情があった。

スルガ銀行の止まらない株価下落が地銀全体の金融不安を招くことを不安視した金融庁は、以前から提携先を探していたが難航。提携候補だったりそな銀行が離脱し、紆余曲折があったのちに、前身である日本長期信用銀行時代から、大手銀行内で唯一公的資金の返済ができておらず、国の管理下にあるという弱みをもっている新生銀行に白羽の矢が立った形だった。

さらに金融庁は、かつての森長官がスルガを地銀の優等生として絶賛している。このまま凋落を許せば、金融庁の面目も丸つぶれとなってしまう。それを避けるためにも、傍目にはまっとうな銀行である新生銀行との提携を取りもって、面目を保とうとしたのだ。

このノジマ・新生銀行との提携はリークによって発表前日の五月十四日夕刻に報道されていた。

冨谷には、とうてい許しがたかった。

〈スルガ銀行は謝罪どころかなんら賠償も果たしていない。膿を出し切らずに、どうして提携と再建が可能になろうか。その上、被害者である自分たちを無視するかのような振る舞いに黙ってはいられない〉

どう対抗すべきかの話し合いが盛んにおこなわれる中、冨谷がメンバーに考えを示した。

「おれたちの問題を棚に上げて、新生銀行と業務提携などあってはならない話だ。ここはスルガ銀行に対してではなく、新生銀行に対してデモを実行しようじゃないか。しかし、この戦略が適切なものかどうか、河合先生に確認してみる必要がある。すぐに確認を取りますが、みなさんはＯＫをもらった前提で、準備を進めてください」

冨谷の提案に対して、河合弁護士はほとんど即断と言えるほどの速さで回答した。

「うん、いいんじゃないの」

闘いはスピードが命だ。冨谷は河合弁護士の了解を得ると、仲間たちに伝えた。

「わたしは明日のデモは大きな分水嶺になると考えている。いま言って明朝に集まってくれというのは大変申し訳ないが、万難を排して参加してほしい。みんなの力を貸してください」

業務提携の報道の翌日の五月十五日の朝、冨谷らＳＳ被害者同盟メンバー六十名が日本橋の新生銀行本店前に集まった。仙台や名古屋からも集まった。

かれらは慣れていたので、デモの内容も充実したものであった。

「シェアハウス事件は、まだ解決してません！」

「謝罪も改善もおこなっていないスルガ銀行と業務提携をしようとは、新生銀行は何を考えているのでしょうか!?」

「『新生銀行』さん！　どうなんですか！」

「提携をおこなうなら、あなたたちもスルガ銀行の仲間だということになりますよ！」

ＳＳ被疑者同盟はデモの手練れ集団になっていた。平成三十年四月九日に初めておこなったデモとは比べ物にならないほど、メンバーたちの動きは洗練され、声もよく通る。プラカードや幕の掲げ方、発言内容の吟味、ビラの配り方など、すべてが完璧だった。

この様子を確認するために、慌ててビルから飛び出てきた新生銀行の行員たちも、ただ黙って見守るしかできず、報道関係者にも昨日中に連絡済みであるので多数が駆けつけていた。通行人もニュースになっているスルガ銀行に関することだと足を止め、ビラを受け取る者が多くいた。

その効果は絶大であった。新生銀行は思いがけない反発に恐れをなしたのか提携を発表したまま、進行を見合わせる状況に落ち着いてしまった。

弁護団も、すぐに新生銀行とノジマに「これほど恨みのこもった債権処理をさせられる行員、社員が気の毒である」などと記した内容証明を送った。

天王山、スルガ銀行第二〇八期株主総会

令和元年六月二十六日、ＳＳ被害弁護団とメンバー約二百人は、株主として静岡県沼津市内でのスルガ銀行の第二〇八期株主総会に乗り込んだ。

ＳＳ被害者同盟にとっては二度目となる株主総会だった。

冨谷らは、前回の総会での反省点を徹底的に洗い出し、動議を通すための人員の大幅な増員、総会時間

を長引かせるため、そしてスルガ銀行役員を追い詰めるための質問の作成に腐心した。

事情をまったく知らない者でも、これさえあれば現場でどう動けば良いかがわかるように綿密に記載された冊子は、会場の配置図、質問の一覧から優先順位、ＦＡＱ、つまりよくある質問とそれに対する回答まで記載したものである。

今回、同盟からの出席予定者は約二百人、前年の六倍以上であった。

これが実現した背景には、度重なる株価下落によって、多くの人々が容易に手を出せるほどにスルガ銀行株が安価になっていた側面もあるが、ＳＳ被害者同盟の組織体制の改善でスムーズな統制が可能になったことが大きかった。それは同時に、スルガの窮状を示してもいた。

ＳＳ被害者同盟は準備万端、約一カ月をかけて動議や拍手、さらには議長の代役を立てて質問の仕方までを練習し、二週間前から各報道関係者にも通知を送り、最高の状態で闘いへと赴いたのだ。

当日の結束力をさらに強固にするため、前日には沼津駅前で、百名が集まって確認会議が開催された。

このとき、冨谷は口火を切る大役を、久しぶりに会う副代表の鶴田に頼んだ。

本来、この手の役は吉川の十八番であったが、鶴田が家庭の事情で以前ほど活動に参加できていなかったため、ぜひとも口火を切ってもらい、闘いに勢いをつけたいと考えていたのだ。

当日の午前十時、総会は開始された。この日の出席株主は五百五十六人で前年の約四百人から百五十人ほど増えていた。

開始直後、冨谷はその人選が的中したと直感した。

例によって司会者が開始を告げた。

「定刻となりました、有國社長、議長席へ――」

そのとたん、鶴田が叫んだ。

「ちょっと待った！　有國社長……いや有國被告！　株主代表訴訟で五六五億円もの損害賠償を請求されてる被告が、どうしてそこにいるんだ！」

有國社長は激しい鶴田の叫びを無視して、議事を進めようとした。

「みなさん、おはようございます」

ＳＳ被害者同盟の声があがる。

「おい！　話聞けよ！　聞けよ、こら！」

「どうなんだよ、有國社長！」

「なにしれっとしてるんだ！　あんたのことだろ！」

「退場しろ！」

「退場しろ！」

「有國辞めろ！」

「有國辞めろ！」

有國社長の議長就任から始まったＳＳ被害者同盟による議長退場要求と、それに続く辞めろコール、そして拍手は、事前練習のとおり、前方に座るＳＳ被害者同盟のメンバーの谷村（仮名）が合図を送るまでそれから一分ほども続いた。

執行部であるが故に、匿名で会社に嫌がらせの手紙が届いた楠木（仮名）が質問に立った。

「今年御社ではいろんな問題が出ましたね！　もう不正のデパートって言っていいんじゃないですか？そういう会社が一個一個議案を審議しないで、どうして一括審議なんてできるんですか！」

「そうだー！」

「逃げるなー！」

「ちゃんと答えろー！」

有國社長が強引に話を進めようとする。

「一括審議が好ましいと考えますので、賛成の方は――」

「ふざけるな！」

「動議が出てるだろ！」

有國社長はおかまいなしに声をあげる。

「ただいまの動議は否決されて……」

「どこがだよ！」

「普通は賛成の意見を聞くだろ！　なんで否決から入ってるんだよ！」

「そうだ！」

有國社長が声を嗄れさせて言う。

「すでに否決されておりますので……」

「何を勝手に進めてるんだよ！」

「動議出てるだろ！」

「議事なんか、辞めろ！」

「辞めろ！」

有國社長が声を張り上げる。

「ご静粛に、議事の進行にご協力いただきますようお願いいたします」

「だったら、交代しろ！」

「株主から訴えられてるのに、議長が務まるかー！」

「交代しろ！」

冨谷が叫んだ。

「交代に賛成の人、拍手してください！」

激しい拍手が巻き起こった。

「議長の有國です。わたしとしては適切に議事を進行させており、この動議には反対の立場です」

高麗による喉が潰れんばかりの速射砲が続いた。

「採決取れよー！」

「拍手は、賛成のほうが多いだろ！」

「動議！　採決の仕方がなってない！　恣意的な誘導だ！　こんなの議長のやることじゃないだろ！」

有國の声。

「のちほどご意見への回答をいたします」

「回答じゃない！　動議の採決だ！」

「ふざけんな！」

有國社長の苦しそうな声。

「採決方法は議長の権利であり……」

「おかしいだろ！」

「のちほどなんて動議はないぞ！」

「株主を見ろー！」

怒号と拍手で、マイクで話している者の声が聞こえなくなるほどであった。

ＳＳ被害弁護団の河合弘之、山口広、紀藤正樹らが次々と質問に立った。

「ノジマと新生銀行との業務提携契約の詳細、創業家関連企業への融資残高四五五五億円に対する担保設定状況の開示などを求める」

さらに指摘した。

「岡野ファミリーがスルガ銀行の株を所有していることが、他の健全な企業がスルガ銀行と事業提携、資本提携をする上での大きな障害になっている」

が、有國社長はこれらの質問への明言を避けた。三時間二十二分にわたる混乱の末、佐川急便の親会社SGホールディングス取締役の嵯峨行介を副社長に起用する取締役選任案など五議案を一気に可決・承認した。問答無用の一括採決であった。

株主総会が終わると、役員らは、そそくさと逃げるように退場した。

しかし、終了後も会場内では、シェアハウス所有者とみられる株主やその弁護団とスルガ銀行のスタッフらとのにらみ合いが二十分ほど続いた。

「総会を続けろ！」

「議長は席に戻って、再開しろ！」

「議論不十分で、取り消せ！」

そういう声が飛びかい、人々が演壇に押し寄せ、会場は大混乱となった。

その間スルガ銀行は、「株主総会は終了しました。順序よく御退場下さい」というアナウンスを流し続けた。

それをじっと見ていた河合は考えた。

〈これ以上混乱が続くと、危険だ。あのアナウンスをこれ以上無視し続けると警察が不退去罪だといって介入し、逮捕者が出る恐れがある。そうなったら形勢逆転だ〉

　河合は椅子に飛び乗って、声を張り上げた。

「みんな聞いてくれ！　ここまでで十分だ。われわれの怒りと要求を、銀行は理解したはずだ。これ以上ここにいると、不退去罪で警察が導入される恐れがある。そうなったら、せっかくわれわれに同情的になった世論から見放される。さあ引き揚げよう」

　これを聞いた被害者株主たちはただちに粛々と引き揚げた。

　冨谷はみんなを集めて、河合弁護士の言うとおりに引き揚げの準備を手早く済ませると撤退を開始した。こうなった場合も想定しており、ＳＳ被害者同盟は終始規律を保っていたのだ。

　手ごたえは確かにあった。ＳＳ被害者同盟の姿はスルガ銀行と好対照であったようで、冨谷は揉み合いの最中、古参の株主から密かにこう告げられた。

「昨年も参加した者です。そのときはみなさんをよくわからない怪しい奴らだと思ってたんですけど、どうもスルガ銀行が悪いとわかってきました。悪いものは悪いんですから、スルガ銀行はちゃんとしろと言いたいですね。がんばってください」

　明らかなスルガのサクラを除き、実際、ＳＳ被害者同盟に対する反論や非難は総会中にほとんど聞かれなかった。

　会場を後にしながら、冨谷は確信した。

〈スルガの命運ここに尽きたり……〉

　河合は思った。

〈業務提携をしようとするノジマや新生銀行も、この大荒れの株主総会を見ているはずである。おそらくシェアハウス事件が解決しなければ業務提携や資本提携などあり得ない、そう判断したことだろう〉

大荒れの株主総会直後頃から、スルガ銀行の態度が変わり、代物弁済案を検討する方向へと切り替わった。河合の主張が通り始めたのである。

六月二十六日におこなわれたスルガ銀行株主総会で、スルガ銀行の取締役副社長に就任した嵯峨行介が、七月に入り、日本経済新聞のインタビューで次のように述べた。

「シェアハウスと創業家の問題の解決なしにスルガ銀行の再生はない」

嵯峨行介は、前職の佐川急便の親会社SGホールディングス（HD）で経営企画を担当し取締役を務めた人物である。この外部からの風がスルガ銀行の方向性を変えたのかも知れなかった。

「高値摑みによる不法行為債務と借入金債務を相殺後、借入金額と当該物件を代物弁済」

このスルガ銀行が提案してきた案を、SS被害弁護団の河合弘之はおおむね承諾した。

デモの効き目あり！　撃ち方止め！

平成三十年（二〇一八年）三月から始まったSS被害弁護団とスルガ銀行弁護団との交渉は、当初ひどいものであった。

スルガ銀行のいいなりの弁護士が被害者の陳情や要求をはねのけ、もめた後は集団ではなく個人にバラして時間を引きのばして被害者の疲弊を待とうという弁護士たちだった。

河合は、「あんたら、悪党の片棒担いで稼ぐのか」と、憎しみをもって対峙した。スルガ銀行も形勢不利とみると、河合ときちんと話ができる弁護士を用意しなければまずいと判断し、弁護団を総入れ替えした。ようやくしっかりした弁護士が出てきた。宮野勉（みやのつとむ）弁護士である。宮野弁護士は言った。

「河合先生、デモだけは止めさせてください。そうでないと、デモも止められないということで辞任しなきゃならなくなる恐れがある。何とかして止めさせてください」

宮野勉は日本の四大法律事務所の一つであるアンダーソン・毛利・友常法律事務所に所属する大物弁護士である。

宮野と話をしてみると、河合の言うことにきちんと耳を傾けてくれ、大勢をよく見るいい弁護士だった。かれのようないい弁護士にスルガ銀行の顧問を降りられてしまうと、かえって困る。

河合は答えた。

「わかりました。あの人たちは自立していてぼくら弁護団とは関係なく闘っていて、ぼくらの言うことを聞いてくれないいんですが、一応かれらに話してみますよ」

河合はさっそくSS被害者同盟リーダーの冨谷皐介に言った。

「こういう訳で、しばらく撃ち方止めだ」

もちろん、冨谷らにしてもデモなどやらないほうがいいに決まっていた。

河合の一言で、デモはピタリとやんだ。

河合は、宮野弁護士に連絡を取って伝えた。

「あなたたちが誠意をもって交渉を続ける限り、デモはもうないと思いますよ」

あるメディア関係の男も、河合弘之に言っていた。

「河合さん、おれたちは、被害者たちがやっているデモがなくならない限り、スルガ銀行は絶対に再建できないと見ているよ」

SS被害者同盟によるデモ活動は、令和元年七月二十二日が最後となった。

デモは一年以上かけ、五十八回も繰り返しおこなわれた。暑い日も寒い日も、場所はスルガ銀行東京支店前だけでなく、岡野光喜元会長の自宅のある六本木の泉ガーデン前、金融庁などでもおこなった。

後半になると、警察に届け出をすると「はいはい、わかりました」で通るようになっていた。

冨谷は、全体会議でみんなに呼びかけた。

「わたしたちがこうした活動をするのには、金がかかる。わたしの勝手な判断で、みんなから三万、五万と徴収したくはない。だから、自分たちがこれからどういう活動をすればいいのか。そのためにはどのくらい金がかかるかを、みんなに考えてほしい」

約百人の仲間たちが、それぞれ考えてくれた。そして、デモやスルガ銀行との面談などに参加できない人も、資金をカンパするようになった。

また、冨谷は令和元年の夏に入り、自分の考えをみんなに伝えた。

「わたしたちみんなで協力してがんばっても、中には借金が残ってしまう人が出てくるかもしれない。だから同盟内で集めたお金は、そういう人への援助にも使いたい」

しかし、やはり金を出したくないという者も現れる。

鶴田副代表は、そんなひとりだった。冨谷はそんなかれを心配していたのだが、鶴田は「あなたの考えにはついていけない」と言い残して脱退した。

河合は、冨谷に訊ねた。

「どうして、鶴田さんは脱退したの？」

冨谷が事情を話すと、河合が言った。

「冨谷さん、それはちょっと先走りすぎだよ」

良かれと思ったことだったが、河合と、信頼していた副代表の鶴田にも否定され、冨谷は、それからしばらく立ち直れないと思うほど落ち込んだ。

河合は河合で、すべての被害者の借金をゼロにすべく闘っている。冨谷が先走ってそんなことを始めると、鶴田の例でも明らかなとおり「おれは金出したくないからやめた」とか、「おれは自分のことだけで精一杯なのに他の奴なんか助ける余裕がない」と分裂する恐れがある。とにかくいまは、資金のことなど厳しいことは言わないでみんなを束ねておかなければならないと考えていた。

しかし、ＳＳ被害者同盟は違っていた。鶴田副代表の脱退を機に中心メンバーは冨谷の気持ちをよりいっそう理解し、結束はさらに強まった。

一週間ほどして、ようやく立ち直った冨谷は、河合に事情を話した。

「すべての借金がゼロになったとしても、建築途中で放置されてしまった人や、税金の問題で苦しんでいる人にはマイナスが残る。だから資金面で少しでも支え合いたかった」

すると河合は、「ああ、そういうことか、わかった」と理解してくれた。

確かに未完成で放置された物件がもっとも始末が悪かった。スルガ銀行から融資も出ないし、建築会社からは支払いの催促が来る。未完成で何も収入がない状態でも、土地は購入した瞬間から固定資産税がかかる。冨谷は、そうした被害のもっとも大きな人たちをみんなで助けようという気持ちで、同盟を強固な一枚岩にしたい、と考えていたのだった。

九月に入り、河合弘之らＳＳ被害弁護団は、対税務署、対世論の方策として東京地裁民事第二十二部に民事調停を申し立てた。対象は二百五十七人、三百四十三棟で、債務額は計約四四〇億円にのぼる。このような大掛かりな和解を民民だけで成立させるのは社会的にも、税務的にも問題が残るからだ。

民事調停は表面に出ないよう極秘でおこなわれ、話し合いがおこなわれた。

十月一日、スルガ銀行は取締役副社長の嵯峨行介が代表取締役副社長に就任した。代表取締役を生え抜きの有國三知男社長と嵯峨の二人に増やし、経営再建へ体制を強化した。

代表取締役に創業家出身やプロパーではない嵯峨を加え、ガバナンスやリスク管理の強化を図る。

夜明け

十一月二十一日、日本経済新聞に「スルガ銀行、異例の借金帳消し　シェアハウス決着優先」の見出しで、シェアハウスの所有者を対象に融資を帳消しにする異例の対応をとる方向になったと報じた。

河合弘之ら弁護団もSS被害者同盟のメンバーも、この記事を読んで驚いた。最終的な決着の詳細は秘密になっており、特にスルガ銀行と被害者の間で調停がかかっていることは極秘だった。

見出しの「帳消し」という言葉は、極めて非法律的であり、詳しい情報も載っていない。河合は思った。〈おそらく、不動産屋が新聞記者に漏らしたのだろう。詳細が記事に書かれていないということは、詳細を知らない人間がしゃべったんだ〉

実際、このニュースの後追い記事は出てこなかった。が、経済界の人々は、この記事を見て「奇跡だ！」と騒いだ。

「ちょっと河合さん、いったい何をやったの？」

河合のところに、次々と問い合わせが入る。普通の経済人のセンスで考えると、それほど極めて特異な解決だった。

もし加害者がスルガ銀行のような地方銀行ではなくメガバンクであったら、決して妥協しなかっただろう。闘う体力があるからだ。

スルガ銀行が妥協した理由はただ一つ。銀行が潰れる恐れがあったからである。メガバンクであればもちこたえるだけの資力がある。人の噂も七十五日。その後は、おそらく河合のスキャンダルまで暴きたてて、被害者潰しにかかっただろう。

銀行と闘うかどうか、同盟が一枚岩になりつつある頃、被害者の一人で元銀行員の山崎正（仮名）が、みんなの前で言ったことがある。

「銀行が代物弁済などするはずがない。冨谷さんの言っていることはおかしい！」

が、山崎の意見に同調する者はほとんどいなかった。代物弁済を押し通すということは困難な道だということはみんなわかっていた。が同時に、銀行と闘う道は「代物弁済」しか残されていないことも理解していたからだ。

結局、山崎は同盟から去っていった。

しばらくして、山崎から冨谷に連絡が入り自慢してきた。

「スルガ銀行と交渉して、金利が一％になった」

ところが、それは変動金利制ではないのかとすでに一％を蹴っていた冨谷が指摘すると、焦った山崎は、

「もう一度スルガ銀行と交渉する」と狼狽していた。それ以降、山崎からの音信は途絶えた。

ところが、日本経済新聞の「借金帳消し」の記事が出ると、その記事が出た翌日の十一月二十二日、山崎から、今度は奥山のもとにＬＩＮＥで連絡があった。

「こっちはまだ闘ってるけど、そっちは、どう？」

それを聞いた奥山は、山崎が新聞記事を読んで連絡してきたのだとピンときた。もちろん、去っていった人間に詳しい情報や状況などを教える同盟のメンバーはいない。

「まあまあだね」

そう奥山は返答した。

山崎からはそれ以来、音沙汰がなくなった。

山崎のように非協力的で、グループから去っていった人間は「自業自得だ」と言いたいところである。

冨谷皐介は、自分を最初に不動産投資に誘ってきた会社の同僚の黒井久雄を、SS被害者同盟に参加してもらおうと何度も声をかけた。冨谷が詐欺被害に遭うきっかけをつくった人物であるが、かれもまた被害者の一人である。恨む気持ちにはなれなかった。

「一緒にやってくれないか？」

外部の人間に伝えられるギリギリの情報も伝えて、一緒に闘おうと懸命に誘った。

が、黒井は頑なに拒み続けた。

「いや、おれは返済し続けるよ」

黒井のシェアハウスだけがうまく回っているとは思えなかった。

今回の詐欺騒動で、黒井は妻に去られ離婚もしている。

冨谷は、「借金帳消し」の新聞記事が出た後にもう一度黒井に誘いをかけた。

「弁護団に黒井さんの分も押し込んでもらうように頼むから、おいで」

それでも来ない。

そういう人もいる。新聞記事はまだ漠然とした内容であったから、完全に解決したら、また変わるかも知れない。

河合は思った。

〈こんな疫病神から解放されると聞いたら、被害者たちは雪崩を打って来るに違いない〉

詐欺被害に遭った愚か者だから死んでいいはずもない。が、困難に直面したときに、立ち向かう人間と、逃げ出す奴がいる。

河合は思う。

〈こうした一番大事な場面で逃げ出す人間、自ら闘わない人間は、一生そういう人生を歩む〉

報道には「借金帳消し」と出たものの、実行されるまで誰も本当に解決したとは思っていなかった。

江上修治も、妻の麗子に言っていた。

「まだ解決してない。報道では出てるけど、本当かどうかわからないし、まだだよ。でももう少しかもしれない」

勝ち名乗りをあげるまでは、気をゆるめてはいけない。

冨谷も、毎晩深夜零時過ぎまで起きて調停や入札に関する様々な作業を続けていた。弁護士事務所から深夜に電話がかかってくることもあるし、最後の詰めの段階に至ってもやることは山のようにあった。

死線をともに越えた仲間たちと祝杯を

令和元年十二月二十二日、ＳＳ被害者同盟の忘年会が銀座七丁目のライオンで開かれた。被害者約八十人が集まった。弁護団は用事のある者が多く、たまたま河合弘之一人が出席することになった。

一人一～二分の自己紹介の中で、みんなが口を揃えて言った。

「一時は自殺を考えました。だけど、闘って本当に良かった。本当に感謝します」

子連れで参加した奥山が言った。

「この子は、知的障がいがあるんです。この子の将来を考えて、シェアハウス買って家賃収入があればいいと思っていました。その結果、地獄に堕ちました。でも、地獄から出られそうです。ほら、おまえもお礼を言いなさい」

奥山は、我が子に河合に向かって頭を下げさせた。

河合はその姿がじんと胸に来て、思わず涙ぐんだ。

〈ああ、おれはこういう仕事をしたんだ。よかった……〉

別の被害者からは、こんな嬉しい報告があった。

「ぼくには婚約者がいましたが、シェアハウスで苦しんでいる話を打ち明けたら、離れていきました。だけど闘っている中で別の女性と知り合い、今度結婚することになりました」

またある人は、報告した。

「闘いの中でがんばって、子どもができました」

熊井誠も、下の子どもを連れて参加した。河合は「おう、可愛いじゃないか」と言って子どもの頭をなでてくれた。このとき初めて、河合弘之と直接話をした。それまではすべて冨谷経由でやり取りしていたのだった。

わずか二年あまりの出来事だったが、熊井にとっては十年も闘い続けたような気分だった。


令和二年（二〇二〇年）一月、河合弘之は、同盟メンバーの一人である吉川栄子の姿をしばらく見ていないことに気づき、山口弁護士に尋ねた。

「最近、吉川さんは来ないね」

「え、河合さん知らないの？　彼女、結婚するんですよ」

「結婚って、誰と？」

「吉川くん。吉川さんと結婚するんです」

吉川史夫は、同盟の中核メンバーの一人で副代表を務めている。

同じ苗字同士で意気投合し、同盟の活動についてあれこれ話をするうちに、同志愛から男女の愛が育まれたらしい。

一月二十二日、同盟の会議が開かれた。すると、吉川史夫が照れながら河合弘之に結婚報告をしてきた。

「河合先生、いま、結婚届けを提出してきました」

「そうか、おめでとう」

河合も心から喜んだ。

吉川栄子はその後四月中旬に女児を出産した。


被害者たちは河合への感謝はもちろん、冨谷皐介のリーダーシップや組織を引っ張ってくれたことに感謝した。

河合は、冨谷が自分の知らないところで必死に動いていたこと、またこれほどのリーダーシップを発揮する強い人間だということを、あらためて知った。

〈そうか、冨谷さんがここまでみんなを率いてきたのだ〉

多忙な河合は、被害者幹部を交えた弁護団会議には出席したが、ＳＳ被害者同盟の会議にはほとんど参加できなかった。だから被害者たちがどう思っているのか、何をやっているのかよく知らなかった。が、忘年会で聞いてみると、会議は週に一度必ず開いてきたとか、デモも月に最低三～四回はおこなっているとか、本当にみんなよく団結してやっていた。

感謝された冨谷もまた、みんなに「ありがとう」と返した。

被害者の中には本当に優秀な人が何人もいた。情報戦に強い人がいたり、政治家との人脈をもっている人がいたり、ＩＴ技術者も何人もいた。会議に必要な表などもパッとつくって持ってきてくれる。

かつて冨谷は、ＳＳ被害者同盟の活動資金などを集めるため、被害者同士でお金を出しあい、基金を設立しようとした。あのときは被害の度合いが最も深刻な人への救済まで考えて、河合にたしなめられた。が、それでも冨谷の考えに賛同した者が少しずつお金を出し合い、六〇〇万円もの資金が貯まった。こうしたことも、お互いの信頼関係がなければ成立し得なかったことである。

河合は思った。

〈事件が解決して、はいサヨウナラじゃもったいないくらいの団結力と仲の良さだ〉

偶然、シェアハウス事件を通してできたグループである。生きるか死ぬかの苦労をし、その経験を共有している。利害関係がなく、公益的な目的でつながっているわけでもなく、私利私欲でつながっている訳でもない。ほとんどの人が妻子を抱えており、妻子を守るために本気で首をくくろうかと悩んだ人たちが、全面勝利を摑めるのだ。もう一度同じようなグループをつくろうと思っても不可能だろう。

河合は冨谷に言った。

「今度は同窓会として集まろう。冨谷さんが同窓会長で、ぼくが同窓会の最高顧問だ」

冨谷は笑顔を見せながら答えた。

「ありがたい話です。河合先生に出会えて本当に良かった。自分一人でどんなに仲間を集めても、わたしの気持ちを汲んで闘ってくれる先生がいないと、どうにもなりませんでした」

河合は、何かあるたびに冨谷に相談した。冨谷は河合の言葉を上手に膨らませてみんなに伝え、「河合先生がこう言ってくれた。わたしたちは、それに応えていこう」と被害者仲間を励ました。

反原発のグループも結束力は高い。かれらは正義を賭け、自分の信念を賭けて闘っている。が、生活はそれなりに成り立っていてそれぞれ暮らしている。だから「生きるか死ぬか」のギリギリの闘いをしてきたＳＳ被害者同盟グループとは、少し違っていた。スルガ銀行の被害者の平穏な生活を取り戻したことは、もっとリアリティのある達成感であった。河合の人生も豊かにしてくれるのだ。

解決を目前にして、冨谷は妻の恵美に言った。

「おれは、人を見る目はあると思ってる」

冨谷は、河合弘之のことを言っているのである。

恵美は、そんな夫に微笑みながら冗談ぽく言った。

「そんな自慢する割には、被害者になってる」

確かにそうだった。そもそものきっかけをつくった女川社長は、表面的には明るくスマートで口が達者な、ちょっと付き合ってみたくなる感じの男だった。

同盟外の被害者の救済

株主総会に出席するため、河合弘之がスルガ銀行株を購入したときは、一株一五〇〇円で約一五万円かかった。が、スルガ銀行の不正が表面化し、被害者との折衝も滞っている状態が続き、令和二年一月時点で三分の一以下の百株四万円にまで落ち込んだ。

被害者の会のメンバーたちもスルガ銀行の株主であったが、みんな株が下がっていくのが嬉しくてしょうがなかった。

被害者たちは、「あんな銀行、潰れてしまえばいい」と、少なくとも一度は本気で考えたことだろう。が、スルガ銀行の息の根を止めてしまえば、今度は被害者たちが行員たちの憎しみを買ってしまう。

いくら不正を働いたからといっても、スルガ銀行はこれからも生きていかなければならない。その落としどころを見つけるのが、河合弘之ら弁護士の仕事であった。

令和二年一月、河合弘之は、スルガ銀行から連絡を受けた。

「河合さん、ＳＳ被害者同盟のメンバー三百数十人の処理が終わったら、残りの人たちも河合さん面倒見てくださいよ」

シェアハウス事件の被害者は、トータルで約千二百人もいた。残りの九百人近い人たちの面倒を、敵方であるスルガ銀行が頼んできたのである。

理由は明らかだった。かれらを未解決のまま放置するのは不公平だからである。金融庁からも全員救済の指導が出ていた。河合らが解決に至るモデルケースを確立したのだから、それに沿って早急に解決を望んでいるのだ。

河合のモデルケースを利用せず、九百人近い人たちの事情を一人ひとり聞いていたら、いつまでたっても全面解決には至らない。全面解決しなければ、「スルガ銀行は立ち直った」と世間にアナウンスもできない。

常識的に考えて、敵方が「この人たちもよろしく」と依頼してくることなどあり得ない。しかしシェアハウス事件には、こうした奇跡が実際に起きたのである。

これだけ膨大な人数をこなすのは非常に大変だ。が、やらなければ仕方がない。それに、残りの九百人もまた、ＳＳ被害者同盟のメンバーたちと同じ条件でなければ真の解決にはならない。

河合弘之は、ＳＳ被害者同盟のメンバーたちに、残りの被害者たちの面倒も見なければならないと話した。

すると、思わぬ反発があった。

「ぼくたちがこれほど苦労して出した成果を、ただ乗りさせるのはおもしろくない」

その気持ちも理解できるが、そういう訳にもいかない。

すると、今度は「弁護士費用をわたしたちの二倍、三倍取ってください」と言い出した。

SS被害者同盟リーダーの冨谷皐介も、仲間がそう言う気持ちは痛いほどよくわかった。自分たちの費やしてきた時間と労力、金のことを考えれば、せめて弁護士費用くらい高くても良いのではと思う。

また、冨谷たちが自助努力でやってきた様々な実務作業も、次からは河合らの負担となる。その作業量がどれほど膨大かは冨谷たちが一番よく知っていた。

名古屋在住の近藤昭次(こんどうあきつぐ)（仮名）が、次のように意見した。

「たとえば弁護士費用を一棟二〇〇万円として、それで納得する人の面倒はみることにしましょう。納得できないなら、自分で他に何か方法を見つけるでしょう」

この意見に、同盟メンバーたちは「そうだそうだ」と賛成した。


外科医の尾山文雄と縁の深い北海道釧路市の病院に勤務する谷崎信一のもとに、ある日突然国税庁の職員が現れた。

「何事ですか？」

「柿内高之の件です」

谷崎は、かつて後輩に当たる柿内に誘われて「かぼちゃの馬車」を購入した。詐欺だとわかってすぐに自己破産し、河合弘之の手を借りずに債務問題を解決していた。まったくの無資産だからそうしたのだ。

ところが、柿内に預けっぱなしにしていた谷崎の預金口座に、大きな金の出し入れがあったという。谷崎は国税庁の職員に訊いた。

「そんなにやばい件なんですか？」

「東京からわざわざここまで来ていることで、察してください」

柿内は、預かっていた谷崎の口座を通すことで、マネーロンダリングをしていたのだ。同盟に参加していた、福島県の医師の田中昇（たなかのぼる）（仮名）が勤務する病院にも、国税が調査に入った。調査内容は、釧路の谷崎と同様である。自分の口座を預けるなど、よほど相手を信用していなければできないことである。柿内は、それほど自分を信じてくれた人間をだましたのだ。

柿内にだまされた医師の中で、柿内ともっとも深い付き合いをしていたのは尾山文雄だった。尾山は仲間にだまされたショックや恨みの感情よりも、「簡単に信用しすぎてしまった」という反省の気持ちがより大きかった。

尾山からこの話を聞いた冨谷は、思った。

〈やはり、悪いやつを放置していたらダメだ。かれらは罰を受けない限り、きっと反省しないだろう〉

令和二年二月、柿内高之は国税庁から取り調べを受けることになった。

柿内は、堅実に医師の仕事を続ける性分ではなかったらしい。浮ついた会社をいくつも経営し、脱税をする。

柿内は、不動産会社からのシェアハウス案件を友だちに紹介して、不動産会社からキックバックを受けていたことは否定しているという。が、キックバック料は三億円にも達しており、当然未申告である。いずれ課税され、逮捕されるだろう。

柿内は、周囲の人からの信用を完全に失った。今後の柿内の人生は、過酷なものとなるに違いなかった。

決着

令和二年三月二十五日、すべての手続きが終了した。被害者たちはシェアハウスを手離し、それと引き換えにすべての債務から解放された。

令和元年九月に東京地裁に民事調停を申し立てていた河合率いるＳＳ被害者同盟のメンバーたちが、まずその対象となった。

スルガ銀行は、不正行為に対する所有者への損害賠償として算定した解決金を融資と相殺し、残った貸出債権を投資ファンドに売却した。所有者が土地と建物をファンドに譲渡し借金を帳消しにする。代物返済の完成である。

被害者弁護団もスルガ銀行もほぼ同時に記者発表をおこなった。ここに至る過程で最大のネックは債務免除益問題であった。

たとえば、一億五〇〇〇万円の債務があるのに、だまされて不当に高値で購入したため不動産の価値はその四割から五割しかない。一億五〇〇〇万円の債務を免除するのに、時価七〇〇〇万円の不動産を渡すとしたら、八〇〇〇万円の債務免除益になる。この差額が利益となり贈与の一種として贈与税の対象となるのだ。せっかく苦労して代物弁済にしたのに、税金を取られるのでは意味がない。

河合弘之は税務署と交渉した。

「不動産の代物弁済は不動産の譲渡だ。だから不動産譲渡益課税の原則（譲渡価格マイナス取得価格イコール譲渡益に課税）に従うべきだ。代物弁済では譲渡価格は債務消滅額。右の例で言えば、譲渡価格は一億五〇〇〇万円。取得価格も一億五〇〇〇万円。一億五〇〇〇万円マイナス一億五〇〇〇万円はゼロ。よって譲渡益はゼロなので税金もゼロ」と主張した。

しかし、税務署は「不動産譲渡益課税の原則は不動産の値上がり益にしか適用されない」と否定。

スルガ銀行も、一億五〇〇〇万円の債務を免除するのに七〇〇〇万円しか回収できないのだから、八〇〇〇万を落とさなければならない。そのためにスルガ銀行とも交渉しなければならなかった。

そこで交渉の結果、スルガ銀行は、七〇〇〇万円しか価値のないものを一億五〇〇〇万円で掴ませた不法行為を認め、その差額分八〇〇〇万はオーナーの損害額として認めることになった。

損害賠償には税金がかからないため、スルガ銀行は差額を損害賠償という形で相殺し、決着をつけましょうとなった。

すると、税務署が言った。

「それは認めるが、この損害額を民民で勝手に認めることは許されない。裁判所が認める形をとってください」

裁判所の勧告という形を取るため、調停をすることになった。すると税務署も「裁判所の決定には従う」となる。世間も裁判所の決定なら納得する。

申し立てを受けた東京地方裁判所民事第二十二部の裁判長は宣言した。

「合意内容が適法か、社会的に妥当か厳しくチェックします。両当事者の言いなりにはなりません」

これだから税務署も世間も信用して容認してくれるのだ。

また、調停の最終段階でフリースタイルローン問題が急浮上した。

シェアハウスの購入に当たり、スルガ銀行は「融資しましょう。しかし、別途に一〇〇〇万円借入してください」と抱き合わせ融資を強制した。スルガ銀行の貸し付け金を増やし、売り上げを伸ばすためで、こうした抱き合わせ融資は銀行法で禁じられている。

もともと支払い能力のない者に、さらにフリースタイルローンを負わせたのだ。このたちの悪さは、むしろ本体融資よりもひどいかもしれない。しかも七・五%など、いまどきのサラ金でも付けない高金利まで付けたのである。

河合らは、弁護士費用、運用開始までの利息支払金などをフリースタイルローンから引くかでスルガ銀行と対立した。

「相当因果関係がある損害は認めろ」という河合側の主張と、スルガ銀行の「不動産取得の費用しか認めない」という対立は、最終的に裁判所が入って調整。裁判所の勧告で、ほぼ河合の主張が認められた。

河合らはその日、令和二年三月二十五日、「スルガ銀行が関与したシェアハウス問題にかかる被害者救済決着の報告」の記者会見を内幸町にあるＴＫＰ貸会議室で開いた。

まず河合弁護士がマイクを持ち、つい顔をほころばせて語った。

「代物弁済的解決はスルガ銀行側からのいろんな反論もありましたし、世間からもそれは無茶なんじゃないのということはありましたけど、わたしたちは掲げた旗を一度も降ろすことなく闘い切りました。今日、まあみなさん多分ですね、なんでそんなすごい解決になったの、なんで債務が全部ゼロになったのと思っていらっしゃると思いますが、ごく簡単に申しますと、まず照準をスルガ銀行に合わせたこと。

それから悪質不動産業者というのはじつは一番悪いやつらなんですけど、それらを深追いしなかったこと。それをいくら追いかけてもですね、たとえば、よしんば一〇〇〇万ずつ取っても、何の解決にもならないわけですね。一億五〇〇〇万の借金があるのに、一〇〇〇万返してもらっても一億四〇〇〇万がまだ残るわけですから、悪質不動産業者を追及してもあまり役に立たない。

従ってスルガ銀行と闘って勝たなければ被害者は救われない。戦略の分岐点はいくつもありました。集団訴訟をするか、それともいわゆる白兵戦をやるか。対で交渉して押し切るという形を取るか、それから元利の支払いを闘っている最中に止めるかどうか。代物弁済なのか、リスケなのかなどなどです」

さらにデモについても触れた。

「あと店頭デモをやったんですが、店頭デモをやるのかやらないのか。それから株主総会ではどうするのかとかですね、いろんな問題があるんですが、それぞれの分岐点をわたしたちはいろんな討論を重ねながら苦しい選択をしていった。それがいま言ったようないくつかの分岐点で、わたしたちの選択はすべて当たったというか、正しかった。その結果、去年の七月あたりから全面的な譲歩という路線を勝ち取ることができてきたわけです。それはいまから思いますと、去年の株主総会直後からスルガ銀行の対応が変わってきました。

その後まあ微妙な調整段階に入ったものですから、みなさん方にプレスリリースできなかったのは、申し訳なかったと思いますが、この半年間非常に密な交渉をして今日にこぎ着けたということです。わたしたちとしては金融史上初の完全救済ということを勝ち取れたことについて、今日、さらに経過をご説明したいと思いますので、よろしくお願いいいたします。

本当に皆さん方が熱心にわたしたちの言うところを理解してくれて大きく報道してくださったことが今日の成果に至ったということを、あらためてお礼を申し上げて、わたしの冒頭のご挨拶といたします。ありがとうございました」

次に今回の解決についての弁護団声明を谷合周三副団長が読み上げた。

「本日、弁護団はスルガ銀行との間で被害者オーナー約二百五十名が抱えるシェアハウス関連融資、対象件数三百四十三棟、不動産担保ローン合計残高約四四〇億円の問題を、大筋で全面的に解決するに至りました。

具体的にはシェアハウス関連融資について、スルガ銀行が被害者オーナーに対し一定額の解決金支払い債務を負うことを確認し、当債務とシェアハウス関連融資にかかる被害者オーナーのローン債務等、対等額で相殺した上で、相殺後のローン債権を第三者に譲渡し、被害者オーナーが物件を当該第三者に代物弁済することで解決したのです。

本日その決済をいたしました。本件の問題発覚から約二年の歳月を経ましたが、この解決により被害者オーナーはスルガ銀行と破産会社スマートデイズをはじめとした悪質サブリース業者の関連共謀による不正融資の債務から解放されました」

弁護団はスルガ銀行の行員が関わった借入申込書の預金通帳や、収入証明書類の表改ざん行為についてさらに語った。

「スマートデイズなどのサブリース業者が、仕入れた土地価格に大幅な上乗せをし、シェアハウス建築工事費も実際の工事費に大幅な上乗せをし、スルガ銀行はそれを知りつつ融資して被害者オーナーに高値摑みさせた」

「サブリース業者とスルガ銀行の行員、仲介業者が関連共謀して、破綻必至のサブリース事業による収入保証を信じ込ませて借入させた」

「過去に例を見ない悪質かつ違法な銀行融資が原因で引き起こされたものです。スルガ銀行は、申し立て対象のシェアハウス関連融資について、定型的にスルガ銀行の不法行為を構成するとの判断を前提とする東京地方裁判所の調停委員会の調停勧告を真摯に受け止め、自らの責任を明確に認めました。弁護団はスルガ銀行が融資者責任（レンダー・ライアビリティ）を認めたものと評価し、今後の同種事案の解決の在り方を提示する貴重な成果だと考えています」

辛い目に遭った被害者についても触れた。

「スルガ銀行による違法なシェアハウス関連融資が原因で、自ら命を絶たれた方までいる。いまなおスルガ銀行の違法なシェアハウス関連融資が原因で、自己破産を含む深刻な事態に直面し、現在の仕事や家族、さらにはおのおのの人生まで危機に瀕している中堅サラリーマンが少なくないことも事実です。

弁護団としては、スルガ銀行の違法なシェアハウス関連融資が原因で被害に苦しむ被害者オーナーの被害回復に向けてこれからも全力で取り組むことをあらためて宣言いたします。また、スルガ銀行が東京地方裁判所の調停委員会の調停勧告を踏まえ、引き続きシェアハウス関連融資の問題解決に真摯に取り組むことを求めます」

次に被害者副代表の谷村が、「シェアハウス関連の不正融資の問題解決について」の声明を読み上げた。

「わたしたちは主に二〇一五年から二〇一七年の間にスルガ銀行を基点とした悪の平行四辺形に巧みにだまされ、過大な債務を背負うこととなりました。

悪の平行四辺形とは、スルガ銀行、スマートデイズ等の悪質サブリース業者、不動産販売会社、建築会社に当たります。このような被害に遭ったとき、多くの被害者は闘うよりも諦めることを選択しがちです。

スルガ銀行とのシェアハウス融資契約には団体信用生命保険に加入しており、家族に苦労させたくないという一心で自ら命を絶ってしまった方や、被害が大きいことの苦しさに耐え切れず、精神のバランスを壊した方がいます。じつに哀しいことです。

今回の一連の不正融資がいかに罪深いことであったか、あらためて思い知らされます。一方、悩みつつも闘うことを選択する人もいました。

わたしたちSS被害者同盟は、闘うことを選択した被害者が団結し、問題解決に向けて命をかけて取り組んでまいりました。

当初は、世間からの心ない自己責任論に傷つき、心折れそうになるときもありましたが、仲間を集め、雨天の友として互いに励まし合い、最後には前例のない結果を勝ち取ることができました。もし、わたしたちが闘うことを選択していなかったら、スルガ銀行による一連の不正は明らかにされることなく、いまなお同様の被害者が人知れず増え続けていったであろうことは疑う余地がありません。

今回の解決は、わたしたち自身の被害回復のみならず、これからも生まれていたかもしれないスルガ銀行の不正融資による被害者をわたしたちで止めることができた、という意味においても、非常に意義深いことであると考えます」

次に「スルガ銀行が関与したシェアハウス問題にかかる被害者の報告」が配られ、それについてSS被害弁護団の山口広共同団長が語った。

「本年三月二十五日、今日、スルガ銀行と譲渡先と各被害者オーナーとの間で相殺、債権譲渡および代物弁済、従いまして代金の支払いも含めてすべての決済が執行されました。

この間、シェアハウス物件取得のための不動産担保ローンにスルガ銀行が抱き合わせで貸し付けた、多くは七％を超える金利の無担保ローンについてどうするかということについても、鋭意交渉を続けてまいりました。

この無担保ローン問題についても東京地方裁判所から解決に向けた新たな調停勧告が提示されて、スルガ銀行、被害者オーナー双方がこれに応諾いたしました。

その結果、本件土地取得にかかる登記費用、あるいは不動産取得税などの一定額は上記の違法融資にかかる解決に加算され、無担保ローンと対等額で相殺処理されることになりました。

なお、抱き合わせの無担保ローンについては、残債務額の確定と残債が生じた場合の返済条件などに解決未了の部分があるために、当弁護団としては引き続き東京地方裁判所の調停勧告に基づいて、スルガ銀行と交渉をいま継続中でありまして、近日中にこの解決を実現する予定であります」

金融史上空前絶後の解決の発表であるこの記者会見の内容は、テレビ、新聞で大きく報道されるはずであった。

しかし当日のテレビも翌日の朝刊もほんの少しの報道であった。令和二年三月二十五日といえば、新型コロナウイルスのニュースの最盛期で、それ以外のことはほとんど無視状態だったのだ。スルガ銀行シェアハウス事件解決のニュースはコロナに完敗したのだった。

令和二年四月一日、ＳＳ被害者同盟のメンバー数十人によって弁護士の支援や被害者のケアなどをおこなう非営利団体「ＳＳ同盟ＲｅＢＯＲＮｓ（リボーン）」が結成された。第一陣の船に乗り遅れた被害者たちを救出したい、との思いからであった。

冨谷皐介らが、河合弘之に申し出た。

「わたしたちが、残った被害者たちを助ける実務作業のお手伝いをします」

スルガ銀行のその後

家電量販店国内六位のノジマは、平成三十年からスルガ銀行の株を買い進めてきた。

そして、令和元年五月、スルガ銀行とノジマが業務提携に関する基本合意書を締結。

令和元年十月二十五日に買い取ったのは、創業家の関係会社や団体が保有していたスルガ銀行株の一三・五二％。金額にして約一四〇億円に上る。すでにノジマは五％近くのスルガ銀行株を保有しており、今回の追加取得も含めてスルガ銀行株の二割近くを握り、ダントツの筆頭株主となる。

経営不振に陥ったスルガ銀行には、スポンサー企業として、ノジマをはじめとする複数の支援先が手を挙げていた。

支援先の選定にあたっては、出資も含む支援を検討していたノジマが有力視されていたが、土壇場で金融機関以外の支援を嫌った金融庁が、一度は支援を断念した新生銀行を引っ張り込み、「出資なしの業務提携」という異例の支援策となる経緯があった。つまり、この段階でノジマは敗れていたのだ。

ところが、その際、創業家やその関連企業が保有している大量の株式が問題となっていた。それは、不正融資を主導してきた創業家の影響力が残っていては抜本的な経営改革がおこなえないからだ。

シェアハウス問題発覚後、スルガ銀行側も経営陣を入れ替えて業務改善計画を公表、「創業家一族企業に株式売却と融資の全額回収を進め、創業家との資本関係を解消する」としていた。

しかし、自らも公的資金を抱えたままで、そもそも支援自体に及び腰だった新生銀行は見て見ぬ振り。そこで、支援先選定の段階から買い取る姿勢を示していたノジマが復活し、創業家側の全株式を買い取ることにしたというわけだ。

ノジマの狙いは何なのか。

東洋経済の田島靖久の記事によると、ノジマの最大の狙いは「カード事業」だという。

ノジマ関係者が答えている。

「家電量販店も飽和状態になっていて、ノジマは新たな収益源を求めていた。そこで目をつけたのが金融事業。中でもカード事業は有望で、以前から売り物を探していた。そこにスルガ銀行が出てきたので、ならば銀行ごとと考えた事情がある」

だが、それだけではないようだ。

ノジマは平成二十九年に富士通から買収した個人向けインターネット接続事業のニフティのほか、携帯電話販売の大手代理店ＩＴＸなどを傘下に抱えている。これら企業群とスルガ銀行を有機的につなげることで、先進的なフィンテック事業を手がける銀行に生まれ変わらせる戦略を描いているようだ。

前出のノジマ関係者は「キャッシュレスやフィンテックなど、金融を取り巻く環境は激変しており、旧態依然とした銀行のビジネスモデルは早晩行き詰まる。われわれと組めば、新たなビジネスモデルを創出することができる」というのだ。

つまりノジマは、スルガ銀行を支援して傘下に収めるという〝野望〟を捨てていなかった。

じつはスルガ銀行も、令和元年五月に新生銀行との業務提携を発表した際のプレスリリースで、「新生銀行を含む第三者との間で資本提携を含めた様々な将来の選択肢について検討を行う可能性を排除するものではありません」と記載し、ノジマにも含みをもたせていた。

今回、ノジマがスルガ銀行株の二割程度保有して筆頭株主となったことで、ノジマの発言権が増すことは必至。一度は新生銀行による支援で落ち着いたスルガ銀行の経営再建だが、今後も第二幕、第三幕が繰り広げられそうだという。

令和二年六月二十六日、スルガ銀行の第二〇九期の定時株主総会が開かれた。

株主総会には、SS被害者同盟のメンバーと弁護団が株主として出席した。

この総会で、経営に影響力を持つ野島廣司ノジマ社長が取締役副会長に選任された。

関連会社化により、金融とITを融合したフィンテックサービスなどで連携を加速させようという狙いである。

弁護団長の河合弘之弁護士は、令和二年四月に経済誌「日経ビジネス」が掲載した記事を取り上げ、声を上げた。

「記事の内容が本当なら、野島氏の取締役副会長就任には反対だ」

この記事は、シェアハウス購入者の借金を帳消しするスルガ銀行の決定に対し、野島社長が疑問を投げかけ、企業価値を毀損することを問題視したという趣旨の内容だった。

質問に立った株主の冨谷も質問した。

「野島氏がこんな考えをお持ちなら考え違いだ。ノジマに取締役三人のポストを用意してスルガの経営再建につながるのか」

これに対し、スルガ銀行の有國三知男社長は説明した。

「記事の内容について、わたしどもが申し上げることはない。野島氏の選任にあたり、シェアハウスに関する金融庁の行政処分の内容について十分に説明している。新経営陣の一員として大所高所からご意見をいただき、再建に力を尽くしていただきたい」

株主総会後、毎日新聞社の経済プレミア編集部の今沢真（いまざわまこと）記者がノジマの広報担当者に河合の質問した「日経ビジネス」の記事について確認した。

ノジマの広報担当者が答えた。

「（野島社長は）記事に書かれたような発言をしておらず、コメントのしようがない」

ある関係者によると、記事にあるような野島の発言は、かなり前の段階ではあったかもしれないが、筆頭株主になった後は聞いたことがないと指摘した。

株主総会で人事案は賛成多数で可決され、野島は取締役副会長に正式に就任した。スルガ銀行の取締役は十三人に増え、うち社外取締役が七人を占める。出身別では内部出身者が三人で、ノジマ推薦の三人と同数になった。

銀行法の規定では、出資比率が五〇％を超えたときに、当局が監視を強める「支配株主」と位置づけられる。株式一八・五％保有と取締役三人で、ノジマが経営を支配したとはいえない。とはいえ、経営への関与をかなり強めたことは間違いない。

スルガ銀行はシェアハウス問題の解決後も「抱き合わせ融資」の問題や、中古アパート・マンション向け融資で見つかった多数の不正など、未解決の課題を抱える。

野島が副会長として残された課題にどう向き合い、経営再建に具体的にどう関わるか注目される。

スルガ銀行はシェアハウス・スキャンダルを日経新聞にスッパ抜かれたが、経済界からはこの問題はほぼ解決と見なされた頃から、スルガ銀行の株価は上昇し始めた。だからこそ、ノジマも安心して筆頭株主になることができた。

スルガ銀行のシェアハウス向け不正融資事件の発覚に懲りて、金融庁は、各銀行、地方銀行に融資の際は預金通帳、給与明細の原本を必ず確認せよとの通達を出した。

他行もまた、スルガ銀行と同じような改ざん、不正行為がおこなわれてきたことが発覚していた。が、原本の確認さえきちんとおこなっていれば、返済能力のない者へ融資がおこなわれることはなくなる。

河合が引き受けたシェアハウス事件は、すべての銀行に激しい余震を及ぼした。「原本確認」、ただそれだけで、地方銀行の収益用不動産担保融資の新規売り上げが一気に萎んだ。銀行の体質も改善されつつある。

不動産業界も同様だった。シェアハウスはもちろん、中古マンションの一棟売りの市場が一挙に萎んだ。河合らの勝利は、不動産業界に絶大な影響を及ぼした。実際、河合の顧問先の不動産屋も店を畳んでしまった。

河合は、不動産業を営む知人たちから、恨み言を言われた。

「先生のせいで、ひどいことになった」

が、河合はそれを一蹴した。

「もともと、そんな商売をしているからいけないんだ」

すべては、河合と冨谷がめぐりあったところから始まった。

河合が手元でシュッと点けた火が、燎原（りょうげん）の火の如く燃え広がり、地方銀行と不動産屋を燃やしている。

河合は思った。

〈インチキをやらないと成立しないような商売は、なくなったほうがいい。そういう意味でおれは、社会の浄化に役に立てたのかも知れない〉

過去には多数の金融不祥事が頻発した。バブル絶頂期に「北浜の天才相場師」と呼ばれた尾上縫（おのうえぬい）は、金融機関を巻き込む巨額詐欺事件を引き起こした。

〝戦後最大のフィクサー〟と呼ばれた許永中（きょえいちゅう）は、中堅商社イトマンに多額の損害を与えた。

富士銀行赤坂支店の幹部行員が、取引先に架空の預金証書を発行し七〇〇〇億円もの巨額を不正に引き出した詐欺事件など、枚挙にいとまがない。

が、河合らが解決したシェアハウス事件ほど多数の被害者を出し、銀行員が総ぐるみで不正を働いたケースはこれまでになかった。

また、銀行が代物弁済で借金を帳消しにする解決方法は、かつて一度たりともなかった。それも数百人単位で数百億円からの債務が消えた。結果的に、歴史的な大勝利となったのである。

闘いを振り返って

令和二年七月十九日、ＳＳ感謝の会が都内港区白金台一丁目のシェラトン都ホテル東京で開催された。

本来であれば、全面解決が確定した直後の四月におこなわれる予定であったが、新型コロナウイルスの影響で四月七日に緊急事態宣言が出されたため、三カ月ほど延期となった。

出席者も被害者百人以上が集まる盛大なものになるはずだったが、弁護士十三人、被害者十七人のささやかな集まりとなった。筆者も出席した。

まず、ＳＳ被害者同盟のリーダーである冨谷皐介がマイクを握り挨拶した。

「みなさん、お忙しいところお集まりいただきまして、誠にありがとうございます。今日はみんなこの場に参加して、先生方に感謝の言葉を伝えたい、あるいは仲間と一緒に祝勝したいという声が非常に多かったんですが、三十人まで絞って会をやらせていただくことになりました。今日は参加できなかった仲間の分まで先生方と勝利を分かち合っていただきたいと思っております」

続いて、河合弘之がマイクを握った。

「わたしの信条は『依頼者とともに闘う』。これがいままで大きな闘いで勝ち続けてきた秘訣です。わたしは依頼者に『おれに任せろ、おまえは黙っていろ』と絶対に言わないんです。『弁護士に頼んだからと思って安心しちゃダメだよ、手を抜いちゃダメだよ。一緒に闘わないと勝てないんだからね』といつも言っています。これはスルガ銀行事件だけではありません。原発訴訟もそうですし、大きな経済事件もそうやって勝ち抜いてきました。今回も、わたしたちが金融史上例を見ない根本的な解決を得られたのは、被害者のみなさんとともに弁護士が闘ったからだと思っています」

最大の勝利の決め手について語った。

「東京支店の店頭の五十八回におよぶデモ。あれが本当に効いたんです。わたしははじめの数回行って手本を示しましたが、あとはみんながやったことです。デモがなければ、今日の勝利はなかっただろうと思います」

もう一つは、「株主総会での闘い」だったという。

「特に去年の株主総会がなければ、やはり今日の勝利はなかったと思います。そう断言できるのは、時間的経過から見て明らかだからです。スルガ銀行弁護団は『これは個別事件の集積だ、一人ずつ丹念に事実認定をして妥当な解決も一件ずつだ』という立場でした。それではわたしたちは勝てませんし、何年かかるかもわからない。その一年半も続いた非常に堅いガードが、去年の七月に突如崩れた。スルガ銀行のほうから『まとめて解決します。その代わり、あのデモだけはやめてくれ。デモが続く限りスルガ銀行の再建は不可能なんだ』と申し入れがあった。その時期は、あの最も激しい三時間半におよぶ株主総会の直後だった。そうやって、わたしたちの粘り強い交渉と、みなさんの集団的な強い攻撃があったからこそ、ついに落城したわけです」

「ここに至るまでは、様々分かれ道がありました。

集団訴訟をやるのか、それとも直接交渉をするのか。毎月の元利の支払いを止めるのか、それとも払い続けるのかなどなど、いろいろ大きな分岐点があったわけですが、わたしたちの取った戦略が全部当たった。それもやはり、みなさん方の強い闘う姿勢が背景にあったからだと思います。いまから二年半前のことを思うと感無量ですが、こうして勝利できたのは、わたしたち弁護団と被害者の人たちが手を携えて共に闘ったからだと思います」

河合は、冨谷のリーダーシップについてあらためて褒めた。

「冨谷さんが捨て身のリーダーシップと戦闘力を発揮しなかったら、やはり今日の勝利はなかった。弁護団だけでは絶対できなかったし、被害者をまとめることもできなかったと思います。冨谷さんは、スマートデイズの説明会のときにQRコードを配ってまず百人ほど集めた。そこからすべてが始まりました。あしたアイデア、戦略、闘う不退転の決意がなければ、やはり今日はなかったと思います」

会場には大きな拍手が響き渡った。

スピーチを終えた河合弘之も、会場にいた弁護士も、被害者も、感無量であった。

続いて、もう一人の共同弁護代表である山口広もマイクを握った。

「今年三月にあのような形で解決できたことは、本当に前例のないことでした。銀行はたっぷり金をもっているので、本来ならこちらが被害者を救いたくても救えないものです。が、今回は銀行自体が詐欺を働いていたので、正直に言って他の事件に比べて闘いやすかったと思います。

わたしもこれまでに山一抵当証券問題で二年、統一教会の霊感商法は三十年間続けていまも未解決、MRI投資詐欺もずっとやっていますが、どうにもなりません。被害額の何割かを回収できれば良いほうかな、という感じです。

しかしそれだけに不安でした。だから一昨年の暮れ、みんなの本音が聞きたくてアンケートを取ったんです。百人くらいの結果を読むと、八割九割は『とことん頑張る』、残りは『半分債権カットできればいい』というものでした。

わたしは妥協してしまおうと考えるタイプですが、河合さんは『突っ込め、突っ込め』とどんどん煽る。わたしはそれを『どうなのかな』と思いながら、裏側の事務的なところで段取りをしながらやってきました」

人一倍気を揉み心配していた山口は、スピーチの中で二年半を振り返った苦労話と、未解決の問題について触れた。

「まだややこしい問題は残りますが、そんなことは屁でもないというところもあります。がんばっていきますので、今後もみなさんよろしくお願いします」

山口が手にしていたグラスを高々と持ち上げ、「乾杯！」と声をあげると、ふたたび会場が拍手で包まれ、和やかなムードとなった。

それから、この会に出席した被害者が次々にマイクの前に立ち、地獄だった日々を振り返り、河合、山口、紀藤弁護士らに感謝の言葉を送った。ほとんどの者が「一度は自殺を考えた」と言った。

感謝の会は無事お開きとなったが、フリースタイルローンの問題はまだ残っていた。少ない人は数千円、多い人は数十万円という金額で、新たな調停を起こしても解決に至らず、今後も引きずる可能性がある。しかし、全体からすれば小さな問題だった。

令和二年の夏の終わり、冨谷は家族と都内のホテルにいた。かなり奮発して予約したホテルだった。夜景の眺めは最高で、部屋も一番上等なものを選んでいた。

妻の恵美が声をかけた。

「もうそれくらいにしなさい」

「少しくらいいいじゃないか」

ソファーにのんびり腰を降ろし、二本目の缶ビールへ伸ばした彼の手を妻が軽く叩いた。

「ダメ、折角身体がシャキッとしてきたのに、戻っちゃうでしょ。わたしたちはプールに行って来るからね」

恵美と子どもたちが部屋を出ると、冨谷はふたたび缶ビールへ手を伸ばした。手に広がるひんやりした感触が、まだ口内に残っているビールの味とのど越しを思い出させて欲求を高める。いまやビールもぐいぐいいけるようになり、一時四カ月で十一キロも減っていた体重も戻りつつあった。

〈中年太りって、幸せの証なのかもしれないな……〉

冨谷は缶ビールを飲みほし、つくづくそう思った。

事件が一段落を迎え、彼は約二年ぶりに北海道の実家へ帰省しようと考えていた。父母と会い、従兄弟の拓人、そして祖母の墓参りをするためである。

「これまでずっと、わたしたちはいろいろ我慢してきたんだから、北海道でもいいホテルに泊まろうね。いいでしょ」

恵美の言葉には苦笑して頷くしかなかったものの、それは嬉しさからくるものだった。一時は形式的な離婚すら考えるほど追い詰められたが、ずっと気丈で側にいてくれた彼女には心から感謝していた。

「……ありがとう」

自然とその言葉が声に出ていた。妻や母、亡き祖母だけでなく、ＳＳ被害者同盟の仲間や河合弁護士、そしてこれまで助けてくれたすべての人々に対してだ。

ごろりと寝転んで、冨谷は目を閉じた。この事件に遭遇する前にも、多くの不安はあったはず。だがそれはいまや、絶対に乗り越えられると断言できるほど小さなものに思えた。

巻き戻った時間は、ふたたび動き始めていた……。

冨谷らがつくった一般社団法人「ＲｅＢＯＲＮｓ」は始動していた。河合弘之弁護士らの後ろに控えていざというときに支援する。

世の中は世知辛くて、被害者は次から次へと現れる。スルガ銀行事件だけでなく、自分たちの経験を新たな被害者たちのために役立てたい。

冨谷皐介が配ったＱＲコードが印刷されたカードを、江上修治はいまもカバンの中に入れて持ち歩いている。人生の分岐点となったこの事件を忘れてはならないと考えているからだ。被害者の中には「このカードを家宝にする」と言う人までいる。

河合はＳＳ感謝の会で最後に自らの思いを語っている。

「弁護士とは、ある意味寂しい職業なんです。困っている人たちの依頼を受け、一生懸命闘っても、普通

は『解決バイバイ』といって、解決すると弁護士との縁は切れちゃうんです。『ありがとうございました。お世話になりました。さようなら』と。どんなに弁護士が一生懸命闘っても、解決してしまうとそれで終わりです。わたしもいろいろな闘いをしてきましたが、ほとんどが解決バイバイです。昨日まで毎日のように熱心に詰めた作業をし、打ち合わせをしていた人も、解決してしまうと年賀状になり、それも途絶え、何年か後に訃報が来る。

わたしはこれまで何百人もの依頼を解決につなげたが、そのなかで一生の付き合いとなり、肝胆相照らす仲となったのはわずか三人だけです。病人を治療する医者は一生感謝されるが、弁護士はしょせんカネの話。職業を抜きにしても、人間関係はそんなものです。

しかし、このＳＳ被害者同盟の人たちは違った。単に自分の問題として考えずに『ＳＳ同盟ＲｅＢＯＲＮｓ（リボーン）』をつくり、わたしたちの手伝いをしてくれると言う。自分たち以外の被害者たちも、社会悪からきちんと救済をしなければならない。またこれ以上詐欺事件を発生させてはいけない。そうした社会的立場にまで到達したという点で、希有な被害者団だと思います。そういう人たちとともに闘って成果をあげることができたのは、わたしたち弁護士、またわたし個人にとっても一生の宝です。みなさんとともに闘い、勝利を手にすることができたことを、ともに喜びたいと思います」

事件のもとから人のつながりと流れを見ると、河合弁護士の娘由子の相談↓婿の宏の告白↓ＪＢＣの新人歓迎会↓イートン株式会社波山信夫の同席↓同人が河合弁護士を被害者吉山秀樹に紹介↓吉山が冨谷を同行して河合と出会う、となる。

この冨谷と河合の二人の出会いがすべての始まりであった。まさに偶然の連続であった。その先に完全勝利があった。

河合の胸に万感の思いが去来した。

著者略歴

一九四四年、広島県に生まれる。広島大学文学部仏文科を卒業。「週刊文春」記者をへて、作家として政財官界から芸能、犯罪まで幅広いジャンルで旺盛な創作活動をつづけている。

著書には『十三人のユダ　三越・男たちの野望と崩壊』(新潮文庫)、『昭和闇の支配者』シリーズ(全六巻、だいわ文庫)、『安倍官邸「権力」の正体』(角川新書)、『高倉健の背中　監督・降旗康男に遺した男の立ち姿』(朝日新聞出版)、『孫正義に学ぶ知恵』(東洋出版)、『落ちこぼれでも成功できる　ニトリの経営戦記』(徳間書店)、『逆襲弁護士　河合弘之』『専横のカリスマ　渡邉恒雄』『激闘!闇の帝王　安藤昇』『永田町知謀戦』(1〜4)『百円の男　ダイソー矢野博丈』『日本のドン　血と弾丸の抗争』『田中角栄　最後の激闘』『日本を揺るがした三巨頭』(以上、さくら舎)などがある。

スルガ銀行　かぼちゃの馬車事件
——四四〇億円の借金帳消しを勝ち取った男たち

二〇二一年二月一一日　第一刷発行

著者　大下英治

発行者　古屋信吾

発行所　株式会社さくら舎　http://www.sakurasha.com

東京都千代田区富士見一-二-一一　〒一〇二-〇〇七一

電話　営業　〇三-五二一一-六五三三　FAX　〇三-五二一一-六四八一

編集　〇三-五二一一-六四八〇　振替　〇〇一九〇-八-四〇二〇六〇

装丁　石間淳

写真　朝日新聞社／共同通信社

印刷・製本　中央精版印刷株式会社

ISBN978-4-86581-284-8